Reinhard Schulz
Waltraud Roth

MIT DEM WOHNMOBIL NACH THÜRINGEN

Die Anleitung für einen Erlebnisurlaub

Gewidmet dem grünen Herzen Deutschlands
– es möge blühen, wachsen und gedeihen!

Verlag Reinhard Schulz
D-7100 Heilbronn/Neckar

Die Deutsche Bibliothek – CIP-Einheitsaufnahme

Schulz, Reinhard:
Mit dem Wohnmobil nach Thüringen : Tips, Tricks, Touren, tolle Plätze / Reinhard Schulz ; Waltraud Roth. - Heilbronn : WOMO-Verl., 1992
(Womo-Reihe ; Bd. 9)
ISBN 3-928840-09-6
NE: Roth, Waltraud:; GT

Titelbild: Im idyllischen Tal der Erle südlich von Suhl

1. Auflage 1992
Druck:
Georg Kohl GmbH, 7129 Brackenheim
Vertrieb:
GeoCenter, 7000 Stuttgart 80
Herausgeber:
WOMO-Verlag Reinhard Schulz
Tel.07131/55776
Wagenburgstraße 33, 7100 Heilbronn

ISBN 3-928840-09-6

Einladung

Stundenlange Grenzkontrollen, miesepeterige, permanent mißtrauische Zöllner, Wühlerei in Schränken und Klamotten - es war stets ein erniedrigendes Geduldsspiel, bis wir über die Grenze, in unsere Heimat, nach Thüringen einreisen durften. Jetzt passieren wir ohne Halt die schon überwucherten Reste der Sperranlagen, kaum erwacht noch das mulmige Gefühl, das uns früher begleitete.

Liebe WOMO-Freunde, diesmal geht es nicht in ferne Länder, heute wollen wir Ihnen unsere Heimat, unser wieder freies Thüringen zeigen!

Es liegt ziemlich genau in der Mitte Deutschlands und ist mit seinem Wechsel von Wald und Flur, von Mittelgebirgen und Ebenen, seinem überquellenden Angebot an Historie, Kunst, Kultur und Natur das ideale Ziel für eine beliebige Zahl von Kurzurlauben:
Da wollen Kirchen, Burgen, Schlösser, Ruinen und romantische Landschaftsparks besichtigt werden.
Der Thüringer Wald lockt mit tausenden von Kilometern einsamer Wanderwege - und dem vielbesungenen Rennsteig.
Seen, Stauseen und Waldschwimmbäder bieten Abkühlung und Aufenthalt in schöner Umgebung.
Die Thüringer Gastronomie wird Sie umwerben mit typischen Gerichten - von der Rostbratwurst vom Holzkohlengrill bis zum Gänsebraten mit Rotkohl und Klößen.
Nach Thüringen flüchtete Schiller; hier dichteten Goethe, Wieland und Herder, komponierten Bach, Liszt und Richard Strauß, wirkten Zeiss und Schott, Salzmann und Fröbel, Bechstein, Gropius, Fichte, Humboldt, Hegel, Brehm ....
Ganze thüringische Städte sind Symbole für die deutsche Geschichte: Eisenach mit der Wartburg steht für Luther und die Reformation, Weimar war nicht nur im 18. und 19. Jahrhundert das kulturelle Zentrum Deutschlands, sondern wurde 1919 auch zur Wiege der deutschen Demokratie. Erfurt bekam 1392 die erste deutsche Universität mit vier Fakultäten, Jena ist das Symbol für Forscherfleiß und Sozialreformen ....

Wir haben Thüringen für Sie wohnmobilgeeignet gemacht, mit Hinweisen auf Trinkwasserbrunnen, Bade-, Wander- und freien Übernachtungsplätzen. Testen Sie uns und unser Thüringen – wir sind uns sicher, Sie werden oft wiederkommen!

Ihr

Reinhard Schulz

INHALT

Anreisewege
Wir starten nach Thüringen .... S. 6

12 Touren durch Thüringen
Tour 1: Ins unbekannte Eichsfeld .... S. 10
Tour 2: Harzbahn und Kyffhäuser .... S. 28
Tour 3: Wartburg, Drachenschlucht und Inselsberg .... S. 42
Tour 4: Von Gotha über den Kickelhahn nach Erfurt .. S. 66
Tour 5: Saaleburgen und Dornburger Schlösser .... S. 84
Tour 6: Badeseen in Thüringens fernstem Osten S.104
Tour 7: An der idyllischen Weißen Elster S.122
Tour 8: An den Saaletalsperren S.138
Tour 9: Oberweißbacher Bergbahn und Rennsteig S.157
Tour 10: Zum höchsten Berg Thüringens. S.172
Tour 11: Zu den Burgen im Grabfeld S.197
Tour 12: Wanderungen in der Kuppigen Rhön S.214

Tips und Tricks
für Reisevorbereitung und Urlaub S.233

Stichwortverzeichnis S.248

Tourenübersicht S.253

Zeichenerklärungen für die Tourenkarten

- Autobahn
- Hauptstraße
- Nebenstraße
- Piste (staubig)
- Wanderweg
- Tourenverlauf an Straßen
- Höhle
- Kirche, Kloster
- Burg, Ruine
- Turm
- Berggipfel
- Sehenswertes
- Trinkwasserstelle
- (P) Picknick-, (W) Wander-, (B) Badeplatz – geeignet auch für freie Übernachtungen

Wir starten nach Thüringen!

In unserer Phantasie stellen wir uns eine beeindruckende Markierung des Dreiländereckes Bayern-Hessen-Thüringen vor, die Größe etwa mannshoch, mit einem schönen Text, frei nach Goethe, oder so ...
Zunächst gilt es aber, den Berührungspunkt der drei Bundesländer zu finden! Etwa auf halber Strecke zwischen dem "Schwarzen Moor" an der Hochrhönstraße und der Einmündung in die B 278 in EHRENBERG-SEIFERTS kann man das WOMO auf einem Wanderparkplatz abstellen. Wir marschieren die Teerstraße weiter bergab. Fünf Begrenzungspfosten nach der Tafel mit der Höhenangabe 700 m biegen wir nach rechts in den Wanderweg ab, der mit einem blauen Dreieck, manchmal auch mit einer braunen 11 gekennzeichnet ist. Er knickt später scharf rechts in ein Fichtenwäldchen ab, hinter dem wir an einer Schranke landen mit dem Hinweisschild "Naturschutzgebiet Lange Rhön". Wir folgen weiter dem Wanderweg, der durch stilles, romantisches Heideland nach Westen auf das Schwarze Moor zuhält, linkerhand ahnt man den ehemaligen Verlauf des Grenzzaunes. Ein schöner, ein idyllischer Weg - aber wo ist das Dreiländereck?

Wir irren durch die Flur, kehren schließlich zur Schranke am Beginn des Naturschutzgebietes zurück, packen unser Vesper aus. Waltraud balanciert auf der Schranke, ich setze mich auf einen kleinen Feldstein mit einer seltsamen **Y**-Markierung ! ??
Noch nach Wochen können wir in spontanes, lang anhaltendes Gelächter ausbrechen, wenn wir uns an die Suche nach dem "Dreiländer-Denkmal" erinnern, die uns immerhin einen schönen Ausflug beschert hat.
Nur einen guten Kilometer rollen wir dann von unserem Park-

platz weiter bergab, biegen scharf rechts ab, überqueren die ehemaligen Grenzbefestigungen. Eine Allee schlängelt sich hinauf nach BIRX, das jahrzehntelang, an drei Seiten von Grenzzäunen umgeben, einen Dornröschenschlaf hielt - jetzt liegt es wieder mitten in Deutschland!

Ehemalige Grenzanlage bei Birx

Zwischen FRANKENHEIM und REICHENHAUSEN entdeckt man auf freier Flur die Bushaltestelle "Ellenbogen". Hier biegen wir nach links auf einen Schotterweg ab und erreichen nach 600 m eine Weggabelung. Geradeaus führt der Fahrweg weiter zum "Thüringer Rhönhaus", rechterhand nach 300 m zum "Eisenacher Haus" direkt neben dem Ellenbogengipfel.

Kurz vor der Einfahrt zum "Eisenacher Haus", unmittelbar vor einem kleinen Fichtengehölz, führt ein Feldweg nach links auf eine Wiese. Auf dem Feldweg parken wir, auf der Wiese lagert es sich prächtig neben einem gewaltigen Hügel aus Basaltbrocken, die zu Zeiten des Reichsarbeitsdienstes auf den Weiden zusammengetragen und aufgetürmt worden waren. Der Chef des RAD lebte standesgemäß in einer Villa - dem heutigen "Thüringer Rhönhaus", dessen graues Schieferdach wir bei einem Bummel über die Wiesen und durch die Wälder rings um den Ellenbogen in westlicher Richtung leicht entdecken. Dort geht es rustikaler zu als im "Eisenacher Haus", das nach jahrzehntelangem "Militärdienst" wieder in neuer Pracht erstrahlt.
Sommers wie winters findet man dort ein gemütliches Plätzchen und es versteht sich von selbst, daß direkt vor der Tür eine Langlauf-Loipe um den Ellenbogen herum beginnt.
Wir fahren zur Teerstraße zurück, rollen nach links bis REICHENHAUSEN hinab. Dort biegen wir nach links in die Vorfahrtsstraße und schlängeln uns neben der jungen Felda bis KALTENSUNDHEIM, wo wir auf die TOUR 12 treffen.

So - oder so ähnlich - stellen wir uns den Beginn Ihres Thüringenurlaubes vor!

Dabei müssen Sie natürlich nicht das Dreiländereck bei BIRX suchen. Sie können "Ihre" Thüringenreise an jedem beliebigen Ort, an der Stelle beginnen, die Ihnen am passendsten erscheint. Sie können jederzeit abbrechen, an anderer Stelle weitermachen - und dabei kaum Zeit verlieren.

Wie das geht?

Wie haben speziell für diesen Urlaub mitten in Deutschland das "Perlenkettensystem" entwickelt, das wir Ihnen ganz kurz erklären möchten:

Das WOMO-Perlenkettensystem Thüringen

Auf der letzten Umschlagseite haben wir bildhaft dargestellt, daß wir unser Thüringen-Buch in 12 Touren unterteilt haben. Jede dieser Touren ist unabhängig von der anderen zu durchfahren, sie können an beliebiger Stelle begonnen oder beendet werden.
Diese 12 "Thüringischen Perlen" sind durch ein stabile "Schnur" verbunden. Darunter verstehen wir Autobahnverbindungen oder gut ausgebaute Fernstraßen, auf denen Sie bequem von einer "Perle" zur anderen düsen können; Sie können beliebig viele Touren überspringen, sich eigene Tou-

renkombinationen zusammenstellen - und das Gewünschte doch bequem miteinander verbinden.

Gut, nicht!?

Falls Ihnen unsere Touren jedoch so gut gefallen (was wir uns wünschen und wofür wir uns große Mühe gemacht haben), daß Sie alle der Reihe nach abfahren möchten, dann können Sie, wie gesagt, an beliebiger Stelle einsteigen und werden "vollautomatisch" von Tour zu Tour weitergeleitet - denn die "Perlen" sind natürlich auch direkt miteinander verbunden.

Zeitaufwand

Immer wieder werden wir gebeten: „Bitte macht doch genaue Angaben, welche Zeit man für die jeweilige Tour veranschlagen muß!“

Wir können und wollen dieser Bitte speziell im Thüringen-Buch nicht nachkommen, denn hier gibt es so viel zu sehen, so viel zu unternehmen: Städte, Schlösser, Museen, Kirchen, Ruinen, Grenzanlagen, Badeseen, Berge, Wälder, Täler, Wanderungen, Spaziergänge, Radtouren - Sie werden nie alles machen wollen, ja machen können!

Folglich steht als einzige Angabe am Beginn der Tour die Gesamtstrecke in Kilometern!

Immerhin können wir folgendes voraussagen: Wenn Sie sich für ein verlängertes Wochenende eine einzige Tour ausgesucht haben, dann liegen Sie ungefähr richtig!

Und wenn Sie glauben, drei bis vier Wochen würden für Thüringen ausreichen, dann liegen Sie ziemlich daneben!

Resumé

Thüringen, das grüne Herz Deutschlands, ist ein Urlaubsgebiet zum Wiederkommen. Es ist in jeder Jahreszeit schön! Lassen Sie sich Zeit, es läuft Ihnen (nicht mehr) weg. Wenn die Ferienzeit vorüber ist, düsen Sie einfach auf der "Schnur" bis zu Ihrer Heimreise-Autobahn - und kommen, wenn Sie Sehnsucht haben, wieder.

Wir sind uns sicher, es wird nicht lange dauern!

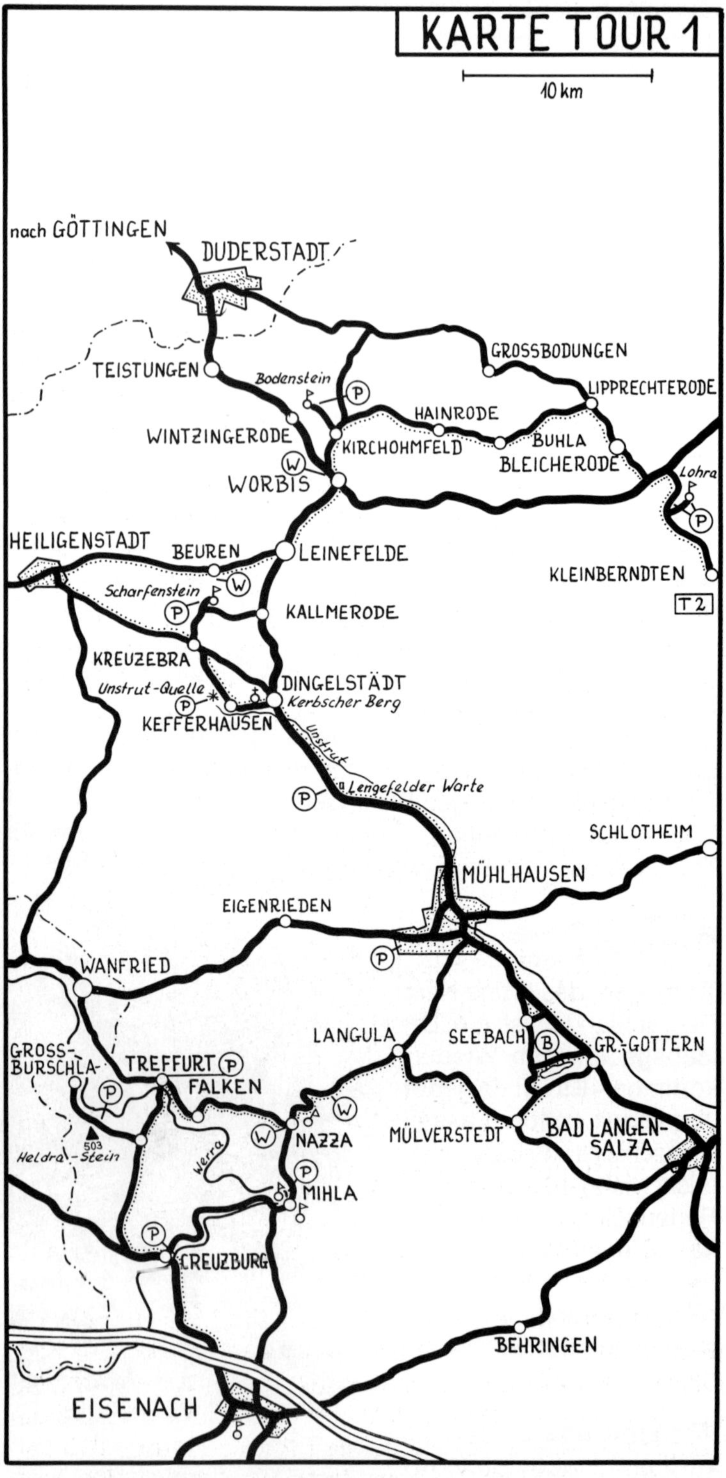
KARTE TOUR 1
10 km
nach GÖTTINGEN
DUDERSTADT
TEISTUNGEN
GROSSBODUNGEN
Bodenstein
LIPPRECHTERODE
HAINRODE
WINTZINGERODE
KIRCHOHMFELD
BUHLA
BLEICHERODE
WORBIS
Lohra
HEILIGENSTADT
BEUREN
LEINEFELDE
KLEINBERNDTEN
T2
Scharfenstein
KALLMERODE
KREUZEBRA
DINGELSTÄDT
Unstrut-Quelle
Kerbscher Berg
KEFFERHAUSEN
Unstrut
Lengefelder Warte
SCHLOTHEIM
MÜHLHAUSEN
EIGENRIEDEN
WANFRIED
LANGULA
SEEBACH
GR.-GOTTERN
GROSS-BURSCHLA
TREFFURT
FALKEN
NAZZA
MÜLVERSTEDT
BAD LANGEN-SALZA
503
Heldra-Stein
Werra
MIHLA
CREUZBURG
BEHRINGEN
EISENACH

TOUR 1 (200 km)

Eisenach - Creuzburg - Heldrastein - Treffurt - Mühlhausen - Heiligenstadt - Worbis - Bleicherode - Nordhausen

Von der AB-Abfahrt EISENACH-WEST rollen wir auf breiter Teerbahn etwa 8 km im dichten Nebel nach Norden, auf CREUZBURG zu. Unmittelbar vor der Stadt überqueren wir die Werra auf einer modernen Straßenbrücke, mehr können wir bei etwa 50 Meter Sicht nicht erkennen. Wenige Meter später, unmittelbar hinter dem Ortsschild, biegen wir rechts hinab zu einer Pappelgruppe, neben der man am Straßenrand prima parken kann.
Während wir noch überlegen, ob wir uns bei unserer Suche nach der uralten Werrabrücke mehr nach dem Gehör (Wasserrauschen) oder dem Tastsinn (harter Sandstein) oder gar der Logik richten sollen (flußauf- oder abwärts), lichtet sich gnädig der Nebel so weit, daß wir direkt vor uns die fünf wuchtigen Bogen der romanischen Brücke erspähen, die, als wolle sie den kunstbeflissenen Besucher belohnen, an ihrem Ende noch mit der hohen, spitzgiebeligen Liboriuskapelle aufwartet.

Creuzburg: Alte Werrabrücke mit Liboriuskapelle

Wir überqueren die genau 765 Jahre alte Brücke, die einen wesentlich stabileren Eindruck macht als manches Brückenbauwerk aus modernerer Zeit. In der Liboriuskapelle wird auf spätgotischen Fresken das Wirken der Heiligen Elisabeth dargestellt, Mutter des Landgrafen Hermann, der 1213 den Grundstein der Stadt Creuzburg legte, ein Sterngewölbe über-

spannt den Innenraum.
Als Ausgangspunkt für einen Stadtrundgang verlegen wir unseren Parkplatz in die Ortsmitte, auf den "Plan", einem Marktplatz mit einer zerfallenden Brunnenanlage. Von hier aus sind es nur wenige Schritte bis zur romanischen Nikolaikirche und linkerhand zum Supermarkt, vor dessen großem Parkplatz ein steiler Fußweg zum Schloß führt, das nach mancherlei Umbauten aus der romanischen Burganlage hervorgegangen ist, die wiederum auf eine fränkische Befestigung aus frühkarolingischer Zeit zurückgeht. Zur damaligen Zeit diente sie als wirksamer Schutz der häufig benutzten Werrafurt und war zeitweise Residenz der Thüringer Landgrafen.
Wir verlassen die Burganlage nun auf dem steilen Fahrweg, landen an der Durchgangsstraße in der Nähe der Gaststätte "Torklause". Links des Gasthauses beginnt der Aufgang zum alten Friedhof mit einem reich verzierten Torbogen. Einer der eingravierten Sprüche gilt, umso mehr, für unsere schnellebige Zeit:

„All' die ihr hier vorübergeht,
bedenket wie es um uns steht.
Was ihr jetzt seid, war'n wir auf Erden,
was wir nun sind, müßt ihr auch werden."

Wir wenden uns nach rechts, queren 50 Schritte später die Reste der Stadtmauer von 1213 und landen nach wenigen Schritten wieder bei unserem WOMO.
Wir verlassen CREUZBURG nach Westen auf der B 7 Richtung Kassel, biegen nach 1500 m aber schon wieder nach rechts Richtung TREFFURT ab. Die Straße schlängelt sich durch eine abwechslungsreiche Landschaft, in der Felder mit dichten Mischwäldern aus Kiefern, Fichten, Buchen und Eichen abwechseln. Bereits wenige hundert Meter hinter dem Weiler VOLTERODE zeigt ein Hinweisschild "Heldrastein" in einen geschotterten Fahrweg (nach 1,5 km Parkplatz, dann 3,5 km Fußweg).
Wir rollen jedoch weiter bis SCHNELLMANNSHAUSEN, biegen dort links Richtung GROSSBURSCHLA. Am Ortsende ignorieren wir erneut den Wegweiser "Heldrastein Gemeindeweg 3 km" links in einen durchfurchten Feldweg, sondern folgen weiter der Teerstraße (Wegweiser: Heldrastein Treppenweg 3,2 km) nach GROSSBURSCHLA.
Kurz darauf haben wir den Ausgangspunkt unserer "Heldrasteinersteigung" erreicht, der Parkplatz nutzt die betonierten Reste der ehemaligen Grenzbefestigungen, die sich wie eine Schlinge um den alles überragenden, beherrschenden Kalksteinfels legte, den Ort GROSSBURSCHLA mit einbeziehend.

Der Treppenweg ist mit "1,3 km" ausgeschildert und geht, wie der Name schon sagt, sofort voll "zur Sache". Jahrzehntelang war der Heldrastein für “normale Sterbliche” Sperrgebiet, erst kürzlich wurden die Wanderwege wieder hergerichtet, die Stufen mit Bruchstücken der überflüssig gewordenen Grenzpfähle abgestützt. Auch als wir die Höhe erreicht haben, und uns zum 300 m rechterhand liegenden Aussichtspunkt mit Florian-Henning-Schutzhütte und Imbißbude wenden, marschieren wir direkt auf den Resten ehemaliger Grenzbefestigungen. Von der Kante des Steilabhanges haben wir einen weiten Blick über das hessisch-thüringische Grenzgebiet,

Blick vom Heldrastein

immer wieder wird unser Blick schockiert von den Metallgitterzäunen, die dieses liebliche Land durchschnitten.
Auf einem Nebengipfel des Heldrasteines konnte man einst die Ruine der alten Hüneburg besichtigen. Wir haben nur Überreste ehemaliger Stasi-Gebäude entdeckt - schließlich war der Heldrastein mit seinen Lausch-Antennen jahrzehntelang ein wichtiges "Bollwerk gegen den Klassenfeind". Bald werden sie verschwunden sein, und nichts wird mehr den Blick stören nach Osten über die Hügellandschaft bis zum Hainich.
Der Rückweg ist ein Zehn-Minuten-Kinderspiel (für den Aufstieg hatten wir immerhin 1/2 Stunde gebraucht), jedoch immer wieder erspäht das umherschweifende Auge die ehemals undurchdringbare Grenze, durchbrochen jetzt von einer Unzahl von Straßen, Wegen und Pfaden; als sei sie ein Relikt aus längst vergangener Zeit.
Jetzt würde sich noch ein Abstecher nach GROSSBURSCHLA lohnen, ehemals in eine Beule des Grenzverlaufs hineingeklemmt. In der Dorfkirche sind Reste einer romanischen Basilika aus der Zeit um 1130/50 restauriert worden.
Wir fahren zurück nach SCHNELLMANNSHAUSEN und halten dort links auf TREFFURT zu. Nach 4 km durch eine busch- und baumbestandene Hügellandschaft, durch die die Werra in weiten Schleifen zieht, haben wir das malerische Örtchen TREFFURT vor uns, gekrönt von den weißen Mauern der "Normannenburg". Ähnlich wie in CREUZBURG überquert unsere Straße unmittelbar vor der Ortschaft die Werra; rechts und links vor der Brücke kann man sein Wohnmobil geschickt abstellen. Sie wollten schon immer mal wissen, wie man im Mittelalter mit dem WOMO vorangekommen wäre. Dann fahren sie nur geradeaus über die Brücke und in das Städtchen hinein! Zwischen malerischen Fachwerkhäusern lernen Sie hoffentlich nicht das früher übliche Fahren "auf Kontakt", wie die vorgestellten, zerschundenen Steine an den Häuserecken beweisen. Besonders sehenswert ist das restaurierte Renaissance-Fachwerk-Rathaus mit quadratischem Turm und Wappenstein aus dem Jahre 1549. Weiter schrauben sich die Sträßchen den Hang hinauf. Mit etwas Glück landen Sie neben der katholischen Backsteinkirche an der Normannenquelle. Hier bekommt ganz TREFFURT sein Trinkwasser her - aber nur, wenn es viel geregnet hat, kann der rastende Wohnmobilfahrer seinen Tank vom Überlauf der Quelle füllen. Ein Mütterchen ist mit der liebevollen Brunnenpflege beschäftigt und zu jeder Auskunft bereit. So finden wir auch im Nu den Zickzack-Weg, am Brunnen vorbei, den steilen Hang hinauf, bis zur Burg Normannenstein. Zwei quadratische Wohntürme und ein runder Bergfried sind von der Burganlage aus dem 14. Jahrhun-

dert noch erhalten, die über den friedlichen Handel und die Furt durch die Werra wachen sollte. Dabei war TREFFURT auf Grund einer Ganerbschaft jahrhundertelang selbst dreigeteilt. Drei Bürgermeister verwalteten das Städtchen, das zu je einem Drittel zu Mainz, Hessen und Thüringen gehörte. Ein altes "Mainzer Rad", der typische Grenzstein der Mainzer Kurfüsten in der Brunnenanlage der Normannquelle und auch der Wappenstein am Rathaus erinnern daran. Der Palas der Burganlage ist vollständig restauriert und scheint eine Gaststätte zu beherbergen, mehr ließ sich bei unserem Besuch im Herbst nicht ergründen.

Treffurt: Rathaus

Ein kleines Heimatmuseum am Burgstieg, direkt in die alte Stadtmauer eingebaut, ist täglich von 14-17 Uhr geöffnet. Ob es wohl auch schon von seinem berühmtesten Sohn, dem Egon Bahr, zu berichten weiß?
Wir verlassen das malerische Städtchen nach Südosten Richtung FALKEN/MÜHLHAUSEN. Wer glaubt, nördlich des Thüringer Waldes sei Thüringen flach, der wird jetzt eines Besseren belehrt: Kaum haben wir uns nach FALKEN empor und anschließend nach NAZZA wieder hinuntergeschraubt, beginnt die Straße schon wieder ihren Aufstieg auf den Höhenrükken des Hainich. Felder, Wiesen, Obstbaumwiesen und Buchenwälder wechseln einander ab, ergänzen sich zu einer malenswerten Idylle.
4 km südlich NAZZA liegt das Örtchen MIHLA am östlichen Werraufer. Sehenswert sollen das Rote und das Graue Schloß sein. Das Rote Schloß wird als Altersheim genutzt. Innerhalb eines Gebäuderinges aus Fachwerkgebälk erhebt sich der mächtige Renaissance-Bau, die rote Farbe muß wohl im Laufe der vielen Jahre abhanden gekommen sein ....

Mihla: Graues Schloß

Das graue Schloß, ehemals von einem Wassergraben umgeben, liegt nun in einer kleinen Parkanlage in der Nähe der Werra, der Parkplatz hinter dem Gebäude scheint uns übernachtungsgeeignet zu sein. Es beherbergt eine Gaststätte und besitzt einen Erker, der verblüffend an das Goldene Dach'l in Innsbruck erinnert.
Die Mihlaer Kirche hat zwar einen wuchtigen quadratischen Turm, trotzdem läuten die Glocken nebenan in einem hölzernen Balkengeviert. Kurz bevor wir MIHLA wieder nach Norden verlassen, entdecken wir links einen der wenigen (funktionie-

renden) Brunnen im nördlichen Thüringen.
Wir verlassen das Werraufer und fahren an den Hängen des Hainich entlang bis nach NAZZA. Wer keine gute Karte hat, der rollt ahnungslos unterhalb einer gut erhaltenen Burgruine entlang! Wir parken in NAZZA hinter dem Gasthaus "Haineck" neben der Bushaltestelle und schnüren die Wanderschuhe. Gegenüber dem Gasthaus - wen wundert's - führt die Burgstraße bergan. Wir folgen ihr, halten nach 50 Schritten links, verlassen den Ort und entdecken dabei die ersten, schon verblichenen grünen Kreuze, die Wegweiser zur Burg Haineck. Wir überqueren ein Wiesen- und Weidegelände, wo ein freundlicher Rentner gerade seinen selbstgebastelten Elektrozaun flickt. „Die Schafe fressen viel lieber das Getreide vom Nachbarn“, meint er achselzuckend und: „Seit der Wende waren in einer Woche mehr Wanderer hier als in den letzten zehn Jahren!“ Aber er kennt den Weg zur Burg und natürlich auch die dazu gehörenden Schauergeschichten: „Beim letzten Windbruch hat's eine alte Buche umgelegt - und darunter fand man einen unterirdischen Gang von der Burgruine zur Kirche im Tal!” Womit sich mal wieder bestätigt, daß der Klerus schon immer mit dem Adel unter einer Decke gesteckt hat.
Nach dem Weidegelände durchqueren wir einen dichten Buchenwald und stehen nach nur 15 Minuten Weges an dem mächtigen Mauerquadrat, in das zwei Rundtürme integriert sind, von denen der eine bis zu den Zinnen hinauf erhalten ist. Das Innere der Burgmauern lechzt geradezu danach, durch eine Freizeitanlage mit Picknicktischen und Grillplatz zeitgemäß verfeinert zu werden. Um die Burg herum führt eine ganze Zahl von bunten Wanderwegmarkierungen, die auf keiner

Nazza: Ruine Haineck

unserer Karte verzeichnet sind. Wird es wohl in Bälde Karten geben, die dem Wirrwarr ein Ende machen?
4 km hinter NAZZA haben wir die Höhe des Hainich bei etwa 400 m über NN erreicht, rechterhand im Buchenwald ein Wanderparkplatz, der den "ganzen Mann" erfordert, denn bislang gibt es hier zwar den Parkplatz, aber noch keine markierten Wanderwege - ein Kompaß bei der Erforschung der Hainich-Höhen wäre also nicht schlecht. Falls man den Parkplatz ignoriert, entdeckt man 600 m weiter einen Wanderweg, der die Straße überquert. Dort kann man auch sein WOMO abstellen und nach links zum 467 m hohen Winterstein wandern.
Westlich des Hainich wird das Gelände von LPG-Feldern beherrscht, nur ab und zu hat man ein paar Obstbäume oder eine Pappelallee vor den Großraummaschinen gerettet. Wir halten auf BAD LANGENSALZA zu, durchqueren LANGULA und OPPERSHAUSEN, wo man in der Ortsmitte rechts im ehemaligen Gutshaus speisen und übernachtungsbequem sein WOMO parken kann. In MÜLVERSTEDT verlassen wir die Hauptrichtung BAD LANGENSALZA, biegen links Richtung GROSSENGOTTERN. Auf unserer Karte ist links der Straße ein großer See eingezeichnet, aber erst nach mehreren Kontakten mit der einheimischen Bevölkerung finden wir den "Zugang", der aus eine "selfmade-Piste" besteht, die vom nordwestlichen Seezipfel aus das nördliche Ufer des Sees zugänglich macht. Wir entdecken eine ganze Reihe von schönen "Plätzchen", finden aber keine Freunde unter den Angel-Fans, die den See als ihr Privateigentum betrachten und schon die Frage nach den Bademöglichkeiten als Zumutung betrachten. Soviel haben wir jedoch herausgehört: Im Sommer wird hier viel und gerne gebadet - sehr zum Leidwesen der Petrijünger, und als ruhiger Übernachtungsplatz eignet sich das Seeufer allemal. Das Ende der Piste erreicht die Teerstraße HEROLDISHAUSEN-GROSSOTTERN kurz vor dem Bahnübergang und der Einmündung in die B 247. Auf diesem Weg kann man also auch zum Seeufer gelangen.
Wir halten nun auf besagter B 247 auf MÜHLHAUSEN zu, verlassen sie aber nach 2 km schon wieder nach links Richtung SEEBACH. In der Seebacher Wasserburg aus dem 11. Jahrhundert, seit dem 16. Jahrhundert im Besitz der Herren von Berlepsch, gründete der Ornithologe Hans von Berlepsch 1886 die erste Vogelschutzwarte der Welt, erweckte den Vogelschutzgedanken in Deutschland.
Heute ist Ralf Weise der Leiter der Vogelschutzwarte. Er führt uns durch die Ausstellungsräume, die seit der Gründung der Vogelschutzwarte liebevoll gepflegt werden und deren Ideen-

gut heute wichtiger als je ist.
Nach telefonischer (Ortsn. Großengottern 671) oder schriftlicher Voranmeldung: Vogelschutzwarte Seebach, Lindenhof 3, O-5701 Seebach wird jeder Interessent gerne durch die Ausstellung geführt, kann durch die weitläufigen Parkanlage schlendern und die Lehrschau zum Vogelschutz studieren.
Kurz darauf ist das über 1000 Jahre alte MÜHLHAUSEN erreicht. Der alte Stadtkern ist von einer nahezu vollständig erhaltenen Stadtmauer umgeben - und der erfahrene WOMO-Lenker sucht sich lieber einen Stellplatz vor den Mauern - und findet ihn genau westlich der Altstadt, direkt vor dem Frauentor, nachdem er sie genau zur Hälfte umrundet hat. Von hier aus ist keine der vielen Sehenwürdigkeiten von MÜHLHAUSEN weiter als 1000 m entfernt, und vor allem ist man nach wenigen Schritten in der Fußgängerzone und findet dort linkerhand das historische Gasthaus "Zum Nachbarn", dessen Küche sich mit Altengotterner Hammelschlegel, Thüringer Klößen und Speckbohnen um unser leibliches Wohl verdient gemacht hat. Welche der vielen Kirchen und Museen Sie nun zur Erhöhung ihres Bildungsniveaus besuchen werden, die dreitürmige, gotische Marienkirche, die Thomas-Müntzer-Gedenkstätte in der ehemaligen Klosterkirche, die gotische Blasiuskirche, in der J.S. Bach wirkte, überlassen wir Ihnen. Nicht verlassen wollen wir Sie jedoch bei der Suche nach einem trauten Übernachtungsplätzchen:
Wir rollen bis zur Ampel an der Südwestecke des alten Stadtkernes und biegen dort rechts in die B 249 Richtung WANFRIED/ESCHWEGE. Etwa 1500 m nach der Ampel kommen wir am großen Parkplatz neben dem Schwimmbad und der Gaststätte "Schwanenteich" vorbei und noch 1100 m weiter biegen wir links in einen Fahrweg, den Quellenweg ein. Wir folgen ihm etwa 600 m bis zum Brunnenhaus Popperode, neben dem hinter einer Baumreihe mit Kinderspielplatz unser Übernachtungsplätzchen wartet.
Das zweistöckige Brunnenhaus aus dem Jahre 1427 ist im ersten Stock ein wunderschönes Fachwerkschlößchen, das Sandsteinerdgeschoß öffnet sich dreibogig hinter einer kreisförmigen Brunnenanlage, darüber erhebt sich ein putziges Fachwerkgeschoß mit Erkern und Türmchen, daß einen ausgemalten Festsaal beherbergt.
Im kristallklaren Wasser schweben mehrere Brautsträuße und wir rätseln darüber, ob die Hochzeitspaare sich dadurch vom wundertätigen Wasser Glück oder viele Kinder oder gar beides erflehen...
Direkt vom Brunnenhaus führt ein Spazierweg am Schwanenteich vorbei (Bootsverleih) zum Schwimmbad.

Mühlhausen: Brunnenhaus Popperode

Wir verlassen MÜHLHAUSEN nach Nordwesten, auf der B 247 Richtung LEINEFELDE/DUDERSTADT. Die Landschaft zwischen den Höhenrücken Hainich und Dün ist nur leicht wellig und total im landwirtschaftlichen Besitz. 300 Meter hinter der Abzweigung nach HORSMAR auf der B 247 Richtung HEILIGENSTADT entdecken wir einen alten Kilometerstein mit dem preußischen Adler, der wohl unbemerkt die "sozialistische Epoche" überlebt hat.
Drei Kilometer darauf, nachdem wir einen schmalen Waldstreifen durcheilt haben, queren wir an der Lengefelder Warte den Mühlhäuser Landgraben, eine alte Zollgrenze. Am Gasthof "Lengefelder Warte", früher einer der Zollstationen, sollte aus

mancherlei Grund Halt gemacht werden: Zunächst begucken wir einen wohlerhaltenen Rundturm, finden in den angrenzenden Gebüschstreifen Überreste des Landgrabens, der uns an unsere Limeswanderung in Süddeutschland erinnert und entdecken dort, wo sich Graben und Teerstraße kreuzen, einen der Grenzsteine mit Mühlhäuser und Kurmainzer Wappen. Aber auch neuzeitliches hat die "Lengefelder Warte" zu bieten - nämlich preiswerte und schnelle Gerichte, falls der WOMO-Koch seinen freien Tag hat.
Schräg gegenüber wartet ein riesiges Parkplatz direkt neben der Straße. Wer jedoch nach ungestörter Nachtruhe lechzt, der fährt noch 200 Meter weiter, biegt nach einem kleinen Gehölz auf einem Schotterweg links und findet kurz vor dem Waldrand einen ruhigen Übernachtungsplatz, von dem aus man das opulente Abendmahl auch noch auf lauschigen Waldwegen abjoggen kann.
Am Ortsbeginn von DINGELSTÄDT biegen wir nach links Richtung WACHSTEDT, halten hinter Friedhof und Sportplatz jedoch nicht links nach WACHSTEDT, sondern halbrechts. Am Fuße eines kleinen Wäldchens, das sich den Kerbschen Berg hinaufzieht, finden wir einen Parkplatz und schreiten den Kreuzweg hinauf zur neuromanischen Franziskanerklosterkirche. Rings um die Kirche zeugen weitere Kreuzwegstationen, alle aus dunkelrotem Sandstein gehauen, vom Leiden Christi. In künstlichen Höhlen aus Lavagestein sind weitere Szenen aus der Passionszeit dargestellt.
Nach Besichtigung der Klosterkirche kehren wir zum WOMO zurück und folgen weiter dem Fahrweg nach KEFFERHAUSEN. Wir unterqueren einen riesigen, dreibogigen Bahnviadukt gemeinsam mit einem kleinen Bächlein, das seinen Ursprung in KEFFERHAUSEN hat: die Unstrut, mit 188 km Länge der längste Nebenfluß der Saale.
Die letzten Meter bis zur Unstrutquelle werden wir gut geführt: Liebevoll bemalte Wanderwegweiser führen uns durch KEF-

FERHAUSEN bis zum Ortsausgang Richtung HEUTHEN, wo wir am Waldrand parken, um wenigstens die letzten 200 m den Wanderwegweisern zu folgen. Am Rande eines kleinen Freizeitgeländes tröpfelt der Beginn von 188 km Flußlauf so dürftig aus einer Natursteinummauerung, daß selbst der bescheidenste WOMO-Wassersucher resigniert seinen leeren Kanister zurückträgt.
Wir kehren in den Ort zurück und halten an der ersten Kreuzung nach links Richtung KREUZEBRA. Ein schmales Teersträßchen, gesäumt von uralten Kirschbäumen, führt uns zur Verbindungsstraße DINGELSTÄDT-HEILIGENSTADT, in die wir nach links einbiegen.
Das Gebiet um das Heilbad HEILIGENSTADT war schon in vorgeschichtlicher Zeit besiedelt. Auch wir hätten hier gesiedelt, beschließen wir beim Blick auf die vorbeiziehende, liebliche Hügellandschaft, die von den Ausläufern des Dün gegen kalte Winde aus dem Norden geschützt ist.
HEILIGENSTADT ist ein Genuß für Gotik-Fans, aber auch Fußgängerzonenbummler kommen auf ihre Kosten. An ihrem Ende wartet das älteste Haus der Stadt, flankiert von liebevoll restaurierten Fachwerkhäusern: die Stiftskirche St. Martin, in der ein gewisser Heinrich Heine getauft wurde.
In der Gegend um HEILIGENSTADT, eingefaßt von Werra, Dün und Ohmgebirge, endet Thüringen im Nordwesten mit dem Eichsfeld. Im 19. Jahr-

Heiligenstadt: Maria-Hilf-Kapelle

hundert das "Armenhaus Preußens", war es den DDR- Machthabern wegen seiner katholischen Starrköpfigkeit auch nur ein Dorn im (sozialistischen) Auge, folglich ließ man es einen jahrzehntelangen Grenzgebiets-Dornröschenschlaf halten, aus dem es nun erschreckt erwacht.
Wir verlassen HEILIGENSTADT auf der B 80 nach Osten und durchqueren die hügelige Landschaft des Eichsfelds, rechterhand begleitet uns der Laubwaldstreifen des Düns.
Auf unserer Karte haben wir auf seinem Kamm die Ruine Scharfenstein entdeckt und beschließen kurzerhand, sie zu erklimmen: In BEUREN, an der einzigen Ampel und noch vor der Gaststätte "Burgtor" biegen wir nach rechts, überqueren die Bahnlinie. Die schmale, geteerte Straße hält stangengerade auf den Dün zu - und endet am Waldrand bei einem riesengroßen Parkplatz, auf dem man wunderbar nächtigen kann. Von hier aus kann man auf bequemem Waldweg die Burg ersteigen, fürs WOMO jedoch ist er ungeeignet.
Wer mit dem Fahrzeug beim Burgfräulein vorfahren möchte, der muß allerdings das halbe Gebirge umrunden und von KALLMERODE aus zur Burg hinauffahren - oder von HEILIGENSTADT aus südlich des Dün bis KREUZEBRA zurückfahren, dort beginnt eine zweite, geteerte Auffahrt und endet unmittelbar vor dem weitläufigen Burggelände - die Burggaststätte ist von 10-18 Uhr geöffnet. Aber auch ohne Kalorienaufnahme lohnt sich der Abstecher: Die ehemalige Festung aus dem 12. Jahrhundert, die zunächst nach ihrer Zerstörung im Mittelalter zerfiel,wurde im Kern wiederhergestellt, mit Fachwerkbauten ergänzt - und zunächst als Gefängnis genutzt. In den letzten Jahren diente sie als Erholungsheim; man kann nur hoffen, daß vorher der Komfort der Räumlichkeiten erhöht wurde. Wir schlendern über weitläufiges Wiesengelände und entdecken den Waldweg, den wir von unserem Parkplatz bei BEUREN heraufgekommen wären ...
Von der Burg Scharfenstein sind wir über KREUZEBRA wieder nach DINGELSTÄDT zurückgekehrt, weil wir auf der Karte am nördlichen Ortsrand ein Symbol für eine Windmühle entdeckt hatten. Kartengläubig wie wir sind irren wir einige Zeit über die Prärie, bis wir uns überzeugt haben - no mill today! Aber da ist, auf einer anderen, noch genaueren (?) Karte, nur 3 km nördlich, am Ortsrand von KALLMEDODE, ein weiteres Mühlensymbol eingezeichnet. Oder ist es das gleiche, nur an genauerer Stelle?
Wir biegen, die Karte zeigt es genau, am Ortsbeginn gleich zweimal rechts, gewinnen die Höhe und sehen - nichts!
Ein vorbeikommender Bauer auf seinem neuen, alten Westtraktor belehrt uns: „Ja, die Gegend heißt Mühlenfeld, aber die

alte Mühle hat man doch schon in den sechziger Jahren abgerissen!" - Alltag gesamtdeutscher Landkartenwiedervereinigung! Immerhin entdecken wir auf dem Rückweg zur Teerstraße den Heiligen Isidor in der alten Linde, der uns für den Umweg entschädigt. LEINEFELDE und Neandertal, wie kommt das zusammen? 1856 entdeckte ein gewisser Johann Carl Fuhlrott im Neandertal bei Düsseldorf den Neandertaler - und geboren wurde der dadurch bekannt gewordene Anthropologe in Leinefelde. Aber sonst hat uns die Stadt außer einem chronisch verstopften beschrankten Bahnübergang nichts zu bieten, weshalb wir (nach dem obligatorischen Halt an besagtem Bahnübergang) auch gleich bis WORBIS durchstarten.
Wußten Sie, daß WORBIS 1682 von der Pest heimgesucht wurde? Nein? Dann fahren Sie mit uns zur St. Rochuskapelle, die von den Überlebenden aus Dankbarkeit gestiftet wurde: An der Ampelkreuzung geht's links auf der B 247 Richtung DUDERSTADT. 200 m hinter dem Ortsendeschild biegen wir links in einen kleinen Teerweg und landen an einem improvisierten Fußballplatz. Hier kann man prima parken und über den Rasen zur dahinter liegenden Kapelle pilgern.
Ihr Sinn steht mehr nach Diesseitigem? Dann folgen Sie dem Teerweg noch 200 m - und Sie stehen am Kulturhaus (links) und einem kleinen Tiergehege (rechts), in dem unter anderem ein müder Braunbär und einige prächtigbunte Fasane besucht werden wollen.
Das nördlich WORBIS aufragende, reich bewaldete Ohm-Gebirge lädt nicht nur zur gemütlichen Wanderung, es war auch die Heimat der Rittersleut' von Wintzingerode, die von der uns bekannten Scharfenstein im Dün-Gebirge im 12. Jahrhundert ins Ohm-Gebirge umzogen, nachdem sie sich weit oberhalb WINTZINGERODE die Burg Bodenstein hatten bauen lassen.
Wenn die Herren von Wintzingerode gravitätisch über ihrem Ort residieren, dann muß auch von dort eine Straße hinaufführen!? Leider stimmen aber weder Logik noch Spezialkarte mit der harten Realität überein, und wir müssen den Umweg über KIRCHOHMFELD suchen.
Ihnen bleibt nur, Richtung Zentrum zurückzufahren, bis Sie das Hinweisschild "Bodenstein" erspähen, das nach links zeigt. Außerdem wird HOLUNGEN und ZWINGE ausgewiesen, alles Ihre Richtung!
Bis KIRCHOHMFELD folgen wir einem idyllischen Bachlauf, dann zweigen wir links ab (Wegweiser: Gaststätte Bodenstein) und rollen auf einem Parkplatz etwa 150 m vor unserem Ziel aus.
Burg Bodenstein, ein Tages- und Rüstzeitheim der ev. Kirche

späht wie ein Adler von der westlichen Abbruchkante des Ohm-Gebirges ins Tal. Ein tiefer Graben würde auch heute noch vor unliebsamen Besuchern schützen, denn die Zugbrücke macht einen durchaus gebrauchstüchtigen Eindruck.
Gut erhaltene Fachwerkbauten umgeben den Burghof und beim Blick über Täler und Höhen des Eichsfeldes verstehen wir wohl, warum die Herren von Wintzingerode hierher umgezogen waren.
Sie sind gut zu Fuß? Dann können Sie vom Tierpark in WORBIS bis zur Burg Bodenstein auch eine Tageswanderung durch die wunderschönen Wälder des Ohm-Gebirges machen, eine ideale Tour für einen schönen Sommertag.
Sie lassen lieber andere für sich laufen? Dann empfehlen wir die "Reit- und Fahrtouristik Bodenstein", die neben der Gaststätte "Bodenstein" unmittelbar vor der Burg liegt. Hier können Sie Pferdchen mieten und von deren Rücken aus die Schönheiten der Natur genießen. Für die Nacht ist auch gesorgt, denn neben der Fahrstraße finden sich mühelos mehrere ruhige Übernachtungsplätze.
Über einsame Sträßchen holpern wir am nächsten Morgen gen Osten. Ganz allein fühlt man sich jedoch nie, die vielen Schlaglöcher und die engen Kurven verlangen mehr Aufmerksamkeit als Gegenverkehr auf breiterer Bahn. Unmerklich sind wir vom Ohm-Gebirge in die Bleicheroder Berge übergewechselt, Örtchen wie KALTOHMFELD, HAYNRODE, BUHLA haben wir durchquert, riesige Abraumhalden tauchen nun wie Vulkankegel vor uns auf, Kalibergbau.
Wir suchen uns den Weg durch das morgendlich-verschlafene BLEICHERODE, verlassen es Richtung NIEDERGEBRA, wo wir auf die B 80 HEILIGENSTADT - NORDHAUSEN treffen und nach links einbiegen.
Hätten Sie gedacht, daß es von hier aus nur noch 36 Meilen bis BERLIN sind?
200 Meter hinter dem Ortsendeschild von NIEDERGEBRA sichten wir links einen liebevoll restaurierten Preußischen Meilenstein mit der Aufschrift "Berlin 36 M".
Da die Preußische Meile jedoch exakt 7532,485 Meter mißt, ergibt sich eine durchaus glaubhafte Entfernung von 271 km. Wir bleiben nur noch den achten Teil einer preußischen Meile, sprich 600 m, auf der B 80, biegen dann rechts. Der Wegweiser "Mühlhausen" und ein Reklameschild "Gaststätte zur Burg" zieren die Abzweigung. Auf diese Burg haben wir es abgesehen, denn es kann sich nur um Lohra, die größte der an Burgen reichen Hainleite handeln!
Wie schon fast üblich, kommen wir bei der Suche nach der Zufahrt nicht ohne einheimische Hilfe aus. Wir durchqueren

das Dörfchen FRIEDRICHSLOHRA, das in eine Senke der Hainleite eingebettet ist, kurven durch einen Wald, gewinnen die Höhe, erreichen schließlich eine Kreuzung, wo uns einzig das Schild "Gaststätte zur Burg" nach links (ver-)leitet. Sie haben das Gefühl, nicht ohne Stärkung weiterzukommen? Dann schwenken Sie doch links der Kreuzung auf die weite Parkfläche unter großen Buchen, die sich auch als Übernachtungsplatz empfiehlt.
Eine Stärkung brauchen Sie auf jeden Fall, denn der Anblick der Burg Lohra, speziell der Wirtschaftsgebäude des ehemaligen Gutes, erfordert besonders gute Nerven!
Herr Helmut Fischer vom VEB Denkmalspflege hat mit zwei Mitstreitern zwar in den letzten Jahren mit viel persönlichem Engagement - aber wenig Geld - versucht zu retten, was zu retten war, bis auf die wenigen restaurierten Teile jedoch ist die Anlage total verkommen.
Das Gut, einst Heimat vieler Menschen, ist verödet, die Gebäude sind baufällig, zum Teil schon zusammengestürzt, durch die Dächer bzw. ihre Reste pfeift der Wind. Die Ringmauern, der Rest des Bergfriedes sowie die alten Magazine der Burg haben die Zeiten mit mehr Beständigkeit überdauert und harren nur ihrer Instandsetzung.
Die berühmte romanische Doppelkapelle aus dem dritten Viertel des 12. Jahrhunderts, das zentrale Gebäude der Burganlage und eines der ältesten kirchlichen Bauwerke Thüringens, ist zumindest äußerlich, wenn auch etwas verändert, erhalten. Schon wegen ihr und der prächtigen Aussicht über die Bleicheroder Berge bis hin nach Norden zum Harz lohnt sich der Abstecher - und wenn in der Gaststätte unmittelbar vor der Burganlage die Rinderroulade mit 6,20 DM das teuerste Gericht bleibt, hat man schon drei triftige Gründe, Lohra nicht auszulassen.
Wir fahren am Waldrand entlang zurück zur Kreuzung, dort jedoch nicht geradeaus Richtung MÜHLHAUSEN, sondern links (Wegweiser: EBELEBEN) bis KLEINBERNDTEN, um dort wieder links auf HAINRODE mit seinem Naherholungszentrum zuzuhalten.
Wir sind jetzt auf der Höhe der Hainleite, einem etwa 450 m hohen Hügelrücken, auf dem sich fein wandern läßt - und man muß auch keine Angst mehr haben, von blauen Bohnen getroffen zu werden, denn das NVA-Schießgelände, das uns links der Straße begleitet, ist stillgelegt.
In KLEINBERNDTEN, dort, wo das Gasthaus "Zur Linde" Wildspezialitäten und Thüringer Klöße anpreist, biegen wir wie gesagt links, lassen uns von einem Wegweiser nicht nur nach HAINRODE, sondern auch zu dem 5 km entfernten Kirchberg

locken, der Ferien auf dem Rücken von Haflinger Pferden verspricht.
Nach vier Kilometern knickt die Teerstraße an einer Kreuzung nach links hinab zum Campingplatz "Teichtal". Die restlichen zwei Straßen sind schlammig bis schotterig, der Wegweiser in die rechte von ihnen verspricht nun bereits nach 500 m Reiterferien.
Nach 1500 m schlechtem Schotterweg mit Schlaglöchern und Pfützen erläutert uns Herr Hennig von der "Pferdezucht Kirchberg-Hainrode" selbstbewußt seine Pläne: Das volkseigene Gestüt will er in Pacht übernehmen und von den ehemals 120 Pferden wenigstens 60 behalten, davon nicht nur die Haflinger, sondern auch eine Warmblutstrecke - und neben der Zucht soll auch ein Ferienbetrieb laufen mit Doppelzimmern, Vollpension und Reitstunden. Wer mit dem Wohnmobil anreist, kann nach schriftlicher oder telefonischer Anmeldung (Tel. Wolkramshausen 223) sowohl Reitstunden als auch Ausritte buchen.
Mitten im Erholungsort HAINRODE biegen wir links zum Teichtal, erreichen auf schmalem Teersträßchen die Freizeitanlage mit Gondelteich (Ruderboote und Tretboote), quellwassergespeistem Schwimmbad (mit Rutschbahnen), Gaststätte, in Terrassen angelegte Stellplätze auf dem Campingplatz - und man verspricht uns, daß neben den Dauercampern immer auch einige Plätze für kurzfristig anreisende Wohnmobilurlauber freigehalten werden.
Am Ortsende von HAINRODE finden wir die Gaststätte "Lindenüber". Hier kann man zwar nach links zur Besichtigung der romanischen Pfeilerbasilika von MÜNCHENLOHRA abzweigen. Allerdings empfiehlt man uns, die 500 m zu Fuß zu gehen, statt in den tiefen Schlaglöchern zu versacken - oder den Umweg über NOHRA zu nehmen. Die ehemalige Klosterkirche der Benediktinerinnen ist leicht an den zwei sie überragenden, schlanken Türmen zu erkennen.
Wir fahren geradeaus weiter, verlassen den Ort Richtung WOLKRAMSHAUSEN und kommen nach 2 km an eine Gabelung. Richtung WOLKRAMSHAUSEN müßten wir uns rechts halten. Wer jedoch Erfrischung sucht, fährt 50 m links und dann rechts zum Freibad "Hünsteinbad". Dort ist außer dem Freibad noch einiges geboten: Angelgewässer (5 DM/Tag), Freiluftkegelbahn und ein Grillrestaurant.
Die Gutsanlage "Hue de Grais" präsentiert sich, ähnlich Lohra, in einem erbarmungswürdigen Zustand, lediglich die Schloßkirche konnte bereits restauriert werden.
12 km sind es nun noch bis NORDHAUSEN. Das holperige und kurvige Nebensträßchen mündet bald in die B 80, die uns bis NORDHAUSEN führt.

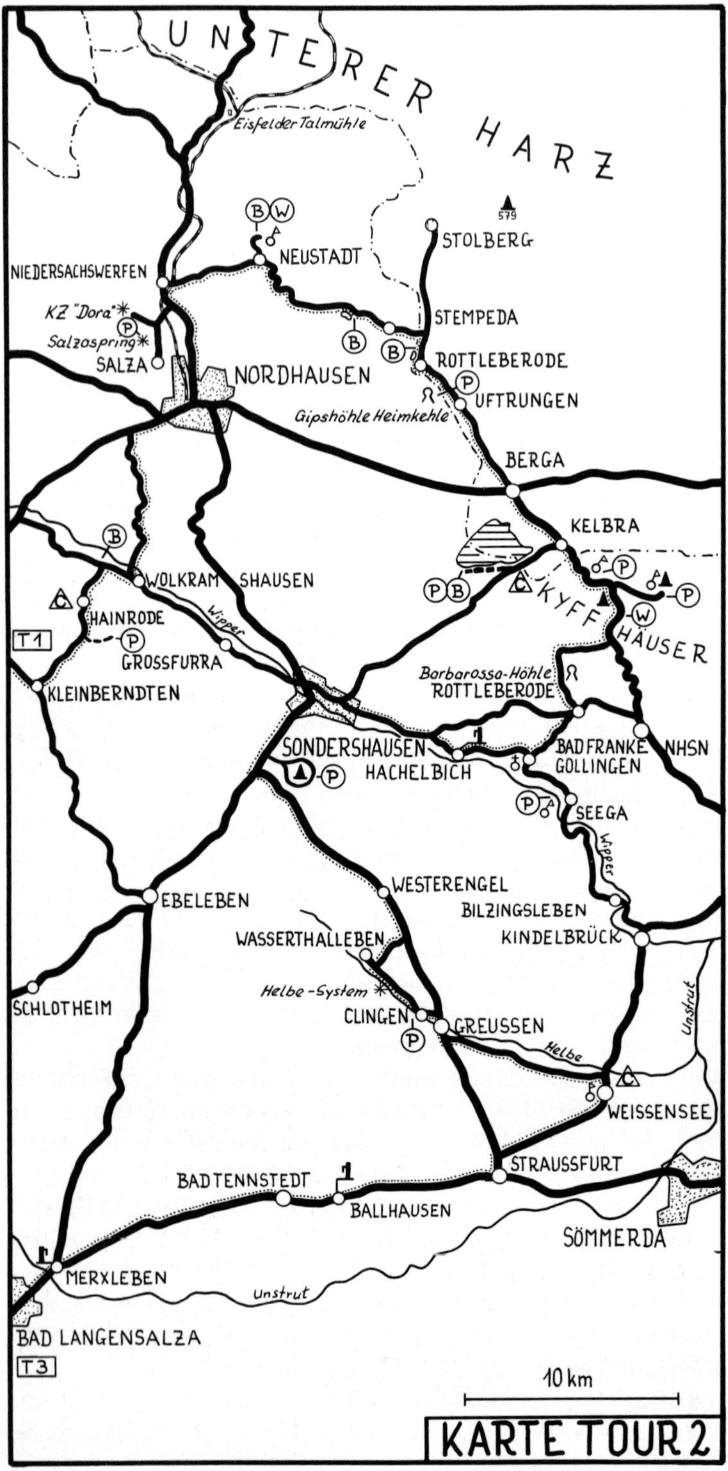
UNTERER HARZ
Eisfelder Talmühle
579
STOLBERG
NEUSTADT
NIEDERSACHSWERFEN
KZ "Dora"
Salzaspring
SALZA
NORDHAUSEN
STEMPEDA
ROTTLEBERODE
UFTRUNGEN
Gipshöhle Heimkehle
BERGA
KELBRA
KYFFHÄUSER
WOLKRAMSHAUSEN
HAINRODE
T1
GROSSFURRA
Wipper
KLEINBERNDTEN
Barbarossa-Höhle
ROTTLEBERODE
SONDERSHAUSEN
HACHELBICH
BAD FRANKENHSN
GOLLINGEN
SEEGA
WESTERENGEL
EBELEBEN
BILZINGSLEBEN
KINDELBRÜCK
WASSERTHALLEBEN
Helbe-System
SCHLOTHEIM
CLINGEN
GREUSSEN
Helbe
Unstrut
WEISSENSEE
STRAUSSFURT
BADTENNSTEDT
BALLHAUSEN
SÖMMERDA
MERXLEBEN
Unstrut
BAD LANGENSALZA
T3
10 km
KARTE TOUR 2

TOUR 2 (175 km)

Nordhausen – Heimkehle – Kyffhäuser – Barbarossa-Höhle – Sondershausen – Weißensee – Bad Langensalza – Eisenach

In NORDHAUSEN biegen wir dort rechts, wo wir auf die Straßenbahnschienen treffen und folgen ihnen bergauf (Rautenstraße). Hier suchen wir uns einen Parkplatz und können im Umkreis von 500 m alle Sehenswürdigkeiten der Stadt bequem erreichen: den Dom zum heiligen Kreuz, die St. Blasiikirche mit den ungleichen Türmen, von denen der eine auch noch schief steht, das alte Rathaus mit dem Roland von 1717, dessen erhobenes Schwert auf die Gerichtsbarkeit der Stadt hinweist.
Als Übernachtungsplatz haben wir uns jedoch etwas besonderes ausgedacht: Wir fahren auf der B 4 weiter nach Norden (Richtung BRAUNLAGE) bis zum etwa 4 km entfernten Vorort KRIMDERODE. Dort biegen wir links Richtung Gedenkstätte DORA ab, vor den Bahngleisen jedoch bereits wieder links bis zum einsam gelegenen Bahnhof von KRIMDERODE, wo man ruhig übernachten kann!?
Pünktlich um 5.12 Uhr ist am Bahnhof von KRIMDERODE die Nacht zu Ende, denn dann tutet die erste Dampflok Richtung WERNIGERODE vorbei. Ja, Sie haben richtig gehört: Auf der Harzquerbahn von NORDHAUSEN nach WERNIGERODE mit Abzweigung zum Brocken wird seit dem 12.7.1897 mit Kohlen geheizt, weshalb alle Autofahrer dieser Welt auch immer noch auf gut französisch Chauffeur (Heizer) heißen und mit Dampf angetrieben. Wir können uns noch einmal 'rumdrehen und lassen uns mit dem Frühstück Zeit bis 6.56 Uhr, dann zischen

und fauchen, tuten und bimmeln auch wir mit gehöriger Qualm- und Dampfentwicklung hinauf bis zur Eisfelder Talmühle, wo Thüringen an Sachsen-Anhalt grenzt. Die maximale Steigung, die von den kleinen Dampfloks aus den 50er Jahren überwunden werden muß, ist 1 : 30; auch bis zum Brocken hinauf ist es nicht steiler. Dann legt sich der Schienenweg jedoch so abenteuerlich in Schleifen, daß er im Volksmund den Namen Quirl erhalten hat, aber schließlich müssen von Nordhausen (184 m über NN) bis zum Brocken (1142 m über NN) fast 1000 Höhenmeter überwunden werden. Umweltfreunde würden ob unserer nostalgischen Tour sicher die Nase rümpfen, aber sowohl Schaffner als auch Lokführer bestätigen uns, daß ein Umbau der Loks auf Betrieb mit leichtem Heizöl oder sogar die Anschaffung neuer Loks in der Schweiz mit öldichten Ventilen erwogen wird - wenn nur genügend Fahrgäste für lohnenden Betrieb sorgen!
Wir haben unseren Teil dazu beigetragen, vertreten uns rings um die Eisfelder Talmühle, wo eine ganze Reihe von Wanderwegen im südlichen Harz ausgewiesen ist, nur kurz die Beine und schlittern wieder hinab nach KRIMDERODE, wo unser WOMO uns erwartet.
Am Rande von KRIMDERODE gibt es noch mehr zu sehen!
Zunächst überqueren wir die Bahnstrecke direkt neben unserem Bahnhof und bewundern den Gedenkstein rechterhand, der an die Harzreise Goethes erinnert. Ob man wohl eines Tages auch für uns ...
Ein zweiter Bahnübergang, der der Breitspurbahn schließt sich an, und dahinter biegen wir auf der Hauptstraße links.
Wenige hundert Meter später weist uns ein kleines Schild nach rechts in einen schlaggelöcherten Fahrweg zum 500 m entfernten "Salzaspring", der größten Karstquelle der ehem. DDR. Wir halten direkt vor der Kleingartenanlage "Im Hirschental" und wenden unsere Schritte nach links zurück, dorthin, wo zwischen Pappeln und Erlen der Salzaspring sprudelt. "Euter", "Stiefel", "Tabaksbeutel", "Wanne" und "Grundloses Loch" sind Ausbuchtungen eines kleinen Sees, aus dessen Tiefe das Wasser emporquillt, das in benachbarten, jedoch höhergelegenen Flüssen versickert war und sich durch verkarsteten Kalkboden durchgefressen hat.
Wir wenden uns nun nach rechts, fahren an der Kleingartenanlage vorbei zur Teerstraße, die uns nach links zur Gedenkstätte DORA führt. Dort werden wir an das finsterste Kapitel nationalsozialistischer Gewaltherrschaft erinnert: KZ-Häftlinge aus verschiedenen europäischen Ländern mußten in nahegelegenen unterirdischen Stollen des Kohnsteins unter mörderischen Bedingungen beim Bau der V-Waffen mithelfen, 20.000 von

ihnen überlebten nicht. Das Krematorium auf dem Gelände macht uns stumm.
Wir kehren nach KRIMDERODE zurück, wenden uns auf der B 4 nach links, fahren an einem riesigen Anhydrit-Steinbruch vorbei nach NIEDERSACHSWERFEN, das wir bereits von unserer Bähnlefahrt her kennen und biegen nach dem Bahnhof rechts nach NEUSTADT, in das wir uns durch ein altes Stadttor geradezu hineinzwängen.
Wir parken an der St.-Georg-Kirche, um die herum sich wohlerhaltene Fachwerkhäuser gruppieren. Eines davon ist das Restaurant "Ratskeller", an dessen Vorbau ein Roland seine Schwurhand hebt. Wir erinnern uns - in Nordhausen dreute er mit dem Schwerte! Folglich durften die Neustädter wohl nur kleinere Gauner ins Gefängnis stecken, zum Enthaupten oder Aufhängen mußte man nach Nordhausen fahren.

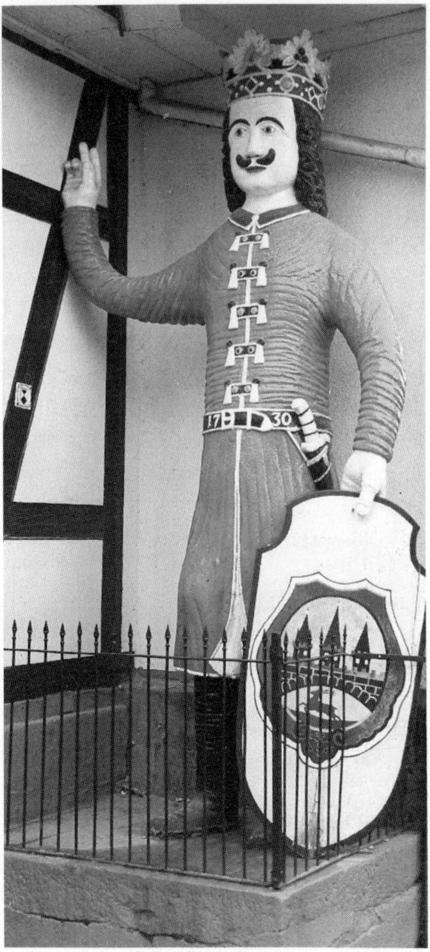

Der Roland blickt die Burgstraße hinauf, in die gleiche Richtung deuten zwei Wegweiser: Mit 800 m Entfernung ist ein Waldbad angepriesen, noch 400 m weiter sollen es zur Ruine Hohenstein sein.
Den Parkplatz am Waldschwimmbad wollen wir gerne weiter empfehlen! Dort kann man nicht nur in aller Stille übernachten, sondern, entsprechendes Wetter vorausgesetzt, zwischen einem Sprung in die Fluten oder einem 20-minütigen Spaziergang, links am Bad und oberhalb eines Gondelteiches vorbei, zur Ruine Hohenstein wählen.
Oben wird man von einem doppelten Torbogen erwartet. Waffen starren nicht mehr aus den Schießscharten heraus,

denn bereits im 30-jährigen Krieg wurde diese gigantische Burganlage zerstört. Dafür erwarten den Wanderer eine schöne Aussicht und die Hoffnung, daß die Burggaststätte wieder ihren Betrieb aufgenommen hat.
Wir verlassen Neustadt wieder durch sein enges Stadttor, wenden uns links, auf BUCHHOLZ zu. Die Straße windet sich in engen Kehren durch die Ausläufer des Unterharzes. In BUCHHOLZ wenden wir uns nicht nach rechts, nach NORDHAUSEN zurück, sondern bleiben geradeaus auf der Straße Richtung HALLE/STOLBERG/ROTTLEBERODE.
Wohl 3 km nach BUCHHOLZ erfreut sich unser Auge am Anblick des Iberg-Stausees, davor und dahinter kann das WOMO abgestellt werden, falls Ihnen seit dem Schwimmbad von NEUSTADT schon wieder nach baden ist.

Buchholz: Iberg-Stausee

Durch eine lange Obstbaumallee rollen wir nun nach STEMPEDA hinab. In ROTTLEBERODE gabelt sich die Straße, wir biegen rechts nach BERGA..
Auch ROTTLEBERODE hat einen See - und wir finden ihn ohne Mühe rechts der Straße in der Ortsmitte. Allerdings hat man hier einen Badeplatz eingerichtet, einen Zaun gezogen - und kassiert Eintritt. Dafür gibt es aber auch einen Imbißstand, einen Kinderspielplatz und kostenlose Tischtennisplätze. Von der anderen Seite des Sees blick ein ehemaliger Sommersitz des Grafen von Stolberg - durchaus sehenswert und jetzt auch für alle Besucher wieder zugänglich.
Nur wenige hundert Meter südlich ROTTLEBERODE zweigen wir rechts zur größten Gipshöhle der ehem. DDR, der Heimkehle ab (offen tägl. 9 - 17 Uhr).
Als vor 180 Mio. Jahren in Mitteleuropa das Zechsteinmeer

Uftrungen: Gipshöhle "Heimkehle"

austrocknete, bildeten sich riesige Salzlager, die, inzwischen von weiteren Ablagerungen überdeckt, von Sickerwässern wieder ausgewaschen wurden. Dabei entstanden nicht nur schmale unterirdische Gänge, sondern auch riesige Hohlräume. Der gewaltigste in der Heimkehle ist der "Große Dom" mit 65 m Durchmesser und 22 m Höhe. Sechs Seen geben den Forschern Rätsel auf - braucht doch angefärbtes Wasser für 160 m von einem See zum anderen drei Wochen - offensichtlich gerät es unterwegs auf Abwege!
20 Minuten dauert die Führung durch die 700 m, die man von der 2 km langen Höhle für Besucher erschlossen hat, eine reichhaltige Ausstellung informiert über alles, was mit Höhlenentstehung und Höhlenforschung zu tun hat und die umliegende Karst- und Höhlenlandschaft wird so anschaulich beschrieben, daß man Lust bekommt, den 48 km langen Karstwanderweg durch den Südharz in Angriff zu nehmen, der an der Höhle vorbeiführt!?
Der weitläufige Parkplatz vor der Höhle ist nächtens sicher ein ruhiges Fleckchen!
Über BERGA halten wir auf KELBRA zu. Wir lassen dabei die Ausläufer des Harzes hinter uns - und haben sofort wieder einen Gebirgsstock vor uns - den aus der flachen Ebene steil aufragenden Kyffhäuser. Seine Höhen sind geprägt vom neuen Fernsehturm in der Mitte, dem ehrwürdigen Kyffhäuserdenkmal links - und zwischen beiden der Ruine der Rothenburg aus dem 13. Jahrhundert.
In KELBRA folgen wir zunächst der Hauptstraße, vorbei an einem auffälligen Gebäude mit verschnörkelten, ja völlig überladenen Giebeln. Dann, hinter einem kleinen Platz, halten wir

uns rechts (Wegweiser: Stausee/Campingplatz).
Der riesige Stausee von Kelbra war bei unserem Besuch fast leergelaufen, seine schlammigen Ufer wirken nicht gerade einladend. Nach knapp 3 km erreichen wir den "Internationalen Campingplatz". Das riesige Gelände würde direkt am Wasser liegen - wenn nur genug davon da wäre, und zu allem Überfluß sind auch noch die besten Plätze von Dauercampern belegt. Immerhin - im letzten Sommer sei der Platz zum ersten Mal nicht voll belegt gewesen (wen wundert's). Für einen Kurzaufenthalt bietet sich der große Parkplatz für Badegäste links neben dem Campingplatz an.
200 Meter nach der Campingplatzeinfahrt verläßt die Teerstraße das Seeufer nach links, geradeaus führt ein schlaglochgespickter Fahrweg weiter, der uns natürlich magisch anzieht. Nach einem knappen Kilometer lichtet sich der Wald, der nach rechts den Blick auf den See verdeckt hatte, prächtige Liegewiesen breiten sich aus - und neben dem Schotterweg kann man durchaus sein WOMO zum Parken abstellen. Wenig später, bei einer Batterie von Silos, endet der Fahrweg mit einer guten Wendemöglichkeit.
Wir fahren nach KELBRA zurück, biegen nach rechts in die B 85 ein, halten geradewegs auf den Kyffhäuser zu. Durch dichten Laubwald windet sich die gute Teerstraße in unaufhörlichen Kehren den Berg hinauf, ab und zu leuchten rote Buntsandsteinblöcke aus dem dunkelgrünen Unterholz, schließlich ist die komplette Straße ins rote Gestein hineingesprengt. Auch eine wunderschön gemauerte Brunnenanlage erspäht unser rastlos suchendes Auge - aber leider ist sie staubtrocken.
Kurz darauf, recht unverhofft in einer Rechtskurve, zeigt ein Wegweiser nach links in eine Stichstraße zur Rothenburg. Nach 600 m landen wir an einem großen, schön ebenen Parkplatz, der, malerisch von Bäumen umgeben, ruhigen Nachtschlaf verspricht.
Nach wenigen Schritten haben wir einen unmittelbar unterhalb der Rothenburg gelegenen Neubau erreicht, ein ehemaliges Erholungsheim der NVA. Jetzt ist sein Café bereits zwei Stunden am Tage für gewöhnliche Sterbliche geöffnet (das kann ja nur besser werden). Links an seinem eingezäunten Gelände vorbei dringen wir verbotenerweise (Einsturzgefahr!) zur Rothenburg vor, einer stabilen Burganlage mit zwei wuchtigen Rundtürmen, von der aus wir nicht nur einen Adlerblick auf den Harz haben, sondern auch dem Erholungsheim direkt in die Suppentöpfe gucken können - was wohl eher die Verbotsschilder erklärt...
500 m nach der Abzweigung zur Rothenburg gabelt sich die

Straße. Wir fahren zunächst rechts 300 m zum Fernsehturm bzw. seinem gigantisch großen Parkplatz, der nachts völlig leer ist - ein ruhiger Übernachtungsplatz, dem Urlauber wird jedoch durch Büsche und Bäume die erhoffte Aussicht ins Tal verwehrt. Von hier aus führt ein Fußweg zum Fernsehturm, wo ein Expreßlift den Rundsichtgierigen zum Panoramablick katapultiert. Wer es mehr mit solideren Genüssen hält - neben dem Turm wartet ein SB-Gaststätte.

Falls Ihnen der betonierte Fernsehturm-Parkplatz zu ungemütlich ist: Fahren Sie einfach noch 1200 m weiter, dann finden Sie auf der linken Seite einen heimeligen Waldparkplatz mit einem kleinen Ententeich und einer Wandererschutzhütte.

Wir fahren die 500 m zur Straßengabelung zurück und halten rechts (Kyffhäuser 2 km). Das Parkplatzangebot unterhalb des Kyffhäuserdenkmals ist gigantisch und sicher auch für Hauptsaisonzeiten ausreichend. Während unseres Besuches im Herbst waren wir die Einzigen und konnten uns kaum entscheiden, wo wir uns zur Ruhe betten sollten. Nachts durch die verwaiste Eingangspforte zum Kyffhäuserdenkmal zu klettern, um den gigantischen Blick auf die beleuchteten Städte in der Ebene unterhalb zu genießen, ist natürlich nicht erlaubt. Wilhelm I. auf seinem Bronzepferd hat allerdings nicht einmal mit der Wimper gezuckt, als wir ihn von unten mit der Taschenlampe angeleuchtet haben.

Am nächsten Morgen starten wir zur offiziellen Besichtigung des Denkmals. In weitem Bogen führt ein bequemer Spazierweg durch dichten Laubwald zunächst zu den Ruinen der Unterburg aus dem XI. Jahrhundert, deren gut restaurierter Zustand geradezu zum Hindurchschlendern verleitet. Besonders sehenswert ist die Burgkapelle. Von dort aus setzen wir

Kyffhäuserdenkmal, historische Postkarte

unseren Weg entgegen dem Uhrzeigersinn fort, kommen zum breiten "Aufmarschweg", zahlen diesmal brav den Eintrittspreis, bestaunen Barbarossa im Fels und über ihm, in Bronze, Kaiser Wilhelm I. Dann klettern wir über zweihundert Stufen bis zur Kuppel des 57 m hohen, sandsteinroten Denkmals, die von der ebenfalls in Stein gehauenen Kaiserkrone überragt wird. Wir blicken hinab zu den Resten der Oberburgruine, deren größter Teil beim Bau des Denkmals im Jahre 1890 abgetragen wurde. Zwar war der direkte Anlaß zu seinem Bau der Tod Kaiser Wilhelms I. im Jahre 1888, aber das architektonische Gesamtbild soll wohl eher die Größe Deutschlands nach der Reichsgründung 1871 in Versailles demonstrieren und Kaiser Wilhelm I. als Nachfolger Kaiser Barbarossas ehren.
Wir kehren zur Straßengabelung beim Fernsehturm zurück, wenden uns links nach BAD FRANKENHAUSEN/WEIMAR, fahren am Fernsehturm und dem bereits beschriebenen Parkplatz mit dem Ententeich vorbei, vom dem aus übrigens ein bequemer, ebener, 3 km langer Wanderweg zum Kyffhäuser führt. Vorbei zieht der herbstbunte Laubwald, links grüßt über den Wipfeln noch manchmal das rostrote Denkmal herüber.
Jetzt senkt sich die Straße nach BAD FRANKENHAUSEN hinab, wir biegen rechts in ein Seitensträßchen ein, das zur 5 km entfernten Barbarossahöhle führt.
Dort kennt man die magische Anziehungskraft, die der alte Barbarossa auf die Touristen ausübt, besonders genau - und kassiert schon mal für die Bewachung des Parkplatzes! Aber natürlich können wir die Besichtigung der erst 1865 entdeckten Höhle nicht auslassen und wandern über 1 1/2 km durch den Berg, in dem der alte Kaiser Barbarossa schlafend am steinernen Tische sitzen soll, während sein Bart durch diesen hindurchwächst. Wird er eine Freude haben, wenn ihn sein weiser Rabe weckt um ihm zu sagen, daß Deutschland nun einig sei! Über dreißig Meter hohe Kuppeln bestaunen wir, im Tanzsaal blicken wir in das Dunkel eines vier Meter tiefen Sees - Barbarossa jedoch hat sich nicht gezeigt. Aber schließlich wird er nur alle 1000 Jahre geweckt - hoffentlich ist da sein Deutschland noch einig!
Ein kurzer Abstecher nach Osten führt uns in das Solebad Bad Frankenhausen. Uns ist jedoch nicht nach kuren zumute, wir wollen das protzigste "Kunstwerk" Honeckers besichtigen, das gigantische Bauernkriegspanorama auf dem Schlachtberg nördlich der Stadt. Die einzige Zufahrt finden wir am Ostrand Bad Frankenhausens links der Straße nach ARTERN/HALLE noch kurz vor dem Ortsendeschild (Hinweisschild: Bauernkriegspanorama). Es handelt sich um ein heroisches Riesengemälde in einem Keksdosengebäude, das die Stadt überragt.

Auch dort wird uns zunächst eine Parkgebühr abgeknöpft - und dann weigern wir uns, auch noch pro Person 10 DM Eintritt zu bezahlen und kehren, Kunstbanausen die wir sind, der Keksdose empört den Rücken!
SONDERSHAUSEN, das Zentrum des nordthüringischen Kalibergbaues, liegt am Nordrand der Hainleite. Wir nehmen jedoch von der Barbarossahöhle aus nicht den direkten Weg, sondern biegen in ROTTLEBEN zunächst nach Süden ab, rollen durch GÖLLINGEN, wo wir bedauernd feststellen, daß vom ehemaligen Kloster nur noch der beeindruckende, achteckige Turm der Klosterkirche mit der darunterliegenden Krypta erhalten ist, und selbst um ihn herum ziehen sich wie ein häßliches Geschwür die unverputzten Hohlblocksteinmauern einer Konservenfabrik. SEEGA liegt direkt am Hang der Hainleite, und so nimmt es nicht Wunder, daß man seine herrliche Lage unterhalb den Ruinen der Arnsburg zur Errichtung eines Wildgeheges genutzt hat. Wir schlendern zwischen Wildschweinen, Mufflons, Rehen, Fasanen, Tauben und Enten dahin und können uns nicht einigen, ob wir zu den Ruinen der Arnsburg joggen oder in der Gaststätte "Waidmannsheil" eines der Wildgerichte genießen sollen, folglich kredenzt der wenig prosaische WOMO-Küchenchef Linsensuppe mit Würstchen. Kurz darauf rollen wir zurück nach GÖLLINGEN und biegen dort links ab nach SONDERSHAUSEN. Hinter HACHELBICH überqueren wir die Bahn unmittelbar vor einem schwarzen, alten Eisengestell, einem Förderturm des stillgelegten Müßerschachtes, das in seiner geradlinig-zweckmäßigen Gestalt wie ein modernes Kunstwerk wirkt.
SONDERSHAUSEN nur zu durchfahren ist kein allzu großer Verlust. Lediglich der von der Wipper durchflossene Stadtpark in der Nähe des Schlosses mit dem "Lust- und Spielhaus" aus dem 18. Jahrhundert, das wegen seiner achteckigen Form "Karussell" genannt wird und heute als Konzerthaus dient, lohnt einen Bummel. Wem der Sinn nach mehr Natur steht, der sollte in die Hainleite hinaufbrausen, so wie es viele Sondershäuser am Wochenende machen.
Wir verlassen deshalb die Stadt nach Südwesten auf der B 4 nach Erfurt. 500 m nach dem Ortsendeschild biegen wir nach links zum Possen ab, dem Sondershäuser Naherholungszentrum. Eine breite, ausgezeichnete Teerstraße, die später in eine Ringstraße übergeht, führt uns zur Höhe der Hainleite und dem Possen, einem früheren Jagdschloß. Außer einem riesigen Parkplatz, auf dem man nachts sicher allein sein dürfte, steht hier ein 52 m hoher Aussichtsturm aus dem 18. Jahrhundert, der, man glaubt es bei der Höhe kaum, in Fachwerktechnik erstellt ist und im Tiergehege kann man Bären besichtigen.

Spielplatz, Liegewiese, überdachte Tische und Bänke, Gaststätten und eine Fülle von markierten Wanderwegen runden das Freizeitangebot an die Sondershäuser und ihre Gäste ab.
Während unserer Weiterfahrt auf der B 4 kommen wir durch eine himmlische Landschaft: Wir durchqueren WESTERENGEL, Seitenstraßen führen nach KIRCHENGEL, FELDENGEL und HOLZENGEL! Wir verlassen kurz darauf die B 4, halten rechts über OTTERSTEDT und WASSERTHALEBEN auf GREUSSEN zu. 1200 m hinter WASSERTHALEBEN überqueren wir eine Bahnlinie. Unmittelbar dahinter führt im spitzen Winkel zurück ein Schotterweg hinab zu Wiesen und Feldern. Dort parken wir und gehen ein paar Schritte bis zum bewaldeten Ufer der Helbe. Dort können wir einen spärlichen Überrest des mittelalterlichen Helbesystems (13.-14. Jahrh.) bestaunen, das den eigentlichen Flußlauf durch sinnreiche Schleusenanlagen so staute, daß künstliche Kanäle gefüllt, eine ganze Reihe von Mühlen und Hammerwerken betrieben und das Wasser anschließend zur Bewässerung genutzt werden konnte.
Einer der Kanäle begleitet nun unsere Straße bis nach CLINGEN. Vorm Gasthaus "Linde" biegen wir rechts in den Ort hinein und suchen die "Kleine Wartburg". Hinter diesem verheißungsvollen Namen verbirgt sich ein liebevoll gepflegter, kleiner Tierpark mit Freigehege, Gaststätte und Kinderspielplätzen. Das schönste aber an ihm ist der ruhige Wiesenplatz davor, der sich prima für eine Übernachtung eignet.
Am südlichen Ortsausgang von GREUSSEN biegen wir nach links Richtung WEISSENSEE. Kurz vorher stößt der Reisende auf die B 86. Wendet er sich hier links, so kann er zunächst rechts eine gut erhaltene Windmühle bestaunen: Auf einem sechzehneckigen (!) natursteingemauerten Sockel erhebt sich ein flaches Kegeldach, dessen ausgeklügelter "Spoiler" die vier Flügel samt dem Dach automatisch "in den Wind" drehte. 200 m später erreicht er den bestens ausgestatteten Camping-

Weißensee: Windmühle beim Campingplatz

platz mit Schwimmbad, Gaststätte, Spielplatz und vielen schattigen Plätzchen im Nadelwald.

Wendet er sich rechts, so kommt er hinter einer Linkskurve an der Auffahrt zur Runneburg vorbei, einer Pfalzburg der Thüringer Landgrafen, von der nicht nur Toranlage und Teile des Bergfrieds, ein mächtiger Mauerring mit gewaltigen Stützpfeilern, sondern auch der komplette Palas erhalten sind und gerade restauriert werden. Vielleicht kann er bald wieder die Warmluftheizung (!) im Wohnturm aus dem 12. Jahrhundert besichtigen und sich damit einen Eindruck über den Komfort derer verschaffen, die ihn sich leisten konnten.

Kurz darauf erreicht er den Marktplatz, der mehr den Eindruck einer breiten Straße vermittelt. Die Gaststätte "Goldener Adler" erstrahlt bereits wieder in frischem Glanze und auch das spätgotische Rathaus mit den drei steinernen Wappen am Balkon und der schön geschnitzten Kassettentür hat sich seine Würde bewahrt. Im sechseckigen, wasserlosen Springbrunnen aus rotem Sandstein wächst jedoch bereits ein fünfjähriger

Baum - und besonders schlimm sieht es mit der gotischen Stadtkirche St. Peter und Paul aus: Die Fensterscheiben sind zum Teil geborsten, der spätgotische Flügelaltar mußte wegen des undichten Daches in Sicherheit gebracht werden.
Einen behäbigen, gepflegten Eindruck machen jedoch die Bürgerhäuser zu beiden Seiten der Marktplatzstraße. Viele sind mit bunt ausgemalten Wappenschildern verziert - und schon wegen ihnen lohnt es sich, die Stadt weiter zu durchstreifen. Dabei entdeckt man beachtliche Reste der Stadtbefestigung, zum Beispiel am Stadtausgang Richtung Erfurt - und daneben ein eigentümlich verziertes Brunnenhäuschen. Hinter der Stadtmauer Richtung Erfurt rechts neben dem Stadion kann man abzweigen und dort ungestört stehen.
Von WEISSENSEE nach STRAUSSFURT rollen wir weiter durch das Thüringische Becken: Kein Wäldchen, kein Baum weit und breit, nur ausgedehnte, schwarze Böden, auf denen sich die Ackerfurchen bis zum Horizont hinziehen.
In STRAUSSFURT biegen wir nach rechts in die B 176 Richtung LANGENSALZA.
In BAD TENNSTEDT, das sein "BAD" der Entdeckung einer Schwefelquelle im Jahre 1811 verdankt, sollte man einen Bummel durch die noch vollständig von einem mittelalterlichen Mauerring umgebene Altstadt machen, schließlich war bereits 1816 Goethe einer der ersten Kurgäste. Falls bei Ihnen die Gelenke knacken - bei Gelenkerkrankungen soll das hiesige Heilwasser die besten Erfolge erzielen!
In der Ortsmitte entdeckt man das Rathaus auf besonders beständigem Sockel: Man errichtete es auf den Resten einer mittelalterlichen Wasserburg.
Wer fürchterlich in Eile ist, sollte wenigstens das direkt an der Straße links stehende Osthöfer Tor besichtigen (rechterhand kann man vor dem Restaurant "Schöne Aussicht" parken): Das uralte Stadttor aus dem Jahre 1448 trägt auf einem quadratischen Sockel einen achteckigen Turm aus dem Jahre 1579. Sicherheitshalber hatte man im dreißigjährigen Krieg zeitweise den Toreingang zugemauert. Darüber entdeckt man ein wunderschönes Wappen, gekrönt von drei Stechhelmen, die Thüringen mit Stierhörnen, Sachsen einmal in gold und schwarz und ein zweitesmal mit hohem Hut, dem sog. Judenkopf, symbolisieren, darunter zwölf weitere Wappenschilder.
Beim Bau der Türme ihrer Stadtmauer waren die BAD TENNSTEDTER nicht wählerisch: Mal rund, mal viereckig, mal achteckig - nur massiv mußten sie sein - und so sind sie auch heute noch alle erhalten.
An BAD LANGENSALZA jedoch sollte man auf keinen Fall vorbeifahren!

Von Nordosten kommend, stoßen wir direkt auf die quadratische Altstadt mit Markt, Kornmarkt und Bonifatiuskirche. Sie ist noch fast vollständig von ihrer mittelalterlichen Stadtmauer umgeben, 17 Wehrtürme und ein Stadttor, das Klagetor, bestehen noch. Vielleicht glückt es Ihnen, direkt bei der Bonifatiuskirche einen Parkplatz zu ergattern, denn die Stadtväter haben schon (recht teure) Parkautomaten aufgestellt. Von hier aus wenden wir uns zunächst nach Osten, bummeln außerhalb der Stadtmauer durch Grünanlagen, vorbei am Friederikenschlößchen, einem Rokokokleinod mit kleinem Park.
Dann passieren wir die Stadtmauer, entdecken im Gewirr der kleinen Häuser den Storchennestturm und gelangen durch die Marktstraße, eine Fußgängerzone, zum Rathaus. Nicht nur der prächtige, dreigeschossige Barockbau fesselt unseren Blick, sondern auch der liebevoll restaurierte Marktbrunnen von 1582.
Seit 1815 gehörte LANGENSALZA zu Preußen, es wurde folglich mit preußischem Maß gemessen. Damit dies den Bürgern wirklich "vor Augen" blieb, finden wir auch heute noch die Preußische Elle (66,69 cm) und das Preußische Fuß (31,385 cm) in Stein gemeißelt an der Rathausfront.

BAD LANGENSALZA hat berühmte Söhne!
Der Dicher Friedrich Gottlieb Klopstock war hier jahrelang Hauslehrer und der Arzt Christoph Wilhelm Hufeland, der u.a. Schiller und Goethe behandelte, wurde am 12.8.1762 im Gebäude Kornmarkt 9 geboren, einem der schönsten Häuser des Ortes.
Wir verlassen BAD LANGENSALZA auf der B 84 nach Südwesten, haben nach 24 km EISENACH erreicht.

TOUR 3 (90 km)

Eisenach (mit Wartburg) - Hohe Sonne (mit Drachenschlucht) - Ruhla - Bad Liebenstein (Schloß, Höhle) - Breitungen - Schmalkalden - Großer Inselsberg - Tabarz - Friedrichroda - Gotha

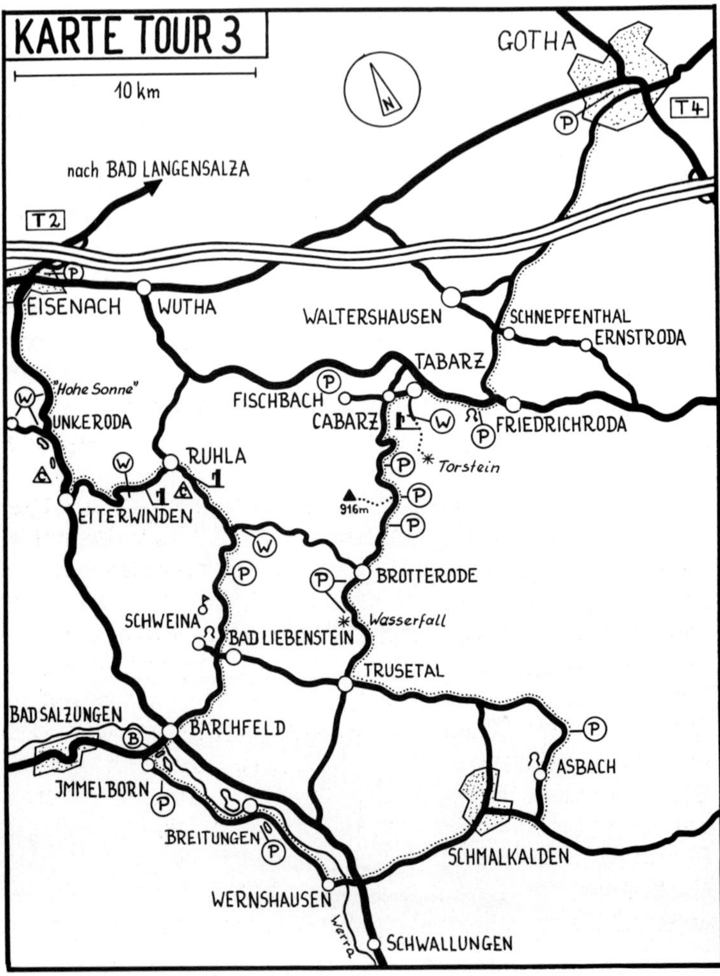

Mit dem nötigen Respekt und entsprechender Erwartungshaltung nähern wir uns der Stadt, die für die meisten wohl der Inbegriff "des Thüringischen schlechthin" ist: EISENACH.
Hier war Martin Luther 1497, also mit 14 Jahren so eifrig Lateinschüler, daß er zwanzig Jahre später in der Wartburg oberhalb der Stadt die Bibel ins Deutsche übersetzen konnte. Johann Sebastian Bach wurde hier 1685 geboren und 1840 der

Physiker Ernst Abbe, der in Jena mit Zeiss zusammenarbeitete. Aber Eisenachs Bedeutung reicht viel weiter in die Vergangenheit zurück:

1067 bereits soll es gewesen sein, als Graf Ludwig, genannt der Springer, mit zwölfen seiner Ritter während der Jagd einen Berg erklomm und (offensichtlich von dessen strategischen Lage sofort überzeugt) ihn folgendermaßen für das Geschlecht der Ludowinger in Besitz nahm: Alle bohrten ihre Schwerter in den Boden und Ludwig sprach: „Wart' Berg, du sollst mir eine Burg werden!“

1080 immerhin ist schon auf Urkunden von der Burg die Rede, von der aus man auf die "via regia", die belebte Handelsstraße zwischen Köln und Erfurt hinabblicken konnte.

Als 1131 die Ludowinger in den Stand der Landgrafen erhoben wurden, mußte die Wartburg repräsentativen Ansprüchen und prachtvoller Hofhaltung genügen und wurde entsprechend ausgebaut.

Kunst und Kultur zogen ein, und von den großen Minnesängern des 12. Jahrhunderts erwähnen wir nur Wolfram von Eschenbach und Walther von der Vogelweide; der Sängerwettstreit auf der Wartburg, den kein geringerer als Richard Wagner in seinem "Tannhäuser" wieder erklingen läßt, muß also keine Sage gewesen sein.

Fast märchenhaft jedoch wirkt auf uns das Leben der Landgräfin Elisabeth, die sich vom höfischen Luxus abwendet und ihr Leben nur den Armen widmet. Keine alltägliche Haltung in ihrer Zeit, die auch keineswegs überall Verständnis oder gar Nachahmung weckte. Als Landgraf Ludwig IV., ihr Ehemann, vom Kreuzzug nicht zurückkehrte, vertrieb man sie von der Burg.

Die Burg, wie sie sich uns heute darstellt, ist ein romantisches Gebäudeensemble aus verschiedensten Bauzeiten. Der 1170 erbaute romanische Palas könnte durchaus der passende Rahmen für den Sängerkrieg gewesen sein. Aus der gleichen Zeit sind auch der Südturm, das Torhaus und die äußeren Burgmauern erhalten.

Nach einem Großbrand im Jahre 1317 baute man manches wieder auf, so das Torhaus, gliederte ihm aber das Ritterhaus an. Neu erbaut wurde auch die Vogtei, in der heute noch (zu jeder Saison frisch geschwärzt), an der Wand der Lutherstube der berühmte Tintenfleck bewundert werden kann. Luther warf angeblich das Tintenfaß nach dem teuflischen Versucher, der ihn in Gestalt eines Hundes von seiner Bibelübersetzung abbringen wollte, die er, man glaubt es kaum, in nur drei Monaten abschloß.

Deutsche Bibelsprache und Reformation sind seither mit der Wartburg verbunden, sie wurde zum Symbol für alles Neue,

Freie, Fortschrittliche.
1817 war das Jahr des Wartburgfestes. Es jährte sich die Reformation zum 300. und die Völkerschlacht bei Leipzig zum 4. Mal. Über 500 Studenten zogen mit ihren Professoren auf die Wartburg, um gegen die Zerrissenheit des deutschen Vaterlandes zu demonstrieren, sie trugen eine neue Fahne in den Farben schwarz-rot-gold....
Die Wartburg ist für Thüringen-Touristen das Ziel Nr. 1!
Schon wenige Wochen nach dem Fall der Grenze mußte man die Auffahrt zur Burg für Privat-PKW sperren, so groß war das Chaos auf dem kleinen Parkplatz unterhalb der Burg.
Heute fahren ununterbrochen Pendelbusse und originelle Bähnchen hinauf und hinab, es gilt nur noch, einen bequemen WOMO-Parkplatz zu finden.
Je nachdem, ob Sie nur die Wartburg oder auch die (sehenswerte) Altstadt von EISENACH anschauen wollen, gar das Ganze mit einer kleinen oder größeren Wanderung durch die äußerst malerische Wald- und Schluchtenlandschaft rings um Stadt und Burg verbinden wollen oder anschließend einen ruhigen Übernachtungsplatz benötigen, haben wir eine ganze Reihe von Plätzen ausgekundschaftet:
Fällt man in EISENACH aus Richtung BAD LANGENSALZA ein, so unterquert man die Autobahn bei der Abfahrt Eisenach-Ost, rollt kurz darauf direkt neben dem Hauptbahnhof unter den Gleisen durch und findet schräg gegenüber des Hauptbahnhofes einen großen Parkplatz, von dem aus Pendelbusse zur Wartburg fahren. Gleichzeitig ist man nur wenige Schritte vom Nikolaitor entfernt, durch das man in die historische Altstadt hineinschreitet mit der romanischen Nikolaikirche und dem Lutherdenkmal am "Sonnabendmarkt". Weiter geht es zum "Mittwochmarkt" mit der Georgenkirche, in der Luther predigte und J.S. Bach getauft wurde, dem spätgotischen Rathaus und dem Schloß. Unser erster Parkplatzvorschlag ist, je nach Lust und Laune der Behörden mal bewacht, mal nicht.
Fährt man an diesem Parkplatz vorbei, vor dem Nikolaitor links, den Wegweisern MEININGEN/B 19 folgend, kommt man am Stadtpark vorbei. Nach 500 m, an der nächsten Ampel, rechts steht das christliche Hospiz "Glockenhof", biegen wir links, den Wegweisern "Hotel Berghof" folgend, in die J.S. Bach-Straße. Man merkt schnell, daß sich EISENACH "im Schutze der Burg" entwickelt hat, denn die meisten Straßen klettern den Berg hinauf, so auch die unsrige. An ihrem Ende, direkt unterhalb des gewaltigen Burschenschaftsdenkmals, wartet jedoch ein ebener, ruhiger Parkplatz - unser erster Übernachtungsvorschlag. Der 1902 zur Erinnerung an das Wartburgfest errichtete Turm erinnert uns stark an das Völkerschlachtdenkmal.

Eisenach: Burschenschaftsdenkmal

Entsetzt sind wir über seinen baufälligen Zustand. Als wir allerdings die Inschriften: "Dem vereinten Vaterlande" und "Freiheit, Ehre, Vaterland" lesen, verstehen wir schon eher, daß Honecker solches "antiquierte Gedankengut" nicht auch noch renovieren wollte.
Vom Burschenschaftsdenkmal hat man einen herrlichen Blick über EISENACH und hinüber zur Wartburg, einen kurzen Weg hinab zu den Pendelbussen an der Wartburg-Allee und einen noch kürzeren zum benachbarten Hotelrestaurant "Berghof", von dem aus man bequem sitzend den Blick schweifen lassen kann. Wir ließen uns jedoch auf den Steinstufen des Denkmals, wartburgschauend, von der Sonne bescheinen.
Verschmäht man unseren "Burschenschaftsdenkmalsvorschlag" und fährt weiter auf der B 19, so kommt man am

Karthausgarten mit dem Automobilmuseum vorbei, das vor allem die Geschichte der "Wartburgautos" durch lack- und chromglänzende Veteranen erzählen läßt. Eine ganze Reihe sich bereits morgens mit zunehmender Geschwindigkeit füllender (bewachter) Parkplätze wird passiert, bis wir bereits hinter dem Prinzenteich und dem Ortsschild einen letzten (nicht bewachten) Parkplatz entdecken, von dem man ebenfalls zur Wartburg hinaufgefahren wird.
Dann verschluckt uns das bewaldete Mariental, die Straße beginnt ihren Aufstieg, in den roten Konglomeratfels geschlagen, rechts, unterhalb der Straße, lauern in einer engen Klamm feuerspeiende Reptilien - die Drachenschlucht wartet auf unseren Besuch. Donnernd brausen wir hinauf bis zur Höhe, wo die "Hohe Sonne" nicht nur mit einem Biergarten (tägl. 10-16 Uhr), sondern auch einem großen Parkplatz und dem Ausgangspunkt unseres ersten Wandervorschlages aufwartet:
Das heute ziemlich heruntergekommenen Gebäude wurde 1906 an der Stelle eines Jagdschlößchens erbaut - und am Turm dieses Schlößchen prangte eine Sonne. Sie sehen: Namen halten sich viel länger als manche Pracht.
Wir gehen vor dem Gebäude zur ziemlich unübersichtlichen Übersichtstafel. Daneben steht ein WOMO in der Morgensonne, die Rolläden sind noch unten. Wir stellen fest: Kein schlechter Platz!
Unser Rundwandervorschlag (mit möglichem Abstecher zur Wartburg) lautet: "Hohe Sonne" - Drachenschlucht - Gaststätte "Sophienau" - "Waldhaus Sängerwiese" - Abstecher Wartburg - "Waldhaus Sängerwiese" - Elfengrotte - Gedenkstein "Wilde Sau" - Rennsteig - "Hohe Sonne".
Der Weg zur Drachenschlucht ist mit einem blauen Kreuz gekennzeichnet und führt sofort steil hinab, durch ein lauschiges Tal. Schließlich verengt es sich beängstigend, zwischen moosüberzogenen, feuchtglänzendem Fels muß man sich geradezu hindurchzwängen, hinter jeder Biegung können nun die feuerspeienden Ungeheuer lauern. Wir hatten Glück und landen unbehelligt am Ende der Schlucht bei der B 19 (zur Gaststätte "Sophienau" müßte man ein Stück die B 19 talwärts laufen). Wir betreten die Straße aber gar nicht, sondern knicken sofort scharf links ab, nehmen einen geschotterten Fahrweg, dann einen Waldweg 1,5 km hinauf zur Sängerwiese, wo die eifrige Stadtverwaltung bereits eine ganze Reihe von Sitz- und Picknickgelegenheiten am Waldrand geschaffen hat. Natürlich kann man sich auch in dem "Waldhaus Sängerwiese" verwöhnen lassen.

Rechts der Gaststätte steht ein ganzes Wanderwegweiserkreuz. Nach nur 1,5 km wäre man von hier aus auf der Wartburg

Eisenach: Drachenschlucht

(Markierung: Grünes Quadrat). Sicher eine idyllische Alternative zu Pendelbussen und Benzingestank!
Vor dem "Waldhaus Sängerwiese" führt unser Wanderweg weiter nach links Richtung UNKERODA/"Wilde Sau", er ist mit einem grünen Quadrat gekennzeichnet. Auf halbem Wege, nach etwa 15 Minuten, mitten im lichten Hochwald, gabelt sich der Weg, Markierungen fehlen hier. Da vorher keine Gabelung kam, können sie eigentlich diese Stelle nicht verwechseln, eine neue Bank aus einem halbierten Baumstamm steht mitten in der Weggabel. Wir verlassen hier das "Grüne Quadrat" nach links, entdecken später einen "Gelben Balken". Nach 500 Schritten kommen wir an eine Schonung mit Holzlattenzaun. Genau am Beginn des Zaunes zweigt nach halblinks der "Gelbe Balken" ab und führt, zwischen senkrechten Felsfingern, hinab in ein düsteres Tal. An seinem Ende, oder besser Beginn, formen Steinwände einen stillen Kessel, in dem nur

das Plätschern einen kleinen Rinnsals die Stille stört - so richtig ein Platz für tanzende Halbgöttinnen - die Elfengrotte.
Wir kehren zur Abzweigung an der Schonung zurück. Nach links sind es noch 900 Schritte, dann haben wir wieder unseren Hauptwanderweg "Grünes Quadrat" erreicht und stoßen bald auf den kreuzförmigen Sühnestein "Wilde Sau". Unter der Jahreszahl 1483 erkennen wir zwei Jäger, von denen der eine auf einem Wildschwein zu reiten scheint , während der andere die Sau aufzuspießen versucht. Vermutlich traf der eine statt der Sau den anderen Jäger und mußte zur Sühne den Stein errichten - einen älteren Markierungsstein findet man entlang des gesamten Rennsteigs nicht.
Wir werfen noch einen Blick auf die Wartburg, die sich von hier aus, zwischen den Laubbäumen hindurch, besonders malerisch macht, vespern vielleicht eine Kleinigkeit in der frisch errichteten Schutzhütte und sind wenige Schritte hinter der "Wilden Sau" auf einem breiten Fahrweg, dessen weiße " **R**" uns anzeigen, daß wir nach links, bequem und fast eben, auf dem Kamm des Thüringer Waldes entlang und mit entsprechend guten Ausblicken noch etwa 5 km bis zur "Hohen Sonne" zu marschieren haben. Insgesamt eine Wanderung von knapp 15 km, mit dem Abstecher zur Wartburg 18 km - mit Picknickpausen sicher ein gefülltes Halbtagesprogramm.
Durch dichten Buchenwald rollen wir von der "Hohen Sonne" wieder zu Tale, biegen vor See, Landschaftspark und Schloß WILHELMSTHAL rechts Richtung FÖRTHA/UNKERODA.
Von dem herrlichen Landschaftspark mit Jagdschloßanlage, die sich der Weimarer Großherzog Carl Alexander vom "Landschaftsparkprofi" Hermann Fürst von Pückler-Muskau 1854 anlegen ließ und die sich eigentlich, die Wartburg einbeziehend, über Quadratkilometer hinziehen sollte, ist im wesentlichen nur noch schöne Natur geblieben - und die herzogliche Zufahrtsstraße über die "Hohe Sonne", die wir gerade hinabgekommen sind. Das Schloß wird heute als Schule genutzt, die Parkanlagen sind wieder verwildert - aber im See kann man fein Bootchen fahren.
Zwischen steilen rostroten Felsen und gerade diesem See rollen wir dahin, entdecken an seinem Ende links eine (gesperrte) Zufahrt zum Bootsvermieterhäuschen und - 100 m weiter auf der Teerstraße nach UNKERODA - einen neuen, idyllischen Parkplatz rechts im Buchenwald - die weit ausladenden Äste bilden über ihm ein schattiges Dach.
Irgendwo hinter diesen Bäumen steht sie, die Burg über Eisenach, die Wartburg. Eigentlich müßte man doch auch von hier aus ....
Wir kurven noch 3 km weiter durch das Wiesental bis UNKE-

RODA. Rechts im Ort, vor dem Waldrand, wartet das blaue Becken des Schwimmbades, der Parkplatz davor wäre, finden Sie nicht auch, ein idealer Ausgangspunkt für eine richtige Wartburgwanderung mit anschließender Badebelohnung!
Sie wollen sich zunächst genauer über das Wandervergnügen informieren?
200 m weiter, an der großen Gabelung in der Ortsmitte, finden Sie eine ausgezeichnete, umfangreiche Orientierungstafel. Diese gibt Ihnen kund und zu wissen, daß Ihnen von hier aus ein zwar steiler, aber nur etwa 2 km kurzer Aufstieg bis zum Rennsteig und dem Sühnekreuz "Wilde Sau" abgefordert wird, bis Sie auf ebener und gemütlicher Bahn noch etwa 5 km zur Wartburg schlendern können (Markierung: Grünes Quadrat). Am Ende des Schwimmbadparkplatzes führt für Sie ein Abkürzungspfad durchs Tal, an der Gaststätte "Waldschlößchen" vorbei, auf diesen Wanderweg.
Wartburgwanderung, Badespaß, "Waldschlößchen"-Menü und ruhiger Parkplatz beim Schwimmbad mit Morgenerfrischung - gefällt Ihnen diese Kombination?
Wir kehren zur B 19 zurück, fahren nach rechts, am Wilhelmsthaler See und zwei Fischteichen vorbei, Richtung MEININGEN. Am zweiten Teich locken Parkplatz und Reklameschild: "Frische Forellen". Hatten Sie schon Ihr Freitag-Mittag-Fastenmenü zusammengestellt?
Etwa 1 km nach diesem Fischteich entdecken wir ein Campingplatzschild und dröhnen über einen sehr soliden Betonplattenweg zum Campingplatz "Altenberger See" mit der Gaststätte "Seeblick". Falls man uns überhaupt für Campingareale begeistern kann, dann ist es hier gelungen: Die naturbelassenen Stellplätze gruppieren sich zwanglos um einen großen, wiesengesäumten Badesee mit sandigen Buchten, die Zelte und Wohnwagen verschwinden zwischen Baum- und Buschgruppen.
Auch das berühmte "Preis-Leistungsverhältnis" kann sich sehen lassen: Für 15,50 DM (WOMO + 2/2 Personen) können Sie sich hier ganzjährig niederlassen und je nach Witterung baden, angeln, bootchenfahren, warm duschen, div. Campingartikel ausleihen, Videokino gucken und natürlich wandern, wandern, wandern in einer der herrlichsten Landschaften Deutschlands.
Unser nächstes Dörfchen auf der B 19 ist ETTERWINDEN. Bevor wir es jedoch recht befahren haben, zweigen wir schon nach links ab nach RUHLA. Hoffentlich kommen Sie nicht ausgerechnet zwischen 15.30 und 16 Uhr hier vorbei, denn dann wird im Steinbruchgelände neben dem schmalen, windungsreichen, Berg-und-Talsträßchen im Steinbruch ge-

sprengt - und Sie müssen eine "Zwangspicknickpause" einlegen.
Den Umweg nach BAD LIEBENSTEIN, zu dem wir Sie gerade verführen, bietet eine ganze Reihe von äußerst sehenswerten Attraktionen - lassen Sie sich verführen!
Nach 4 km, kurz hinter der Höhe Gollertskopf, kreuzen wir den Rennsteig an einer kleinen, hölzernen Imbißbude mit Campingtischen - und Parkplatz. Von hier aus empfehlen wir einen 2-km-Rennsteig-Walk nach Norden zum "Zollstock" (mit Schutzhütte) und von dort nach Nordosten, vom Rennsteig abzweigend, zum Wachstein (575 m). Von hier aus hat man einen hervorragenden Blick bis zu den Hörselbergen nördlich der Autobahn, ja sogar dem Schloß Friedenstein über GOTHA und dem Ettersberg bei WEIMAR - nur 1 1/2 Stündchen hin und zurück!
Hinter dem Rennsteig geht es sofort wieder steil hinab und wenige hundert Meter später passieren wir das Ortsschild von RUHLA. Noch 100 m vor dem ersten Haus auf der rechten Seite fließt das "Rennflößchen" aus einem armdicken Rohr - möchten Sie es nicht in Ihren Wassertank umleiten?
In RUHLA, einem kleinen Städtchen, das seit alters her bekannt war für seine Schmiedeeisenwaren, kommen wir im Tal an eine Straßengabelung, direkt vor dem Gasthaus "Zur Traube". Lassen Sie sich nicht von dem jugendlichen Bacchus verführen, der an der Giebelfront auf einem dicken Weinfaß reitet! Rechts, bergauf, führt unser Weg weiter Richtung BAD LIEBENSTEIN. Der Dorfbach, keineswegs hochtrabend "Erbstrom" genannt, trennte früher RUHLA in einen gothaischen und einen eisenachischen Teil, mit allen Konsequenzen: Zwei Kirchen, zwei Schulen, zwei ....
So können wir Ihnen leider nicht sagen, welch fürstlich Mäulchen sich aus dem Fürstenbrunnen exakt 10 m hinter dem Ortsendeschild von RUHLA labte. Auf jeden Fall sollten Sie hier Ihren Tank füllen. Sie wissen doch: Guter Umgang adelt!
100 m weiter, vor der Gaststätte "Waldbad", wartet ein riesiger Parkplatz auf Bier- und Badefreunde und unmittelbar hinter dem gastlichen Hause führt ein Holperweg nach rechts zum Campingplatz "Alte Ruhl", zwischen Schwimmbad und Waldrand sehr romantisch gelegen. Vor der Romantik kommen jedoch die Rechenkünste: Die Platzgebühren betragen pro Person 2 DM, 6-14 J. 1 DM und – pro "Quadratmeter in Anspruch genommene Stellfläche" 0,50 DM. Wir müßten, bei 2,1 x 5,9 m WOMO, für die Stellfläche folglich 6,195 DM zahlen; insgesamt sicher kein übertriebener Preis, wenn man ruhige Idylle und Badespaß sowie die Nähe zum Rennsteig wertet, der nur 1 km südlich des Platzes zum Mitwandern lockt.

Die Teerstraße zieht nun wieder den Hang hinauf und rechterhand stehen, dicht nebeneinander, wie für den Sommer nur abgestellt, vier oder fünf Sprungschanzen am Hang. Wieder kreuzen wir den Rennsteig, nachdem der Kamm erreicht ist. Die Stelle ist nicht zu verfehlen, denn mitten auf die Straßenkreuzung hat man einen riesigen Steinklotz geschmissen, der eigentlich für ein Denkmal in Meiningen bestimmt war. Bei der Größe glauben wir ohne weiteres, daß entweder die Achsen gebrochen oder die Zugpferde verendet waren. Von der Glasbachswiese rechts kommt der Rennsteig und folgt nach links der Teerstraße Richtung WINTERSTEIN und BROTTERODE. Diese gabelt sich bereits nach 200 m wieder zu diesen zwei Orten und wartet mit einem großen Waldparkplatz mit Imbißbude auf. Der Parkplatz zieht sich weit in die Länge und an seinem Ende kann man noch einem Schotterweg bis zu total ruhigen Wald-Wiesen-Nächtigungsplätzen folgen. Gegenüber der Straße sollten Sie einen Blick auf die Schillerbuche werfen (alle anderen Bäume sind Fichten). Sie steht dort seit 1905 - und wenn Sie als guter Schüler Schillers Lebensdaten (richtig: 1759 - 1805) im Kopf haben, dann wissen Sie jetzt auch, daß man sie zum Andenken an seinen 100. Todestag pflanzte.
Natürlich haben wir auch einige kleine Wandervorschläge parat: Wir folgen dem Rennsteig ein paar Schritte nach Osten bis zu einer Waldwiese, der Wüstung Glasebach. Dort stand einst ein Dorf, erhalten sind jedoch nur die Grundmauern einer ehemaligen Wallfahrtskapelle.
Jetzt dürfen Sie die Qual der Wahl genießen: Nach links die Teerstraße überqueren und ein paar hundert Schritte zum Gerberstein (728 m) wandern (gelbe Markierung)? Von seiner Granitklippe aus hat man einen herrlichen Blick nach Süden über das Werratal.
Oder lieber nach rechts, 1 km hinab in den Luthergrund mit dem schönen Lutherdenkmal? Der Obelisk steht an der Stelle, wo Martin Luther am 4.5.1521, inzwischen in Acht und Bann und vogelfrei, auf Befehl seines Gönners Friedrich des Weisen, zum Schein gefangengenommen und in Sicherheit auf die Wartburg gebracht wurde; hinter dem Denkmal, im schattigen Halbrund, ein Brunnen. Das Lutherdenkmal kann man nicht auslassen, es ist aber auch, wie wir Ihnen gleich beschreiben werden, noch bequemer zu erreichen.
Zunächst kehren wir zur Straßengabelung mit dem Felsklotz zurück, halten links, bergab, auf BAD LIEBENSTEIN zu. Unsere Karte zeigt uns rechts der Straße die Glasbachquelle an und wir entdecken sie, genau 100 m nach dem Steinklotz, etwas unterhalb der Straße. Sie sprudelt kräftig aus einem dicken Rohr.

Lutherdenkmal bei Bad Liebenstein

Nach dem schönen Plätzchen am Rennsteig notieren wir den nächsten Parkplatz, zu dem nach 500 m eine Teerzufahrt abzweigt, nur nebenbei.
Der übernächste Parkplatz, nach weiteren 1000 m links der Straße, ist jedoch interessanter. Von ihm aus führt ein schmales Teersträßchen nach 300 m zum bereits beschriebenen Lutherdenkmal. Falls Sie das Durchfahrtsverbotsschild ignorieren und bis zum Denkmal fahren, riskieren Sie nicht nur böse Blicke der Wanderer. Vielleicht geraten Sie sogar wie wir an eine resolute Dame, die Ihnen mit ihrer Körperfülle 100 m weit das Tempo vorgibt.
Weiter und weiter kurven wir die Straße nach BAD LIEBEN-

STEIN hinab, lassen uns dann nach rechts zum "Landschaftspark Schloß Altenstein" locken. Seit 1982 stehen von der Sommerresidenz der Meininger Herzöge nur noch die ausgebrannten Mauern, deren rot und grün glasierte Dachziegelrauten einen Eindruck vom Glanz vergangener Zeiten widerspiegeln. Der Park jedoch ist – eine Wucht. Selten bin ich mit so viel Genuß durch einen Landschaftspark, man kann es sagen, lustgewandelt: Ein einmaliger, alter Baumbestand, der natürliche Wechsel von Hügeln und Tälern, durch die sich die verschlungenen Wege ziehen; man muß dort gewesen sein! Das WOMO parkt derweil vor den klassizistischen Portalgebäuden, in denen einst Schloßverwaltung, Marstall und Orangerie untergebracht waren.

Bad Liebenstein: Schloß Altenstein

Das Sträßchen umrundet weiter bergab den Schloßpark, eine Straße zweigt nach rechts zum Dörfchen SCHWEINA. Wir halten weiter geradeaus bis zur Hauptstraße, an der es nacheinander drei Dinge zu tun gibt: Zunächst parken wir das WOMO links auf dem großen Parkplatz: Dann schlendern wir nach rechts zum Eingang der ALTENSTEINER HÖHLE. Als man 1799 die Straße zum Schloß Altenstein anlegte, entdeckte man diese Karsthöhle, deren Kalkstein einst im Zechsteinmeer von Korallen aufgebaut worden war. 270 m Höhlengänge führen den Besucher durch das unterirdische Gewölbe. Eine Bärenhöhle tut sich auf, in der man Knochenreste der 2,80 m großen, eiszeitlichen Höhlenbären fand. Ein großer Saal dient wegen seiner hervorragenden Akustik häufig als Konzertsaal, gegenüber der Empore führt ein Gang zum Höhlendom, der größten und schönsten Halle mit Gewölben und Nebengängen, durch eine fensterartige Öffnung blicken wir auf den

Höhlensee. An seinem Zufluß sind wir bereits 100 m unter der Erdoberfläche. Der unterirdische Bach, der vermutlich durch versickertes Wasser aus dem 2 km entfernten Farrenbach gespeist wird, hat sich, nachdem er die Höhle ausgewaschen hatte, einen neuen Weg gesucht und kommt in einer Grotte hinter dem Glücksbrunner Park zutage. Genau durch diesen Park sollten Sie zum Abschluß schlendern und einen Blick auf das Barockschlößchen werfen.

Die Straße nach BARCHFELD führt uns rechts am Zentrum des Kurortes BAD LIEBENSTEIN vorbei.

Falls Sie ein schwaches Herz haben, sind Sie hier richtig. Langsam und bedächtig sollten Sie durch den Elisabethpark und den anschließenden Kurpark schlendern. Die Wanderwege hinauf zur Burgruine Liebenstein mit Resten eines gotischen Palas und einem schönen Blick hinaus ins Werratal dürfen Sie jedoch erst in Angriff nehmen, wenn Sie sich im Restaurant des "Kulturhauses" gestärkt haben.

In BARCHFELD stoßen wir bei der Löwenapotheke mit dem schönen Thüringer Wappen wieder auf die Hauptstraße, wenden uns nach links, sind auf der B 62 Richtung BAD SALZUNGEN. Wir überqueren die Werra und folgen einigen kurzberockten Radlerinnen nach links, durch ein offenes Tor, in das "Naherholungszentrum Immelborn". Alle Achtung, was die Immelborner aus dem ollen Baggersee gemacht haben, an dessen anderem Ende noch rostige Förderanlagen aus dem Wasser ragen: Wir notieren einen großen Parkplatz, Imbißbude, Gartenterrasse, Liegewiesen mit Bänken, sprießende Jungbäume und einen Sand-Kiesel-Strand, an dessen hinterem Ende man sogar FKK-Freuden frönen kann. Eine Mark fürs

Immelborn: Naherholungszentrum

Parken und eine zweite für den Badespaß halten wir durchaus für angemessen!
Zum Übernachten ist der Platz bei aller Idylle jedoch nicht geeignet, denn auf der B 62 braust der Verkehrslärm!
Da müßten Sie uns schon in die nächste Seitenstraße folgen:
Wir fahren weiter am Baggersee vorbei und verlassen in IMMELBORN die Bundesstraße, fahren geradeaus über die Bahnlinie und dann links, nach Süden, Richtung BREITUNGEN. An einer ganzen Reihe von weiteren Baggerseen kommen wir nun vorbei, rechterhand streifen uns die bewaldete Höhen mit der Pleßkuppe (644 m), die einst unzugänglich waren. Rotweiße Streifen an den Bäumen zeigen noch das militärische Sperrgebiet an. Jetzt sind Verbotstafeln mit dem Adler der Bundeswehr dazugekommen, welch glücklicher Wandel!

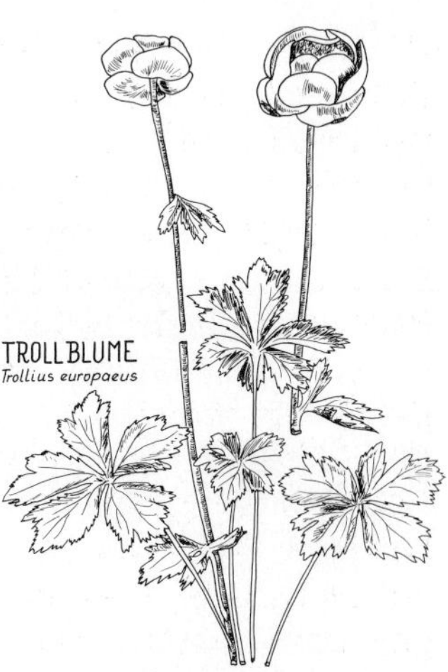
TROLLBLUME
Trollius europaeus

Die Waldgaststätte "Hauenhof" tröstet uns jedoch mit frischem Erdbeerkuchen, und als wir kurz darauf im Naturschutzgebiet "Forstloch" die Hinweistafel studieren, hat uns die Natur wieder im Griff: Rechts der Straße ist ein kleiner Parkplatz. Zu Fuß überqueren wir die Bahnlinie links der Straße und setzen uns mit dem Fernrohr an das schilfige Ufer. Über 166 Vogelarten hat man hier bereits beobachtet. 32 von ihnen brüten in den sumpfigen, vor Neugierigen sicheren Uferzonen, der Rest macht regelmäßig Rast beim Zug in den Süden und bei der Rückkehr nach Nord- und Osteuropa und findet Nachschub für den leeren Kropf.
Wir studieren das lustige Köpfezucken beim Paarungsspiel einiger Entenarten und fühlen uns wohl in der Stille.
Unser nächstes Ziel ist das Restaurant "Seeblick". Es liegt westlich der Werra oberhalb des Breitunger Sees, also auf "unserer" Seite. Wir fahren folglich weiter nach Süden, durchqueren den Weiler NEUHOF, kommen an der Gaststätte "Wittgenthal" vorbei, verfranzen uns dann in einem Straßenbaulabyrinth südlich des Kraftwerkes. Hier wird z.Zt. die Ferngasleitung verlegt, kein Durchkommen!
Wir resignieren, unterqueren die Bahnlinie nach BREITUNGEN und finden immerhin einen riesengroßen und doch gemütlichen Parkplatz unter Pappeln und Linden direkt vor der Werrabrücke.
Und was entdecken wir, unseren Blick scharf nach rechts

Breitungen: Restaurant "Seeblick", das ehemalige Pleßhaus

wendend? Wegweiser zum Restaurant "Seeblick", denen wir schnurstracks am Bahnhof, am Breitunger See (NSG) vorbei und natürlich wieder unter der Bahnlinie hindurch, einen Wiesenhang hinauf, zum Waldrand folgen!
Nicht ohne Grund erweckt das hübsche Restaurantgebäude den Eindruck, als müsse gleich der Förster vom Silberwald mit seinem treuen Dackel aus der Tür treten. Es ist das alte Jagdhaus, das, oh welche Weitsicht, vor Jahren auf der Kuppe des Pleßberges ab- und hier wieder aufgebaut wurde. In seinen Räumen kann man in äußerst stilvoller und doch gemütlicher Atmosphäre gut speisen! Der schmale Geldbeutel rastet nebenan oder oberhalb, am Waldrand, kostenlos an schattigen Tisch-Bank-Kombinationen und genießt einen Superblick über das NSG "Breitunger See", das Werratal und hinüber zu den Höhen des Thüringer Waldes. Für die ungestörte Nachtruhe dürfte der Parkplatz ebenfalls ein guter Tip sein.
Wir rollen wieder hinab, unter der Bahn durch. Gleich dahinter kann man rechts parken; gut ausgeschilderte Wege führen durchs NSG, am Vorderen und dem Hinteren See entlang. Die verschiedenen Wassertiefen und das flache Ufer bieten Lebensraum für viele Vogelarten, die Sie auf Ihrem Spazierweg beobachten können. Die nördliche Brücke Breitungens über die Werra kennen wir schon. Verschmähen wir sie, gelangen wir nach rechts ins Zentrum von Frauenbreitungen. Der Kirchplatz ist ein sehr schönes Ensemble aus alten Linden, einem holzgeschnitzten Brunnen, verschiedenen Fachwerkhäusern, der gemütlich- breiten, romanischen Pfarrkirche und, nicht zu vergessen, den Gaststätten "Zur Linde" und "Zur Markthalle". Da die Werrabrücke hinüber nach HERRENBREI-

TUNGEN z.Zt. gesperrt ist, rollen wir weiter nach Süden bis WERNSHAUSEN. Dort überqueren wir den Fluß, haben noch etwa 6 km bis SCHMALKALDEN.
Für die Besichtigung von Schloß und Altstadt empfiehlt es sich, am Ortsende auf dem Festplatz links der Ausfallstraße nach SUHL zu parken, weil wir auch in diese Richtung unsere Fahrt fortsetzen werden.
Seit dem Mittelalter war SCHMALKALDEN der Ort, wo quasi vor dem Übergang über den Thüringer Wald zum letzten Mal gerastet, Pferde gewechselt, Proviant gefaßt wurde; seit 874 ist der Ort als Villa Smalecalta bekannt. Daß die Bewohner an den Reisenden nicht schlecht verdienten, werden wir bei unserem Stadtrundgang bald selbst beurteilen können.
Wir wenden uns von unserem Parkplatz nach Nordwesten und haben vor bzw. über uns die Wilhelmsburg, ein prächtiges, vierflügeliges Schloß, das sich Landgraf Wilhelm IV. von Hessen 1586-90 im Renaissance-Stil als Jagd- und Sommersitz errichten ließ. Die steile Schloßgasse, die wir hinaufschnaufen, führt am Pfalzkeller vorbei, einem renommierten Speiselokal. Wer sich nicht mit dem Blick von den Terrassengärten des Schlosses über die Stadt begnügen möchte, kann in der Wilhelmsburg durch zweiunddreißig Museumsräume wandeln, sich dort über die industrielle Entwicklung Schmalkaldens informieren; die Historie des Schmalkaldener Bundes, in dem sich 1531 alle protestantischen Fürsten Deutschlands gegen Kaiser Karl V. und den Papst zusammenschlossen, wird erläutert, eine ganze Reihe prächtiger Räume des Schlosses, aber auch die Küche und die Schloßkapelle mit ihren schwungvollen Stuckverzierungen werden gezeigt. In der Kapelle wartet eine Besonderheit auf den Besucher: Altar, Kanzel und Orgel (übrigens die älteste Thüringens) sind übereinander angeordnet.
Der Altmarkt ist das historische Zentrum Schmalkaldens, um ihn gruppieren sich die schönsten Gebäude: Im Norden die spätgotische Georgenkirche mit ihrem schönen Netzgewölbe, im Westen das dreigeschossige Rathaus mit dem Staffelgiebel, durch dessen große Bogenfenster die Stadtherren vom Audienzsaal direkt auf das Marktgewühle hinabblicken können, im Osten stehen außer der Todenwarthschen Kemenate eine ganze Reihe von weiteren schönen Fachwerkbauten, lassen Lücken frei zu schmalen, mittelalterlich anmutenden Gassen.
Wir kehren zum Festplatz zurück, fahren weiter Richtung SUHL und biegen nach wenigen hundert Metern links nach ASBACH, wo wir uns auf das Schaubergwerk Finstertal freuen (Mi - So, 10 - 17 Uhr). Vor dem Ortsende von Asbach wartet

links ein kleiner Parkplatz auf Kunden, wir lassen uns ausrüsten mit Gummimänteln und Helmen und wissen bereits nach wenigen gebückten Metern im tropfenden Stollen, daß wir an der Arbeit im Berg keine große Freude gehabt hätten. Mühsam, ja eine Knochenschinderei muß die Malocherei vor Ort gewesen sein, mit einfachem Werkzeug, schlechter Beleuchtung - und der ständigen Gefahr, lebendig begraben zu werden, sei es durch schlagende Wetter oder Einsturz der primitiven Stützen.

Erfolgreich waren die menschlichen Maulwürfe im Finstertal auch nicht, denn die mit Roteisen- und Manganerzen gefüllten Klüfte des Rotliegenden verloren allzu schnell ihre Abbauwürdigkeit, enttäuscht gab man auf: Ein letztes Mal versuchten es die Uranerzsucher vor wenigen Jahren vergeblich - Gottseidank! So blieb es der Initiative ortsansässiger Naturfreunde überlassen, die Stollen in ein Schaubergwerk zu verwandeln, in dem wir nicht nur das Gezähe, die Arbeitsgeräte des Bergmanns wie Keilhaue, Pickhammer und Hunt sowie später Bohrmaschine und Überkopflader kennenlernen, sondern auch einen unmittelbaren Eindruck von der Schufterei vor Ort erfahren.

Aufatmend begrüßen wir nach einer langen halben Stunde das Tageslicht.

Wir fahren an den letzten Häusern von Asbach vorbei nach Nordosten und biegen etwa 1 km hinter dem Ortsendeschild links nach STRUTH-HELMERSHOF.

Eine Kaffeepause gefällig? Dann kommt Ihnen kurz darauf, in einer Linkskurve, der Parkplatz am Waldrand sicher gelegen!

In Struth-Helmershof pflegt man noch einen schönen Pfingstbrauch: Die beiden Brunnen in der Ortsmitte sind so üppig mit Birken, Blumen und Moospolstern geschmückt, daß man sie darunter förmlich suchen muß. Hier tankt man besonders gerne!

In SCHNELLBACH wetteifert man mit den Brunnenschmükkern des Nachbardorfes. Hier biegen wir links, durchqueren FLOH, halten wieder auf SCHMALKALDEN zu. 100 m hinter dem Ortsschild (von Schmalkalden) rollen wir rechts auf den Parkplatz des Technischen Museums Neue Hütte, parken direkt neben einem kleinen Hochofen. Dieses für unsere größenverwöhnten Augen mit 9,35 m Höhe geradezu niedlich wirkende Industriedenkmal aus dem Jahre 1835 erschmolz, mit Holzkohle betrieben, zusammen mit seinem 11,70 m hohen Partner, jahrelang mehr Roheisen als alle anderen Anlagen der Umgebung zusammen und wurde erst 1924 stillgelegt. Der klassizistische Fachwerkbau daneben, die Happelshütte, die an Stelle eines alten Hammerwerkes aus dem Jahre 1656

erbaut wurde, verbirgt hinter seinen Mauern den aus einheimischen Sandsteinquadern errichteten "großen" Hochofen. Er erhielt seine Verbrennungsluft von einem Winderhitzungsapparat mit Zylindergebläse, das durch ein 7 m großes Wasserrad angetrieben wurde. Für dieses mußte wiederum Wasser der Schmalkalde in ein Kunstbett umgeleitet werden, floß schließlich durch ein hölzernes Gerinne in die Radstube des Hochofenhauses und nach getaner Arbeit durch einen unterirdischen Kanal wieder in sein altes Bett zurück. Auch an eventuellen Wassermangel hatte man gedacht, denn ein Hochofen arbeitet ja rund um die Uhr und kann nicht "Zwangspause" machen: Eine Dampfmaschine, die in erster Linie den Gichtaufzug und die Gleichstromlichtmaschine ankurbelte, konnte über Transmissionsriemen auch den Gebläseantrieb übernehmen. Es ist ein Glück und ein technischer Genuß, daß das komplette Gerät bis in unsere Zeit erhalten blieb und nun bestaunt werden kann (Mi - So, 10 - 17 Uhr).
Wir lenken unser WOMO wieder nach Norden bis SELIGENTHAL, biegen dort links nach TRUSETAL ab. Natürlich ist unser eigentliches Ziel der Trusetaler Wasserfall, wenige hundert Meter südlich von ihm halten wir jedoch zum ersten Mal rechts der Straße, um eine geologische Besonderheit zu begucken, den Trusetaler Hauptgang: Die senkrechte Porphyreinsprengung im groben Granit lockte die Straßenbauer an, denn der feinkristalline Porphyr war begehrt als Pflastersteinmaterial. So erblickt das geologisch geschulte Auge zwar noch die beiden steilen Granitränder, dazwischen jedoch - nichts; das Porphyrband wurde vollständig in kleine Würfel zerlegt und dröhnt auf vielen Straßen unter unseren Gürtelreifen.
An Sehenswürdigkeiten ist der Thüringer Wald wahrlich nicht arm, an Wasserfällen mangelt es jedoch - und der höchste, der Spitterfall bei TAMBACH-DIETHARZ ist gerade mal 19 m hoch. Was lag also näher, als sich selber eine ordentliche Kaskade zu basteln!
Ein 50 m hoher Steilabfall war schnell gefunden, die Truse in der Nähe lieferte das Wasser - und seit 1867 läßt sich der staunende Besucher gerne von der Gischt der mal mehr, oft weniger üppig herabschießenden Wassermassen besprühen, nachdem er die über 200 Stufen hinaufgestiegen ist. Ausreichend ist auf jeden Fall der Parkraum, an dessen Zufahrt allerdings ein Zahlhäuschen steht ...
Immer weiter halten wir nach Norden, auf den Kamm des Thüringer Waldes zu. Unmittelbar vor BROTTERODE links, an der Truse, wartet ein Rastplatz mit überdachten Tisch-Bank-Kombinationen. Dort ist die Truse zwar nur ein unauffälliges

Bächlein - dafür rastet man jedoch auch völlig kostenlos.
Der Erholungs- und Wintersportort BROTTERODE liegt bereits 576 m hoch und ist mit seiner Inselsbergschanze einer der Austragungsorte der Thüringer Dreischanzentournee. Der WOMO-Urlauber macht vielleicht einen 3-km-Abstecher zum 700 m hohen Mommelstein, um den Blick auf die Rhön und den Thüringer Wald mit dem Großen Inselsberg zu genießen oder er spaziert auf einem der vielen markierten Wanderwege.
Noch knapp 4 km haben wir uns bis zum prägnantesten Gipfel des Thüringer Waldes, dem 916 m hohen Großen Inselsberg hinaufzuschrauben. Auf halber Strecke, genau 1600 m nach dem Ortsendeschild von BROTTERODE, haben wir ein besonders reizendes Rastplätzchen entdeckt: Unmittelbar vor zwei rostigen Metallgittermasten kann man rechts der Straße zu einem kleinen Teich am Waldrand hinabfahren, überdachte Tische stehen am Ufer und ein zutraulicher Erpel im glänzenden Brautgefieder blinzelt uns von einem auf der Wasserfläche treibenden Holzfloß an. Der Blick auf den Inselsberg mit seinen Antennenmasten wird nicht von Bäumen verdeckt und das Murmeln des kleinen Wiesenbächleins, das unseren Erpelteich füllt, stört nicht unsere Nachmittags-Kaffee-Rast. Falls jemand die rostigen Masten umgefahren hat und Sie ganz wild auf unseren Sumpfdotterblumen-Erpel-Teich sind - die Kilometermarkierung an der Abzweigung müßte »km14,8« anzeigen.
Noch zwei Kurven oder auch 1700 m, und wir haben den Parkplatz "Grenzwiese" erreicht, den Ausgangspunkt für die bequemste (?) Inselsbergersteigung. Der Parkplatz ist von 9 - 17 Uhr bewacht (natürlich nicht kostenlos), von 17 - 9 Uhr kann man folglich kostenlos, jedoch unbewacht, nächtigen.
Wir schalten trotzdem die Alarmanlage an, denn unter "Bewachung" versteht man selbstverständlich nur Bezahlung und machen uns an den Aufstieg, folgen den weißen " **R**" des Rennsteigs. Der Fußweg ist breit geteert, sodaß bodygebuildete Jungväter durchaus den Kinderwagen hochschieben können. Es ist allerdings keine Schande, wenn mittelalte Fußgänger für den nur etwa 1 km kurzen Weg 20 - 25 Minuten benötigen, denn es geht gehörig bergauf. Asphaltverachtende Bergziegen können auf halbem Wege nach links in einen Treppenweg einschwenken und ein Felsenpanorama durchkraxeln, das ihnen auf dem Teerweg entgehen würde.
Auf dem Gipfelplateau machen sich die Gaststätten "Stöhr" und "Stadt Gotha" Konkurrenz, an einer Außenterrasse wird eifrig renoviert, damit der ermattete Wandersmann einen einwandfreien Rundblick genießen kann. Dieser ist allerdings stark witterungsabhängig: Oft sind die Täler im Dunst und man hat dafür eine extreme Fernsicht bis zum Brocken - noch

häufiger allerdings hüllt sich der Gipfel selbst in Wolken.
Natürlich werden die Getränke für die Gaststätten nicht per Muli hinaufbefördert - die breite Auffahrtsstraße ist jedoch für normale Sterbliche gesperrt - es sei denn, sie buchen für 2,50 DM (Kinder 1 DM) einen Sitzplatz in dem Pendelbähnchen, das sie schweißsparend aber dafür weniger umweltfreundlich bis zum Gipfel karrt.
Sie haben keine Lust, 2 DM für die (fehlende) Bewachung Ihres WOMOs zu bezahlen?
Dann parken Sie doch einfach 800 m nach der Grenzwiese (Richtung TABARZ) rechts oder links der Straße auf einem der großen Parkplätze. Von dort aus führen (nicht geteerte) Wanderwege zum Inselsberg, einer über die Talstation des Skihanges, der andere direkt und ebenfalls 20 Minuten lang. Das einzige, worauf Sie bei diesen Wegen verzichten müssen, sind die großen, weißen "**R**" an den Bäumen...
Zum Rasten hat uns noch besser 900 m weiter der nächste Parkplatz rechts Richtung TABARZ gefallen! Nicht nur, weil Tisch und Bank zur Vesperpause im Freien einladen, sondern weil "nebenan", im lichten Buchenwald, stille, frischgrüne Wiesen zum Lagern und Träumen einladen.
Einige Serpentinen weiter unten gähnt uns ein Riesenloch im Felshang an, das "Hartsteinwerk Tabarz" und folgerichtig dröhnen wir kurz darauf auf vermutlich Original Tabarzer Hartsteinpflaster dahin.
Bei den ersten Häusern von TABARZ (eigentlich sind wir erst im Ortsteil CABARZ) weist uns ein Schild nach links zur Fischbacher Naturbühne und direkt am Ortsschild von FISCHBACH zeigt der nächste Wegweiser wieder nach links zur Bergbühne. Die Stichstraße endet am Waldrand beim großen, idyllisch gelegenen - und außerhalb der Vorstellungen völlig einsamen Parkplatz. Von hier aus schlendert man bis zur Naturbühne durch einen gepflegten, ruhigen, schattigen Park mit Teich und Kinderspielplatz. Wie gerne würden wir Ihnen diese Wege für Ihren Abendspaziergang und den Parkplatz als Übernachtungsplätzchen empfehlen, wenn die weite Teerfläche nicht eine solch unangenehme Schräglage hätte. Aber vielleicht haben Sie eine Ladung Unterlegbretter mit....
Unser nächster Übernachtungsvorschlag jedoch ist topfeben - und gleichzeitig der Ausgangspunkt für eine der malerischsten Wanderungen im Thüringer Wald.
Wir fahren nach CABARZ zurück und suchen uns zunächst den kürzesten Weg zum Ortsteil TABARZ: Gegenüber der Kirche biegen wir rechts in die Walter-Rathenau-Straße ein, die direkt auf die Kirche von Tabarz zuhält. An ihr fahren wir links vorbei, überqueren die Laucha (die wir noch näher kennenlernen

werden) und schwenken am "Tabarzer Hof" nach rechts in die Lauchagrundstraße, rollen auf ihr bis zu einem Durchfahrtsverbotsschild, parken rechts auf einem großen Platz, der ruhige Lage mit der Nähe zu Gaststätten und unserem Wanderziel ideal vereinigt.
Falls Sie sich als Anlieger fühlen, können Sie noch 1 km bis zum Hotel "Schweizerhaus" weiterfahren und dort parken.
Wir gehen den Weg zu Fuß, es ist eine geteerte Fahrstraße, also kinderwagen- und fahrradgeeignet. Nach 5 Minuten, an einer Gabelung, halten wir uns rechts Richtung Inselsberg/Felsental/Hotel "Schweizerhaus", der romantische Lauchagrund nimmt uns auf. Bereits nach weiteren fünf Minuten passieren wir das etwas oberhalb gelegene Hotel Schweizerhaus und machen Rast am dekorativen Lutherbrunnen mit sprudelndem Löwenkopf, steinernen Sitzbänken und gepflegtem Blumenrondell. Als WOMO-Wasserspender eignet sich der Lutherbrunnen nur, wenn man viel Geduld mitbringt, denn bei dem mehr mund- als kanistergerechten Wasserstrahl wäre statt dem Spruch "Ein' feste Burg ist unser Gott" eher "Steter Tropfen höhlt den Stein" angebracht gewesen - aber der ist eben nicht von Luther...
Wir wandern nun an der Laucha entlang, können ab der verfallenden Massemühle (10 Minuten später) wählen, ob wir rechts des Baches auf der Teerstraße oder links der Laucha auf Waldboden einem ornithologischen Lehrpfad folgen wollen. Nur wer rechts bleibt, entdeckt nach weiteren 5 Minuten den hölzernen Wegweiser zum Backofenloch, einer der für dieses Tal typischen Felsenhöhlung, zu der es gilt, einige Stufen rechts den Hang hinaufzukraxeln., Dabei bekommt man einen ersten Vorgeschmack auf die Naturschönheiten des Felsentales, das 5 Minuten später, dort, wo von rechts die Strenge in die Laucha fließt, beginnt: Steintürme, schroff und steil, ragen aus dem Tannengrün, können umgangen und erklettert werden, bieten von ihrer steilen Warte aus Panoramablicke in den Lauchagrund.
5 Minuten später, wie gesagt, fließen an einem Picknickplatz die beiden Bäche zusammen, bilden schon für sich ein liebliches Plätzchen. Genau zwischen den beiden Fahrwegen, die den Bächen folgen (der linke schlängelt sich weiter zur "Tanzbuche" und der rechte, durch das eigentliche Felsental, zum Inselsberg), steigt ein steiler Treppenaufgang, eine wahre Himmelsleiter, zur Hauptattraktion unseres Spazierganges, dem Torstein (Wegweiser: Torstein 500 m) hinauf. An Felssäulen vorbei stapfen wir schnaufend empor, sind völlig allein in der stillen Natur, folgen immer brav dem frisch gezimmerten Geländer, bis wir auf der Höhe vor dem grandiosen Naturwunder

Tabarz: Torstein im Lauchagrund

stehen: Ein gespannter Gesteinsbogen, wie in der Bewegung erstarrt; der Betrachter rechnet jeden Augenblick damit, daß er sich entweder aufrichtet - oder vor Erschöpfung zusammenbricht. Ein Platz, um stundenlang zu sitzen und zu träumen.
Unser Weg bis zum Torstein dauerte, Pausen nicht mitgerechnet, 45 Minuten. Als gemütlicher Spaziergang mit beschaulichen "Rast- und Fotoeinlagen" also eine Sache von etwa zwei Stunden (hin und zurück). Nicht weiter, jedoch viel anstrengender ist die Tour vom Parkplatz Grenzwiese (Kleiner Inselsberg) zum Torstein und zurück, muß hierbei doch ein gewaltiger Höhenunterschied bewältigt werden.
Wir spazieren vom Torstein weiter auf dem ebenen Bergrücken entlang bis zur Grenze des NSG "Kleiner Wagenberg" mit einer Informationstafel. Hier stoßen wir auf eine Wegespinne; wir folgen dem breiten Fahrweg nach rechts hinab (Tabarz 3,7 km). 200 m später erreichen wir die Strenge und folgen ihr weiter talwärts, vorbei an den rotbraunen, senkrechten Basalttürmen des Felsentales, bis wir am Zusammenfluß von Strenge und Laucha wieder auf den Teerweg treffen, auf dem wir zu unserem WOMO zurückkehren.
TABARZ hat nicht nur den Lauchagrund und das Felsental! Im Alvary-Park oberhalb Cabarz und im Bethesda-Park kann man unter wunderschönen, seltenen Bäumen wandeln (wie es schon Heinrich Hoffmann, der Verfasser des "Struwwelpeter" tat). Im Steinpark werden 22 Gesteinsarten des Thüringer Waldes, Versteinerungen und Wappensteine vorgestellt. Aber auch weiter entfernte Ziele sind leicht erreichbar, selbst wenn man mal lenkradmüde ist, denn Tabarz ist Endstation der Thüringerwaldbahn, die bei Lichte besehen weiter nichts als

eine Gothaer Straßenbahn ist, die sich verlaufen, pardon, verfahren hat. Mit ihr kann man sich von morgens um Fünfe bis nachts um Elfe ermüdungsfrei durch die liebliche Landschaft schaukeln lassen - in fünf Minuten wären Sie z.B. direkt vor der Marienglashöhle von FRIEDRICHRODA und in einer Stunde mitten in GOTHA. Straßenbahn fahren durchs Grüne - sicher etwas Neues auch für Sie!
Wir rollen auf unseren eigenen Rädern neben den Schienen der Thüringerwaldbahn aus TABARZ heraus, münden in die B 88 Richtung GOTHA, folgen weiterhin dem schmalen Schienenstrang. Noch vor FRIEDRICHRODA (man muß aufpassen, die Hinweisschilder sind leicht zu übersehen) führt ein kurzer Teerweg zum großen Parkplatz vor der Marienglashöhle und dem Waldgasthaus "St. Marien". Der Parkplatz bietet eine ganze Reihe von schönen Plätzen direkt am Waldrand, aber ruhig wird es bei der Attraktivität der Höhle hier sicher nie.
Täglich von 9 - 17 Uhr kann man in die kristallene Unterwelt hinabtauchen, die eigentlich ein ehemaliges Gipsbergwerk ist. Aber Gips, der so bescheiden Risse im Putz füllt oder sich geduldig zu Stuckverzierungen formen läßt, kann auch zu fast einem Meter langen, wasserklaren Nadeln auskristallisieren - und die nennt man eben Marienglas. Die Marienglashöhle hat nicht nur ein paar Gipskristalle vorzuweisen, nein, eine ganze, effektvoll beleuchtete Kristallgrotte, die sie zur größten und schönsten Kristallhöhle Europas macht - und zusätzlich erfährt man noch viel Lehrreiches über die Geologie des Thüringer Waldes. Vom Parkplatz bei der Marienglashöhle kann man bequem durch schattigen Wald nach FRIEDRICHRODA spazieren (knapp 2 km). Wer seine Füße schon in der Unterwelt zu stark strapaziert hat, dieselt bis zum Ortseingang und parkt vor dem Schwimmbad links der Straße. Von hier aus führt ein Fußweg über die Schienen der Thüringerwaldbahn direkt in den Stadtpark, der unmittelbar in den Landschaftspark des Schlosses Reinhardsbrunn übergeht und ins Zentrum des beliebten Urlaubsortes.
Wir biegen noch vor dem Schwimmbad links Richtung GOTHA und rollen an den Klostermauern der ehemaligen Benediktinerabtei, die den Landschaftspark abgrenzen, bis zum Parkplatz vor dem Schloß Reinhardsbrunn, das im 19. Jahrhundert auf den Grundmauern des abgebrannten Klosters als Lustschloß erbaut worden war und nun ein Nobelhotel beherbergt. Hier können Sie wählen, ob Sie einen kalorienfreien Spaziergang durch den wahrhaft herrlichen Landschaftspark machen möchten, in dem wir zwar vergeblich nach der 800-jährigen Mönchslinde gesucht, aber zwei riesige Trauerbuchen gefunden haben, oder lieber dem Filet vom Angusrind zusprechen wollen,

das in dem renommierten Restaurant des Hotels zelebriert wird. Falls Sie letzterem zuneigen, dürfen wir Ihnen im Anschluß daran eine Ruderpartie auf dem nur 500 m straßenabwärts links gelegenen Gondelteich empfehlen; dort auch großer Parkplatz, Imbißbude und Parkhotel. Ein schöner Spazierweg führt von dem Gondelteich, der einer von mehreren ehemals von den Mönchen angelegten Fischteichen ist, am Waldrand entlang in einem halben Stündchen bis SCHNEPFENTHAL.

Wir ziehen die Köpfe ein, als wir auf der Weiterfahrt Richtung GOTHA die Thüringerwaldbahn mit einer lichten Höhe von 3,20 m unterqueren. In SCHNEPFENTHAL, dort, wo die Hauptstraße im rechten Winkel nach links abbiegt um kurz darauf die Bahnlinie zu überqueren, schwenken wir nach rechts, folgen der Salzmannstraße steil den Hügel hinauf, halten, oben angekommen, vor der Gaststätte "Zur Tanne". Links am Gebäude vorbei führt ein Weg nach ein paar Schritten zum Waldrand, wo der Turnplatz der Salzmannschule lag, eigentlich der erste Gymnastikplatz Deutschlands. Die historischen, hölzernen Turngeräte, die Johann Christoph Friedrich GutsMuths (1759 - 1839), der Begründer der neuzeitlichen Körpererziehung, entwarf, wurden restauriert und an ihrem Originalplatz aufgestellt: Barren, Reck, Balken - über 200 Jahre sind seit ihrer Entwicklung vergangen, verändert haben sie sich kaum. Gleich hinter der Bahnlinie liegt links die Erziehungsanstalt des Pädagogen Salzmann. Weit seiner Zeit voraus vertrat er eine natürliche Ausbildung von Geist und Körper und eine vertrauensvolle Zusammenarbeit zwischen Lehrern und Schülern - welch Gegensatz zum Untertanengeist preußischer Prägung....

Wir durchqueren WALTERSHAUSEN, das sich im 14. Jahrhundert als befestigte Stadt um die Burg Tenneberg entwickelt hat. Aus dieser Zeit sind noch bemerkenswerte Reste der Stadtbefestigung erhalten, der quadratische Marktplatz glänzt mit einem achteckigen Brunnen.

Zwei Bauwerke sind unbedingt sehenswert: Das Schloß Tenneberg und die barocke Stadtkirche, beide vom Architekten des Gothaer Schlosses umgebaut, beide vom gleichen Maler ausgestattet. Vor allem mit der Stadtkirche schufen sie ein einmaliges Kunstwerk, wohl die bedeutendste protestantisch-barocke Kirche überhaupt. Die Kirchendecke trägt - wie die Decke des Festsaales im Schloß - eine solch geniale Bemalung, daß man schwören würde, eine Kuppel über sich zu haben - eine geniale Illusion.

Wir verlassen WALTERSHAUSEN nach Osten und haben 12 km später den Stadtrand von GOTHA erreicht.

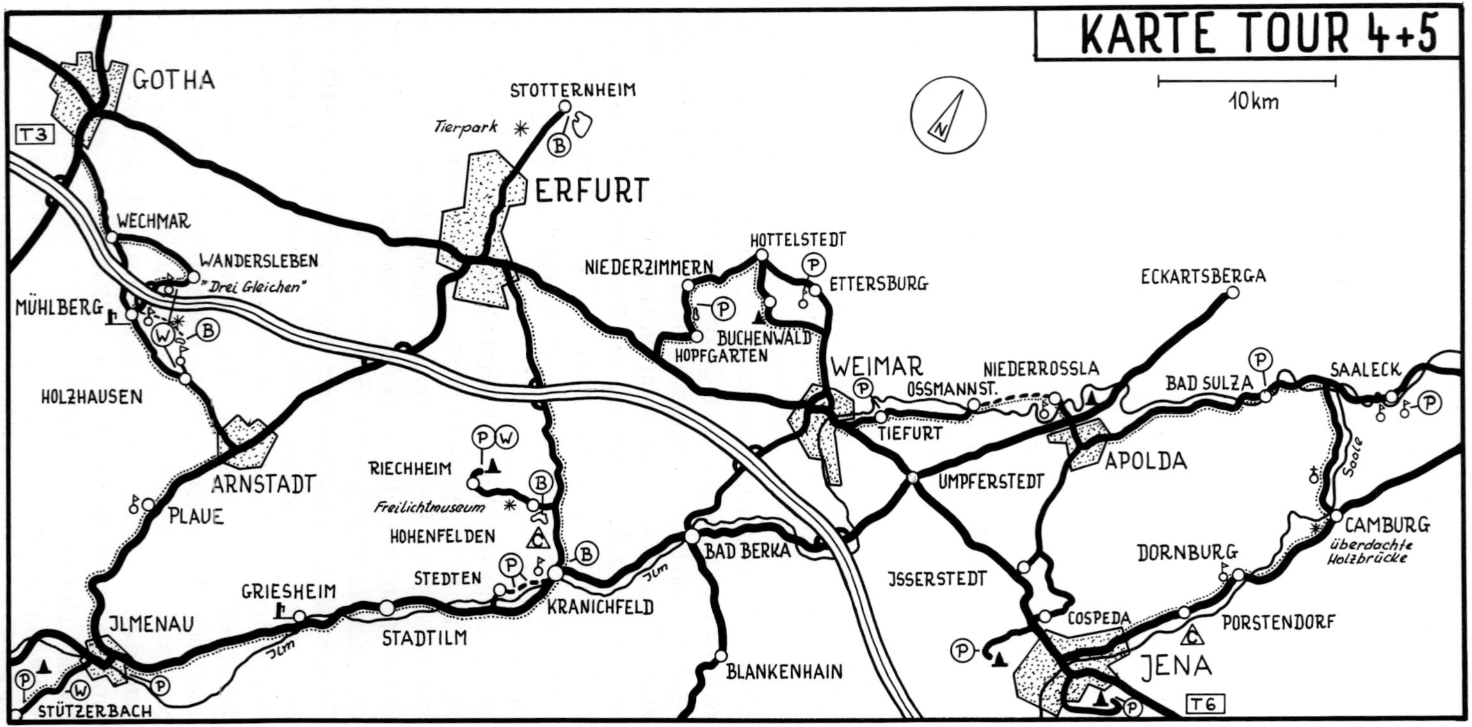

KARTE TOUR 4+5
10 km
N
GOTHA
T3
STOTTERNHEIM
Tierpark
ERFURT
WECHMAR
WANDERSLEBEN
"Drei Gleichen"
MÜHLBERG
HOLZHAUSEN
ARNSTADT
PLAUE
NIEDERZIMMERN
HOTTELSTEDT
ETTERSBURG
BUCHENWALD
HOPFGARTEN
WEIMAR
OSSMANNST.
NIEDERROSSLA
TIEFURT
ECKARTSBERGA
BAD SULZA
SAALECK
APOLDA
UMPFERSTEDT
Saale
CAMBURG
überdachte Holzbrücke
DORNBURG
PORSTENDORF
COSPEDA
JENA
T6
JSSERSTEDT
RIECHHEIM
Freilichtmuseum
HOHENFELDEN
STEDTEN
KRANICHFELD
BAD BERKA
Jlm
BLANKENHAIN
GRIESHEIM
STADTILM
JLMENAU
STÜTZERBACH

TOUR 4 (110 km)

Gotha - Drei Gleichen - Arnstadt - Ilmenau - Kickelhahn - Stadtilm - Hohenfelden - Erfurt

Ganz egal, aus welcher Richtung man sich dem Zentrum von GOTHA nähert - das alles überragende Schloß Friedenstein weist einem den Weg zu einem Ausgangspunkt für die Stadtbesichtigung, denn rings um den riesigen Schloßpark müßte man eigentlich zu jeder Tages- und Jahreszeit einen freien und dazu noch günstigen Parkplatz finden!

Wir fahren, am Bahnhof und später rechts am Schloßberg vorbei Richtung Zentrum nach Norden und entdecken dabei den Philosophenweg, der steil nach links zum Schloß hinaufführt. Direkt unterhalb des Nordportales werfen wir einen Blick nach rechts hinab Richtung Hauptmarkt, tuckern dann jedoch noch 500 m weiter, Schloß und Schloßpark gegen den Uhrzeigersinn umrundend, bis wir auf der Westseite des Parkes, in der Lindenauallee, reichlichen Parkraum entdecken.

Unser erster Weg führt natürlich zum Schloß. Von Süden aus öffnet sich die dreiflüglige Anlage dem Besucher sozusagen mit offenen Armen. In entgegengesetzter Richtung, etwas unterhalb und auf der anderen Seite der Parkallee protzt ein riesiges Gebäude im Neurenaissancestil, das Museum der Natur. Dort werden, wie der umfassende Name schon andeutet, Ausstellungen aus den Bereichen der toten (Erdgeschichte, Gesteine) und der lebendigen (Vögel, Säugetiere) Natur gezeigt sowie eine Sonderabteilung Thüringer Wald.

Wir schlendern über den riesigen Schloßhof. Schloß Friedenstein, unmittelbar nach dem 30-jährigen Krieg von Ernst dem Frommen erbaut, zeigt sich von außen, vom riesigen Format mal abgesehen, recht bescheiden, beherbergt jedoch im Inneren manche Überraschung: Thronsaal und Schloßkirche prangen in der Pracht des Barock, und die endlosen Raumfluchten beherbergen das Gothaer Schloßmuseum mit einer unvergleichlichen Kunstsammlung, die von antiker, ägyptischer und ostasiatischer Kunst über die mittelalterliche und niederländische Malerei bis zu einer der größten Münzsammlungen reicht. Auf ein Gemälde sei besonders hingewiesen, das wohl berühmteste Portrait eines Liebespaares, eben das "Gothaer Liebespaar". Das spätgotische Meisterwerk ist nicht signiert, aber es strahlt in der Pracht seiner Farben, ist einmalig in der Wiedergabe einer einmalig gefühlvollen Stimmung....

Die Krönung jedoch ist das Hoftheater (Ekhof-Theater), das nicht nur das erste seiner Art ist, sondern dessen historische

Technik auch noch vollständig erhalten geblieben ist - wen wundert's, daß Vorstellungen in diesem glanzvollen Rahmen stets ausverkauft sind!

Ein ausgedehnter Parkbummel sollte bei schönem Wetter nicht ausgelassen werden, das kleine Teeschlößchen in Form einer gotischen Kapelle entdeckt man dabei, das der Landesherr Ernst II. 1786 für den Kaffeeklatsch seiner Gemahlin Marie Charlotte Amalie erbauen ließ, auf dem Parkteich darf man gondeln - und das Café in der Orangerie wartet auf mit verschiedenen Torten und einer guten Tasse Kaffee.

Vom Nordportal des Schlosses blicken wir über die "Wasserkunst" hinab zum Hauptmarkt.

Früher gründete man Städte meist an Flüssen bzw. ihren Furten, GOTHA mangelt es an ersterem (und dadurch logischerweise auch an zweiterem). Folglich wurde, dem immer größer werdenden Wasserbedarf Rechnung tragend, bereits 1369 der Leina-Kanal angelegt, der nicht nur Trinkwasser von der aus dem Thüringer Wald herabfließenden Leina abzapft und umleitet, sondern an dem eine ganze Reihe von Mühlen gebaut werden konnte, von denen eine, die Bergmühle, und jetzt wird's kurios, als Pumpwerk Trinkwasser für alle Brunnen der Stadt lieferte. Erst im letzten Jahrhundert wurde die Mühle durch die "Wasserkunst" abgelöst und der Ablauf unterhalb des Schlosses zu prächtigen Kaskaden gestaltet.

Rechts der mit bunten Blumenbeeten verzierten "Wasserkunst" steigen wir zum Hauptmarkt hinab, das erste Gebäude rechts (Philosophenweg 1) beherbergt das Thüringer Landesvermessungsamt. Wo könnte man sonst eine neuere Karte Thüringens bekommen als dort - und eine bessere, denn Gotha hat Weltruf durch den Verlag Justus Perthes, der bereits seit 1785 so berühmte Atlanten herausbrachte wie den "Sydow", einst das Standardwerk aller Weltenbummler und wer "Petermanns Mitteilungen" abonniert hatte, der erfuhr früher als alle anderen, welche weißen Flecken auf dem Globus des 19. Jahrhunderts durch atemberaubende Entdeckungen verschwanden. Vieles aus dem Verlag Perthes finden wir auch wieder im Kartographischen Museum, das im Westturm des Schlosses zu Hause ist.

Der längliche Hauptmarkt wird beherrscht von dem im traditionellen weinrot gehaltenen Renaissance-Rathaus in seiner Mitte. Die reichverzierte Nordfassade mit dem prächtigen Wappenportal ist allein schon eine Reise wert, aber auch das alte Waidhaus, das Lucas-Cranach-Haus und der barocke Schalenbrunnen sind sehenswerte Bauwerke aus der Glanzzeit GOTHAS.

Wir verlassen GOTHA auf der B 247 Richtung SUHL. Unmittel-

bar hinter dem Eisenbahnviadukt zeigt ein Hinweisschild zum Gothaer Tierpark, der nur wenige Schritte links der Straße liegt. Vom Parkplatz unmittelbar neben der Straße sind es etwa 200 Schritte bis zum Eingang des kleinen Heimattiergartens.
1300 m später und noch 300 m hinter einer Ampel zweigen wir links ab Richtung WECHMAR. In GÜNTHERSLEBEN macht die Straße einen solch scharfen Knick nach links, daß wir aus Versehen geradeaus weiterfahren und verblüfft am Wassergraben eines nicht mehr vorhandenen Schlosses bremsen. Ein Brückchen führt hinüber in die Parkanlage, ein Restaurant bietet Erfrischungen an, und unser Parkplatz vor dem Wassergraben strahlt die Ruhe aus, die wir für Übernachtungen schätzen...
Durch eine schnurgerade Eschen- und Kastanienallee rollen wir nach WECHMAR hinein. Das Dörfchen an der Apfelstädt hat eine Bachstraße, was nicht weiter wundert. Darin, in der Nummer 4, im sog. Bachhaus, lebte jedoch der Bäcker und Müller Veit Bach, der als Ahnherr "unseres" Johann Sebastian Bach gilt.
Wir fahren weiter nach WANDERSLEBEN und werden schon von zwei der "Drei Gleichen" begrüßt, Burgruinen, die jeweils auf einer eigenen Hügelkuppe im sonst flachen Vorland des Thüringer Waldes weit übers Land schauen und eigentlich gar nicht gleich sind: Die Mühlburg und die Wachsenburg, durch eine Senke, die Burgleite, verbunden, erheben sich wenig südlich der Autobahn. Erst nachdem wir den Kaffberg nördlich umfahren haben, erspähen wir dahinter die dritte, die Burg Gleichen.
In WANDERSLEBEN biegen wir rechtwinklig nach rechts Richtung ARNSTADT/Autobahn. Die Straße schlängelt sich zwischen dem Kaffberg und dem einzeln stehenden Burgberg der "Wanderslebener Gleiche" hindurch. Parken kann man entweder bei der Gaststätte "Freudenthal" oder, noch besser, 200 m später links auf einem Wanderparkplatz unmittelbar am Fuße des Burgberges.
Wer sich mit einem geruhsamen Blick auf die Burgruine Gleichen begnügen möchte, weil ihm die fehlende Fahne auf dem Bergfried sagt, daß sie sowieso verschlossen ist, der stoppt sein WOMO 200 m vor der Gaststätte "Freudenthal" rechts und geht wenige Schritte bis zum Waldrand am Fuße des Kaffberges hinauf. Dort findet er fünf Bänke und einen Mühlsteintisch, auf den er beim Sinnieren über den Lauf der Zeiten sein Haupt aufstützen kann.
Hinter der Sitzgruppe steigt ein heideähnlicher Trockenhang an, Pfade verlieren sich zwischen den Wacholderbüschen. Falls Sie jetzt doch der Hafer sticht: Vom Gipfel des (nur) 399 m

hohen Kaffberges hat man den allerbesten Ausblick - nicht nur auf alle drei Gleichen.

Wir starten vom Wanderparkplatz zur Burgbesteigung, der Weg führt zunächst über eine Wiese, verschwindet dann im Laubwald. Der in roten und grauen Streifen geschichtete Mergelboden ist so weich, daß viele Kaninchen darin ihre Röhrensysteme angelegt haben. Einige flitzen vor uns über den Weg und haben bei aller Angst doch noch Zeit, uns einen vorwurfsvollen Blick zuzuwerfen - oft kommt hier kein Wandersmann vorbei! Als besondere botanische Rarität wachsen im Wald ganze Flächen des gelben Eisenhutes (Acónitum vulpária), der jetzt, im Mai schon dicke Knospen trägt und im Juni/ Juli voll erblüht sein wird.

Leider ist für Zivilisten des 20. Jahrhunderts selbst eine verschlossene Ruine aus dem Jahre 1034 nicht zu erstürmen, und so müssen wir uns darauf beschränken, die dicken Mauern mit dem mächtigen Bergfried zu umwandern. Dabei könnten sie Dinge erzählen .....

Im Jahre des Herrn 1228 zog der Graf Ernst von Gleichen mit seinem Kaiser Friedrich II., Enkel des berühmten Barbarossa, gegen die Sarazenen, das Heilige Grab mußte mal wieder, zum fünften Male, von den Ungläubigen befreit werden. Bereits in der Nähe der Hafenstadt AKKON, nördlich des heutigen JAFFA, geriet der tatendurstige Graf Ernst in einen Hinterhalt und fand sich kurz darauf im Kerker wieder, nur sein treuer Knappe Kurt war bei ihm. Dieser, heimwehkrank, log, daß sich die Balken bogen - und Graf Ernst sah sich plötzlich, Kurt hatte ihm die tollsten Fähigkeiten angedichtet, als Obergärtner im Sultansgarten wieder. Dort betreute er zunächst recht und schlecht die Botanik, bis ihn die Sultanstochter Melechsala erblickte und in heißer Liebe zum blonden Fremdling erglühte. Der Rest: Gegenseitige Liebe, gemeinsame Flucht, und wenn sie nicht gestorben sind .... wäre schnell erzählt, wenn nicht auf der Burg Gleichen bereits ein ängstliches Weib auf Ernstens

Blick von der Ruine Gleichen zur Wachsenburg

Rückkehr warten würde....
Ganz klar: Ein unmoralisches, aber verständliches Dreiecksverhältnis, werden Sie jetzt prophezeien - aber weit gefehlt! Ernst v. Gleichen bemüht sich zu Papst Gregor, dieser gibt schließlich nach und seinen Segen (vermutlich, weil Melechsala zum wahren Glauben übertrat) und unser Graf hat bald darauf die Freude, mit zwei angetrauten Gemahlinnen das Bett zu teilen. Nein, er hat sich nicht übernommen, sondern seine beiden Frauen um 16 Jahre überlebt!
In Gedanken versunken genießen wir die Aussicht auf die dunkle Bergkette des Thüringer Waldes, die z. Zt. meist verstopfte Autobahn und die beiden durch eine Senke miteinander verbundenen südlichen Gleichen. Nördlich davon und parallel zur Schloßleite führt offensichtlich ein Fahrweg vom Dörfchen Mühlberg zu einem kleinen See - da müssen wir hin!
Vom Parkplatz unseres WOMOs aus sind es nur wenige Schritte zu total vegetationslosen Mergelhügeln, türkisgrün und rotbraun gebändert, eine geologische Rarität. Die sanft geschwungenen Obstbaum-Wiesen-Hügel davor eignen sich bestens als Liege-, Spiel- und Vesperplatz. Ob Sie hier allerdings übernachten möchten, wenn wir Ihnen verraten, daß dieses Gelände auch als "Mordgarten" bekannt ist ...?
Die Gaststätte "Freudenthal" war früher eine Ausspanne, also ein Rastplatz für die Postkutsche Arnstadt - Gotha. Wer einmal einen richtigen Western gesehen hat, der weiß, daß es in Postkutschen, schon wegen der mit den schlechten Straßen verbundenen noch schlechteren Laune oft zu Streit kam, in Deutschland war es offensichtlich ähnlich. Zur Austragung des dann fälligen Duells brauchte man nur noch ein verschwiegenes Plätzchen - und das fand man auf der Obstbaumwiese der

Gaststätte. Das letzte (gerichtsbekannte) Duell fand jedoch vor langer Zeit, am 9. 3. 1717 statt, vielleicht können Sie nun doch ruhig schlafen?
Wir fahren weiter Richtung Autobahn, der Parkplatz dort am Burgberg ist total vermüllt und mit unserer Liegewiesenidylle nicht zu vergleichen.
300 m hinter der Autobahn und unmittelbar hinter dem Ortsschild MÜHLBERG könnte man links in einen Feldweg zu dem bereits gesichteten See abbiegen, wenn man das Verbotsschild ignoriert würde. Komischerweise ist das Abzweigen im Ort nicht verboten und nach wenigen hundert Metern parallel zur Schloßleite nach Osten, allerdings auf ziemlich zerfurchter Bahn, landen wir am Rande eines großen Teiches, der in erster Linie der Fischzucht dient. Ob man hier baden darf? „Na klar", meinen zwei Buben, die uns auf der Holperstrecke mühelos mit ihren neuen BMX-Rädern überholt hatten. „Wo sollen wir denn sonst baden?" Falls Sie Angst haben, von Jungfischen angeknabbert zu werden - als ruhiger Übernachtungsplatz eignet sich das Seeufer allemal.
Am großen Platz in der Mitte von Mühlberg, neben einem Brunnen, kann man sein WOMO abstellen und nach links eine beschauliche Wanderung antreten: Den Aufstieg zur Mühlburg, der ältesten der Gleichen, die bereits im Jahre 704 erstmals erwähnt wurde, ist nicht weit. Von der einst mächtigen kastellartigen Anlage blieben jedoch nur noch Gebäudemauern und Teile des Walles, der grazile Bergfried mit dem restaurierten Zinnenkranz beherrscht die Kuppe.
Der Wanderweg führt am Burgberg vorbei, die Schloßleite entlang, bis zum großen Parkplatz der dritten Gleichen - ein Weg, der sich nicht nur wegen der Ausblicke lohnt, sondern auch wegen der Aussicht auf eine lukullische Belohnung im Restaurant der Wachsenburg. Dort wird viel restauriert und umgebaut. Jetzt schon ist das höchste Bauwerk der Wachsenburg, der Hohenlohe-Turm, wieder zu besteigen, im 300 Jahre alten Brunnenhaus sollte man 97 m in die Tiefe des Brunnens spähen und vielleicht kann man bald im Gewölbe des Burgverlieses wie zu Ritters Zeiten speisen?
5 km östlich von MÜHLBERG, am Fuße der Wachsenburg, liegt HOLZHAUSEN. In der Ortsmitte zweigt ein Fahrweg nach links zur Burg ab, und auf halbem Wege landet man auf dem großen Parkplatz, von dem aus auch Fußmüde bequem auf dem gesperrten Teil des Fahrweges zur Burg und der Gaststätte hinaufsteigen - oder in entgegengesetzter Richtung den empfohlenen Wanderweg auf der Schloßleite, den Gustav-Freytag-Weg, antreten können.
Eine schmale und fast kerzengerade Obstbaumallee führt uns

über sanft geschwungene Hügelrücken nach ARNSTADT. Schon von weitem grüßt ein mächtiger Turm herüber - aber keine Angst, es ist nicht etwa eine vierte Gleiche, auf die wir Sie auch noch schleppen wollen, sondern ein "alter" Wasserturm aus dem Jahre 1925.
In ARNSTADT werden wir von einem Wegweiser empfangen, der links nach Erfurt und rechts nach SUHL zeigt - uns jedoch geradeaus zu einem großen Parkplatz führt. Wir folgen dem Wegweiser und landen auf einem riesigen Parkareal, von dem aus nur wenige Schritte zur Altstadt zurückzulegen sind.
ARNSTADT muß man durchschlendert haben, hier ist Geschichte gemacht worden - Musikgeschichte. J. S. Bach, dessen Name uns immer wieder in Thüringen begegnet, wird auf vielen Denkmalen gedacht (auf dem alten Friedhof der Stadt befinden sich 24 Gräber der Bach-Familie), dieses Musikgenie war 1703 - 1707 Organist der Bonifatiuskirche, der heutigen Bach-Kirche, also von seinem 18. - 22. Lebensjahr. Im Stadtgeschichtlichen Museum am Markt können Bach-Fans den Original-Orgelspieltisch besichtigen.
Vom Marktplatz aus wenden wir uns nach Westen, verharren vor dem prächtigen Renaissancebau des Rathauses: Zwei reich geschmückte Volutengipfel und ein verschwenderisch verziertes Portal mit Stadtwappen zeigen an: Hier sind keine armen Bürger zu Hause: Besonders schön sind auch die Sonnenuhr am linken und die Kunstuhr (für schattige Tage) am rechten Giebel. Das künstlerische Zifferblatt zeigt Figuren, die beim Stundenschlag kleine Glocken anschlagen, ein Adler hebt um 12 Uhr seine mächtigen Schwingen.
Am Museum mit der Bach-Gedenkstätte im Bürgerhaus "Zum Palmbaum" vorbei und dem Prinzenhof, einem ehemaligen Klostergebäude, kommen wir zur Liebfrauenkirche, bei der sich romanische und gotische Stilelemente vermischen. Das schöne Fachwerk des Waidhauses erinnert daran, daß ARNSTADT einen Teil seiner Einnahmen aus dem Anbau und dem Handel mit der Waid-Pflanze bezog. Aus dem vergorenen Kraut des Färberwaids gewann man, ausgehend vom westlichen Asien, seit über 2000 Jahren den blauen Indigofarbstoff, der erst viel später aus der Indigo-Pflanze extrahiert wurde. Beides ist (schöne) Historie, heute ist stinkender Steinkohlenteer der Rohstoff für synthetischen Indigo.
500 m östlich des Marktplatzes geht es adlig zu: Fürstin Augusta Dorothea von Schwarzburg-Arnstadt leistete sich eine wahrhaft fürstliche Spielerei - die Puppensammlung "Mon plaisir". In über 26 Häuschen mit zusammen 84 Stuben spiegeln 400 Puppen das Leben vor über zweihundert Jahren wider. Der passende Rahmen dafür ist das Barockschloß "Neues Palais",

vom fast zweihundert Jahre älteren Renaissanceschloß, der Neideck, blieb nur der Neidecksturm und die ehemalige Vorburg.
Wendet man sich vom Markt nach Süden, so landet man auf einem dreieckigen Platz, dem Ried, dem ehemaligen Waid- und Weinhandelsmarkt; alte Handelshäuser und Gasthöfe (manche verbanden auch beide Funktionen) zeugen davon, so das Haus "Zum Großen Christophorus" und das Haus "Goldene Sonne". Den Abschluß nach Süden bildet das Riedtor mit der alles überragenden barocken Turmhaube, dem allerdings der nadelspitze, gotische Jakobsturm etwas Konkurrenz macht. Leider ist es schwierig, einen scheußlichen Fabrikschornstein aus dem prächtigen Ensemble zu verbannen.
Bei unserer Weiterfahrt Richtung ILMENAU werden wir um den Ortskern herumgeführt. In der Nähe des Fischtores, beim Schloßplatz, erspähen wir noch einen weiteren großen Parkplatz, dann verlassen wir schlagartig das Thüringer Becken - die Reinsberge, Vorläufer des Thüringer Waldes, zwingen dem Straßenverlauf manche Kurven und Wellen auf. Rechts oberhalb von PLAUE ragt der mächtige Wohnturm der Veste Ehrenburg aus dem Wald. Zusammen mit der nur 3 km westlichen Burg Liebenstein ließ sich die darunter vorbeiführende Handelsstraße prima überwachen - und von den Händlern Zoll kassieren. Auch für ernsthafte Streitigkeiten hatte man vorgesorgt: Die Türme beider Burgen haben abgerundete Kanten - an ihnen sollten die Steinkugeln besser abprallen bzw. vorbeirutschen. Das waren noch (Kriegs-)Zeiten!
Seit 1816 bringt die Porzellanherstellung Geld in die Taschen - und das Plauener Tafelwasser ist begehrt, wenn nicht sogar heilkräftig. Zwischen den beiden Burgorten sollen einige ergiebige Quellen am Straßenrand sprudeln. Wir haben versäumt, danach zu suchen!
Hinter MARTINRODA ist Schluß mit dem Vorgebirgsgeplänkel, und die Straße gewinnt in Schleifen Meter für Meter an Höhe, erst kurz vor ILMENAU sinkt sie wieder bis zum Ufer der Ilm hinab.
Wir folgen durch ILMENAU hindurch zunächst den Wegweisern SUHL/B 4 und biegen am Ortsende, kurz vor dem Bahnhof Ilmenau/Bad links Richtung NEUSTADT a. Rstg. Von hier aus führt bereits ein 3 km langer Wanderweg (Markierung: Blauer Balken) steil bergauf zum 861 m hohen Kickelhahn mit dem Goethehäuschen, unserem nächsten Wanderziel. Falls Sie hier bereits starten wollen, fahren Sie auf der B 4 noch 300 m weiter und finden dort linkerhand einen riesigen Parkplatz. Da ILMENAU mit 540 m über NN einiges tiefer liegt, lassen wir zunächst noch den Diesel etwas für uns arbeiten. 2 km nach

dem Ortsendeschild wartet ein erster Parkplatz (Bobwiese) etwas sichtgeschützt links unterhalb der Straße. 1 km später liegt links, unmittelbar neben der Straße, der nächste Parkplatz, der Ausgangspunkt zu unserer kleinen Wanderung auf Goethes Spuren.

Als Übernachtungsplatz ist diese Stelle jedoch keinesfalls geeignet, dafür haben wir etwas besseres gefunden: Wir fahren noch an der Auffahrt zum mondänen Berg- und Jagdhotel Gabelbach vorbei. 3 km nach dieser Abzweigung haben wir bei der Gaststätte "Auerhahn" mit 680 m über NN die Höhe, den Waldrand und unmittelbar neben ihm unseren Übernachtungsplatz erreicht. Die große Parkfläche gehört zwar zur Gaststätte "Auerhahn". Diese ist jedoch nur von 10 - 18 Uhr geöffnet, so daß keine späten Zecher unsere Ruhe stören können.

Eine Tafel am Parkplatzrand beschreibt ausführlich den Goethe-Wanderweg; von hier aus sind es immerhin 4 km bis zum Kickelhahn. Wir rollen also am nächsten Morgen reichlich 3 km Richtung ILMENAU zurück, parken rechts der Straße. An einer Bronzetafel vorbei, die einem Sieger des Gabelbach-Bergrennens gewidmet ist, schlagen wir uns auf der gegenüberliegenden Straßenseite in den Wald (Wegweiser: Kickelhahn 1 km).

Als erstes passieren wir nach 5 Minuten die Goethe-Gedenkstätte "Jagdhaus Gabelbach", einen schlichten, zweigeschossigen Holzbau. Die Ausstellung widmet sich einerseits naturwissenschaftlichen Studien des Bergbaudirektors Goethe, andererseits werden auch Jagdleidenschaft und -gewohnheiten des Weimarer Hofes dargestellt (9-12, 13-17 Uhr).

Ja, der Geheime Legationsrat Goethe war nicht zum Spaß in Ilmenau. Der Hof brauchte Geld - die Bergwerke sollten das begehrte Metall dafür liefern und der Naturwissenschaftler Goethe sollte den Bergbau in Ilmenau wieder in Gang bringen. Daß er damit wenig Erfolg hatte, lag sicher nicht an fehlendem Arbeitseifer. Er ließ sich von erfahrenen Steigern technisch unterweisen, war manchmal bis zu acht Stunden unter Tage, um den Bau der komplizierten Pumpanlagen zu überwachen, die den fortwährenden Wassereinbrüchen abhelfen sollten, entwickelte ein neues Verfahren der Erzgewinnung durch Pochen und Schlämmen, überwachte selbst den Schmelzvorgang, plagte sich mit dem Durcheinander im Ilmenauer Steuerwesen herum - so daß er am 6. Sept. 1780 an Frau von Stein schrieb: „Auf dem Gickelhahn ... habe ich mich gebettet, um dem Wuste des Städtgens, den Klagen, den Verlangen, der unverbesserlichen Verworrenheit der Menschen auszuweichen.“

Aber Goethe hatte auch - wen wundert's - andere Interessen in Ilmenau: Die Jagd mit seinem Freund, dem Herzog Karl Au-

gust, seine Liebe zu Frau von Stein, die Natur des Thüringer Waldes, die ihn zu manchen seiner literarischen Meisterwerke inspirierte.
Ein liebevoll geschnitzter Wanderwegweiser vor dem Jagdhaus ermahnt uns, unseren Weg fortzusetzen. Am Gedenkstein für den Gemeindepoeten Gabelbachs, Rudolf Baumbach muß man sich entscheiden, ob man auf direktem Wege (durch den Wald, 20 min.) - oder auf dem Panoramaweg (40 min.) zum Kickelhahn marschieren möchten. Wir beschließen, daß wir auf dem Kickelhahn noch genug Panorama haben werden und erreichen das Goethehäuschen nach einem knappen Viertelstündchen.
Eigentlich ist es nur eine bretterne Schutzhütte für Waldhüter. Goethe fand jedoch hier oben die Ruhe, die er nach den Mühen das Tages brauchte, und so schrieb er am gleichen 6. Sept. 1780 an die Holzwand des Häuschens "Wanderers Nachtlied", dessen schlichte Zeilen unübertroffene Popularität erlangten:

„Über allen Gipfeln ist Ruh'.
In allen Wipfeln spürest du kaum einen Hauch.
Die Vögelein schweigen im Walde.
Warte nur, balde ruhest du auch."

Seit 1854 überragt ein Aussichtsturm die Umgebung und erhöht den Kickelhahn von 861 m auf 882 m ü. NN. Wir

Goethehäuschen auf dem Kickelhahn

verschmähen sowohl diesen Aussichtsturm als auch die dortige Gaststätte und genießen Ruhe und Panorama von der Bank vor dem Goethehäuschen.
Dort unten im Tann muß er liegen, der Große Hermannstein, ein wilder Porphyrfels mit romantischer Höhle, heimlicher Treffpunkt des verliebten Goethe mit der sieben Jahre älteren (übrigens verheirateten) Charlotte von Stein:
„Meine Beste ich bin in die Hermannsteiner Höhle gestiegen, an den Platz, wo Sie mit mir waren und habe das S, das so frisch noch wie von gestern angezeichnet steht geküsst und wieder geküsst, daß der Porphyr, seinen ganzen Erdgeruch ausathmete um mir auf seine Art wenigstens zu antworten.“
Steil hinab zeigt der Wegweiser zum Großen Hermannstein, 1 km, auf Goethes Spuren:

„Auf halbem Weg im Fichtentann,
zwei Bänkelein, ein Brünnlein fein -
ach Goethe, gib mir 'n Verslein ein!“

Fünf Minuten später, der federnde Waldweg führt immer geradeaus und ist ein- oder zweimal mit dem handgeschriebenen "G" gekennzeichnet, stehen wir vor dem wuchtigen Fels, dessen Urgewalt Goethe geistig inspirierte. Wir umrunden in scheu, entdecken an der senkrechten Talseite die Sicherungsösen der "free-hand-climber" - welche Banausen!
Wir steigen hinauf zur Höhle, nehmen Platz auf einem schmalen Bänkchen, lesen die Goetheverse auf den Bronzetafeln:

„Was ich leugnend gestehe und offenbarend verberge,
ist mir das einzige Wohl, bleibt mir ein reichlicher Schatz.
Ich vertrau' es dem Felsen, damit der Einsame rate,
was in der Einsamkeit mich, was in der Welt mich beglückt.

Felsen sollen nicht Felsen und Wüsten Wüsten nicht bleiben
drum stieg Amor herab, sieh' und es lebte die Welt,
auch belegte er mir die Höhle mit himmlischem Lichte,
zwar der Hoffnung nur, doch ward die Hoffnung erfüllt.“

In Gedanken versunken vergleiche ich den Eindruck, den diese Örtlichkeit auf mich macht, mit den "offiziellen" Goethe-Gedenkstätten in Weimar. Hier fühle ich mich dem Poeten näher - andere waren mehr mit Bierflaschen und -dosen beschäftigt, wie die reichlich verstreuten Überreste belegen.
Der Rückweg zum WOMO auf ebenem Waldweg gestaltet sich zu einer Begegnung mit dem sonst so scheuen Rehwild: Ein Kitz fiept einsam im Tal unterhalb unseres Weges - und die

Ricke kreuzt eilig, uns nicht beachtend, vor uns die Lichtung. Auch für den Rückweg benötigen wir nur 20 Minuten.
Wir haben uns im Stadtkern von ILMENAU nicht weiter umgesehen. Falls Ihnen jedoch der Sinn nach einem Stadtbummel mit einem Blick in das Amtshaus am Marktplatz, einer weiteren Goethe-Gedenkstätte, steht, dann können Sie trotzdem zunächst weiter unseren Spuren folgen!
Wir verlassen ILMENAU nach Osten auf der B 87 Richtung Weimar. Nachdem wir zweimal die Bahnlinie überquert haben, folgen wir nach rechts den Wegweisern "Teichcafé/Bootsverleih 400 m". Die holperige Wegstrecke lohnt sich auf jeden Fall! Neben dem Café, dessen Terrasse direkt auf den See schaut, zieht sich ein langer Parkstreifen dahin, den wir Ihnen gerne auch als Übernachtungsplatz empfehlen können. Tags ist jedoch ebenfalls einiges geboten: Abgesehen vom Teichcafé, wo man bei Kuchen oder Eis einen letzten Abschiedsblick zum Kickelhahn werfen kann, würden wir zunächst die vielen Spazierwege am See entlang schlendern, die Kinder können sich derweil auf dem Spielplatz austoben, Bootchen fahren oder (kostenlos) den benachbarten Tierpark vom "Schülerfreizeitzentrum am großen Teich" besichtigen. In einer sehr gepflegten Anlage wimmelt es von vielerlei Getier wie Tag- und Nachtgreifvögeln, Krähen, Fasanen, Kanarienvögeln und Wellensittichen, Wachteln, einem Waschbär, zwei Wildkatzen, Zwergkaninchen und Meerschweinchen, Damwild und Wildschweinen, Brandgänsen, Stockenten, Kolbenenten, Graugänsen, Höckerschwänen und Reiherenten; großen, kleinen und ganz, ganz kleinen, gelben flaumfederigen ...
Sie sehen, hier können Sie Ihre Sprößlinge bedenkenlos eine Weile zurücklassen und den (ausgeschilderten) halbstündigen Spazierweg zum Zentrum von Ilmenau machen.
Wir rollen weiter auf der B 87 Richtung WEIMAR, halten aber schon 1000 m später rechts an der Porzellanmanufaktur Henneberg. Während noch vor Monaten das Hennebergsche Porzellan (zumindest in der DDR) kaum zu bekommen war, können Sie jetzt hier direkt neben dem Fabriktor einkaufen - und zwar ausgesprochen Geschmackvolles zu sehr günstiges Preisen!
Durch sanft geschwungene Wiesen, vorbei an einer ganzen Kette von Fischteichen führt unser Weg weiter nach STADT-ILM. Bereits vorher, in GRIESHEIM (Ortsbeginn rechts Brunnen) überqueren wir zum erstenmal die Ilm, einen 120 km langen Nebenfluß der Saale, dem wir als "Parkgewässer" in WEIMAR bei Goethes Gartenhaus, beim Schloßpark Tiefurt, beim Kurpark von BAD SULZA und schließlich wenige Meter vor seiner Mündung in die Saale bei GROSSHERINGEN

wieder begegnen werden.
Ein riesiger Eisenbahnviadukt bildet das Einfallstor nach STADTILM. Die kleine Industriestadt hat eine eigentümliche Entwicklung hinter sich - führte doch mitten durch die Stadt die Grenze der (einstmals zusammengehörenden) Grafschaften Schwarzburg und Käfernburg. Jede Seite tat etwas für ihr Seelenheil - und Geld kam genug in die Kassen, denn STADTILM lag an einem alten Handelsweg: Die Schwarzburger errichteten auf der Westseite ein Kloster, die Käfernburger bauten die prächtige Liebfrauenkirche, die aus romanisch-gotischen Anfängen zu rein gotischen Formen erwuchs; Figurenschmuck und Verzierungen an Portalen und Türmen deuten den Reichtum ihrer Erbauer an.
Das Schwarzburger Kloster verfiel nach der Reformation, einer der Schwarzburger Grafen baute sich schließlich auf den Grundmauern ein Renaissanceschloß, und aus diesem ging des heutige Rathaus (links der Durchfahrtsstraße) hervor. Die Schloßherkunft läßt sich mühelos an den sechs Renaissancegiebeln und dem Treppenturm ablesen, wer den Ratskeller betritt, der erkennt an den hoch gewölbten Räumen leicht die ehemalige Verwendung als Klosterrefektorium. Aus alter Zeit entdecken wir weiterhin beachtliche, wuchtige Reste der Stadtmauer mit einem Wachturm.
Hinter GROSSHETTSTEDT biegen wir rechts auf der Suche nach einem Rastplätzchen, überqueren die Ilm nach KLEINHETTSTEDT. Ein schönes Plätzchen haben wir dabei nicht entdeckt, aber einen langgestreckten, wohlerhaltenen Fachwerkkomplex, die Mühle Morgenroth. Wir schlendern über den verwaisten Hof, entdecken hinter den Erdgeschoßfenstern das komplette Inventar einer Großmühle, finden schließlich einen Nachbarn, der uns bereitwillig Auskunft gibt: „Ja, die Mühle ist seit der Wende wieder in Familienbesitz, aber jetzt unterbietet die Konkurrenz die Preise. Niemand weiß, ob der neue, alte Besitzer da je mithalten kann ....“
Lieblich windet sich nun die Ilm, pappeln- und erlengesäumt, durch die flache Wiesenlandschaft, einen schönen Rastplatz haben wir jedoch immer noch nicht. Folglich suchen wir uns eine beschaulichere Nebenstraße, zweigen am Ortsbeginn von BARCHFELD links ab Richtung STEDTEN. Das kleine Brückchen über die Ilm bietet gerade genug Platz für ein dickes WOMO und kein Auto stört unseren Fototermin.
Am Dorfende von STEDTEN hängt an einem Stück Weidedraht ein Scheuertuch über der Straße. Einheimische wissen Bescheid: Hier muß man warten, bis die Kuhherde von der Weide zum Melken in den Stall gezogen ist. Mann, haben die Euter! Manche laufen so breitbeinig, als hätten sie die Hose voll.

Stedten: Ilmbrückchen

Der Fortsetzung der Straße nach KRANICHFELD besteht zwar nur noch aus festgefahrenem Schotter, dafür finden wir jedoch zwischen der Straße und dem Ufer der Ilm eine ganze Reihe von ruhigen Park- und Lagerplätzchen.
Die letzten Meter bis KRANICHFELD ist der Fahrweg eingequetscht zwischen dem Hang und dem Flüßchen bzw. dem Mühlgraben, schließlich begleiten uns linkerhand sogar steile Muschelkalkfelsen eines ehemaligen Prallhanges, in die die Einwohner Höhlenkeller hineingehauen haben. Was mag wohl in ihnen kühl lagern, Wein, Kartoffeln oder nur eingeweichte Weidenzweige? Schließlich ist die Korbmacherei eines der ältesten Handwerksberufe der Kranichfelder - einer von ihnen wohnt direkt an unserem Wege gegenüber der Höhlenkeller. Er würde sich sicher über Ihren Besuch freuen.
Der erste (steile) Weg nach links ist der Fußweg zum Oberschloß, dessen Renovierung Reste der Festungsanlagen aus der Renaissancezeit, unter ihnen den zinnengekrönten "Dikken Turm" sichert, die Niederburg beherbergt ein Feierabendheim.

Kranichfeld: Muschelkalksteilhang

Am Ortsende verlassen wir die B 87 und biegen links Richtung Erfurt/Stausee Hohenfelden. Wir passieren die letzten Häuser von KRANICHFELD und entdecken die Abzweigung 100 m nach rechts zum idyllisch am Waldrand gelegenen Schwimmbad, das sich bei schönem Wetter mit seiner großen Liegewiese für eine Abkühlung empfiehlt.

Mit dem "Erholungszentrum Stausee Hohenfelden" kann das kleine Waldschwimmbad natürlich nicht konkurrieren. Der nur noch 3 km entfernte Stausee hat eine Fläche von fast 400.000 qm, wer ihn umrunden möchte, muß über 2 km laufen, davon 500 m im Wald. Dabei entdeckt man ein Wildgehege und eine Ponystation, zwei Strandbäder, Liegewiesen, und Kinderspielplätze. Man kann ins Wasser rutschen, schwimmen, rudern, surfen oder angeln, Strandkörbe und Boote können ausgeliehen werden. Eine riesige Strandgaststätte bemüht sich um den Besucher - und der größte Campingplatz Thüringens mit über 900 Stellflächen ist "nur" zu 60 % von Dauercampern belegt. Für einen Tag berechnet man Ihnen (WOMO, 2+2 Personen) runde 18 DM und bietet Ihnen außer dem Badevergnügen und den üblichen sanitären Einrichtungen einen Lebensmittelladen, eine Waldschenke, Kino, Kegelbahn, Fahrradausleih, Hundeverbot - und eine Sauna.

Daß man rings um dieses Freizeitvergnügen reichliche, jedoch keine kostenlosen Parkgelegenheiten findet, brauchen wir wohl nicht extra zu betonen?!

Einige hundert Meter weiter nach Norden biegen wir links ab zum "Thüringer Freilichtmuseum Hohenfelden". Wir landen im gleichnamigen Ort und fahren einigemale im Kreise, bevor wir von eingeweihten Einheimischen folgendes erfahren: Das

Hohenfelden: Im Thüringer Freilichtmuseum

projektierte Freilichtmuseum entsteht zur Zeit am nördlichen Rande von Hohenfelden. Dazu sind bereits eine ganze Reihe von historischen Gebäuden abgetragen und eingelagert worden. Durch ihre Translozierung und Konzentration am hiesigen Platze sowie ihrer originalgetreuen Ausstattung mit Hausrat, Mobilar, Maschinen, Geräten und Werkzeugen in einer passenden Umgebung mit Haus- und Baumgärten, Wiesen und Äckern sollen sie dem Besucher einen perfekten Eindruck von der Kultur und der Lebensweise der ländlichen Bevölkerung Thüringens in den letzten 200 Jahren vermitteln.

Sollen sie?

Wir sind nicht zu früh gekommen! Gleich hinter der Kirche rechts erwartet uns ein komplettes Häuserensemble, das vom Wohnhaus über Stall, Scheune, Schweinekoben, Taubenturm und Bienenhaus bis zur Obstdarre bereits bestens restauriert und mit kompletten Mobiliar eingerichtet ist - eine optisch und informativ sehr zu empfehlende Ausstellung, der wir für ihre Erweiterung alles Gute wünschen!
Wir fahren von HOHENFELDEN aus nicht zur Hauptstraße zurück, sondern verlassen es nach Westen, auf RIECHHEIM zu. Ein Hügelrücken liegt vor uns, der Riechheimer Berg (513 m), dessen Freizeitangebot man mit wesentlich geringerem Trubel - und dazu völlig kostenlos genießen kann:
Als unsere Straße die Höhe gewonnen hat, entdecken wir zunächst eine große, wiesenartige Parkfläche rechts oberhalb der Straße, von der aus ein beschaulicher Wanderweg in 15 Minuten zur Kuppe des Riechheimer Berges führt. Wem die Nähe zur Straße zu unruhig erscheint, weil er ein Mittagsschläfchen einlegen oder sich gar zur Nacht betten möchte, biegt an der gleichen Stelle links, fährt rechts an einem schmalen, aber langgestreckten Steinbruchgelände vorbei (Wanderwegkennzeichnung: Blauer und gelber Balken) und findet nach siebenhundert Metern ruhige Stellplätze unter Kastanien am Wiesenrand mit einem weiten Blick über den Stausee und das Ilmtal.
Der Riechheimer Berg kann auch direkt angefahren werden! Dazu rollen wir auf der Teerstraße nach RIECHHEIM hinab und biegen in der Dorfmitte nicht links nach ARNSTADT, sondern folgen nach rechts, bergauf dem Wegweiser: Riechheimer Berg. Auch jetzt müssen wir auf der Höhe von der Fahrstraße (die ohnehin wenige Meter weiter endet) nach rechts in einen frisch geteeerten Zufahrtsweg einbiegen, der uns nach 500 m direkt zu der Gaststätte auf den Riechheimer Höhe führt. Dort belehrt uns die Inschrift auf einem Steinquader, daß wir gerade in 513 m Höhe und zwar bei 11°, 8' östl. Länge und 50°, 53' nördl. Breite verweilen.
Das ist vielleicht weniger interessant als die Feststellung, daß man hier oben in ausgesprochen idyllischer Umgebung auf ruhigen Wiesen zwischen schattigen Kiefern ausgezeichnet lagern, picknicken, ja übernachten kann und in der Gaststätte (Ausnahme freitags) speisen kann.
Der Riechheimer Berg und das Freiluftmuseum HOHENFELDEN sind empfehlenswerte Abstecher, von denen wir zur Verbindungsstraße KRANICHFELD - ERFURT zurückkehren, dort links einbiegen und auf ERFURT zuhalten.

TOUR 5 (110 km)

Erfurt – Buchenwald – Weimar – Apolda – Saaleburgen – Camburg – Dornburger Schlösser – Jena (Karte s. Tour 4)

Wir nähern uns dem Zentrum ERFURTS aus Richtung "KRANICHFELD/AB Abfahrt ERFURT Ost", also aus Südosten. Aufpassen! Im Zentrum von ERFURT sind Parkmöglichkeiten, gar für voluminöse Wohnmobile, so gut wie überhaupt nicht zu ergattern und wenn, dann haben die geldgierigen Stadtväter bereits Parkautomaten aufgestellt. Wir haben jedoch geschickte und kostenlose Parkplätze für Sie gesucht, von denen aus Sie in wenigen Minuten zu Fuß im Zentrum sind - und wenn Ihnen das zu mühsam ist - ERFURT hat eine flinke Straßenbahn, deren Haltestellen von unseren Parkplatzvorschlägen nur wenige Schritte entfernt sind.

Erste Möglichkeit: Von KRANICHFELD her kommend sind wir auf der Rudolstädter Straße. Vor den Bahngeleisen mündet diese in die Weimarische Straße (B 7); wir halten uns links, fahren geradeaus an der ersten Bahnunterführung vorbei, sehen jetzt zu unserer Linken den Stadtpark. Hinter diesem biegen wir links (Am Stadtpark), umrunden ihn also entgegen dem Uhrzeigersinn und finden an seinem südlichen Rand (Robert-Koch-Straße) meist freie Parkplätze. Zur Straßenbahn müssen wir nur durch den Park nach Norden, Richtung Zentrum durch die Eisenbahnunterführung gehen, dahinter steigen wir in die Linie 3,4 oder 5 ein und am Domplatz wieder aus.

Zweite Möglichkeit: Wir fahren am Stadtpark vorbei, wenden uns an der nächsten Kreuzung nach links, den Wegweisern ARNSTADT/B 4 folgend. Wir sind jetzt auf der Arnstädter Straße, der Ausfallstraße nach Süden. Dort, wo sie scharf nach rechts abknickt, leiten uns Wegweiser zum Steigerwaldstadion mit seinen großen Parkplätzen und einer Straßenbahnhaltestelle der Linie 4, mit der Sie bis zum Domplatz fahren sollten. Der Parkplatz am Stadion ist auch ideal für alle, die aus Richtung Süden/AB Abfahrt ERFURT West kommen, denn das Stadion ist bestens ausgeschildert und man kommt erst gar nicht in den Trubel der Innenstadt.

ERFURT ist alt! Funde belegen bronzezeitliche, ja jungsteinzeitliche Besiedelung, als Gründungsdatum der Stadt an der Furt durch die Gera gilt jedoch das Jahr 742. An der alten Handelsstraße via regia gelegen, entwickelten sich schnell Handel und Gewerbe, die strategische Bedeutung stieg, die Stadt wurde stärker befestigt, was wieder erhöhte Sicherheit für die Bürger und verstärkte Ansiedelung zur Folge hatte - im

15. Jahrhundert hatte ERFURT bereits 10.000 Einwohner! Was Handel und Wandel, das Textilgewerbe, jedoch vor allem der Anbau des Färberwaids, seine Verarbeitung und die Gewinnung des Indigo (wir sprachen bereits in ARNSTADT davon) in die Taschen der Bürger und damit natürlich auch des Klerus brachte, davon zeugt in Erfurt jedes historische Gebäude - auch wenn die meisten in den letzten Jahrzehnten einer unglaublichen Vernachlässigung anheimgefallen waren!
Wir beginnen unseren Stadtrundgang, für den Sie keinesfalls auf die Benutzung eines guten Kunstführers verzichten sollten, am Domplatz. Dom und Severikirche, beide in hochragender Gotik, bilden ein unvergleichliches Paar, die auch nur knappe Würdigung der reichen Innenausstattung müßte Seiten füllen. Es sei nur auf die romanische Stuckmadonna im Dom und auf den gotischen Taufstein und seinen Überbau in der Severikirche hingewiesen. Beim Verlassen der Kirchen bietet sich vom Domberg ein herrlicher Blick über die Dächer der Altstadt, der wir uns nun Richtung Osten zuwenden. An der nicht so breiten Südseite des Domplatzes kommen wir an einem schmalen Giebelhaus, der "Hohen Lilie" vorbei, dem Überrest eines Zisterzienserinnenklosters, das eigentlich schon seit dem Ende des Mittelalters als Nobelherberge diente.
In der Mitte des Domplatzes schwenken wir rechts in die schmale Marktstraße (falls Sie nicht vorher einen durchaus lohnenden Abstecher hinauf auf die Festung Petersberg machen möchten, von der aus Sie zweifelsfrei den besten Überblick über das türmereiche ERFURT haben). An der Allerheiligenkirche vorbei kommen wir auf den Fischmarkt, an dem zwei der schönsten Erfurter Bürgerhäuser liegen, das Haus "Zum Roten Ochsen" (Nr. 7) und das Haus "Zum breiten Herd" (Nr. 13), beide übersieht man jedoch zunächst, weil der Blick gefesselt wird vom prächtigen Rathaus mit den hohen Spitzbogenarkaden an der quergestellten Front.
Wir gehen links am Rathaus vorbei und erreichen die einmalige Krämerbrücke. Zwar ist die Gera hier so flach, daß man sie zu Fuß durchschreiten könnte - aber die Händler dachten auch an Hochwasserzeiten - und wo macht man bessere Geschäfte als direkt auf der Brücke, wo jeder vorbei muß. Folglich finden wir auf der Krämerbrücke sage und schreibe 32 Häuser, deren Gebäudestützen fast den steinernen Kern der Brücke verdekken. Am Ende steht die Ägidienkirche, die nach dem Brand von 1472 gotisiert restauriert wurde. Wir haben auf der Krämerbrücke die Gera überquert, stehen auf dem Wenigemarkt. Durch die Kaufmännerstraße kommen wir, die Kaufmannskirche links liegen lassend, zum östlichen Ende des Angers, dem geschäftigsten Erfurter Straßenzug, dem wir nun nach rechts,

an der Hauptpost vorbei, nach Südwesten folgen. Ehemals der zentrale Waid- und Handelsmarkt, können wir an den verschiedensten Architekturstilen ablesen, daß schon zu allen Zeiten in Erfurt Stadterneuerung getrieben wurde, denn wenn wir am anderen Ende des Angers bei der gotischen Wigbertikirche angelangt sind, haben wir so ziemlich alle Stilrichtungen von der Gotik des XIII. Jahrhunderts bis zur "Neuen Sachlichkeit der Zwanziger Jahre" erlebt. Wir wenden, schlendern auf der anderen Straßenseite bis zur Hauptpost zurück, wo wir in unsere Straßenbahn einsteigen oder rechts die Bahnhofstraße zum Stadtpark zurückkehren.
Natürlich bietet dieser Mini-Stadtrundgang nur einen ersten Eindruck der Landeshauptstadt. Da wäre zunächst noch die iga zu besuchen, die ständige Gartenbauausstellung auf dem Gelände der ehemaligen Cyriaksburg. Dort können Sie nicht nur in ein Blumenmeer eintauchen, sondern bei der Besichtigung einer alten Waidmühle endlich genau erfahren, wie aus dem unscheinbaren Kreuzblütler Isatis tinctoria, dem Färberwaid, der begehrte, gewinnbringende, blaue Indigo gewonnen wurde, dessen Farbstoff auch heute noch unverzichtbar ist. Ich sage nur ein Wort - Jeans!

Erfurt: Alte Waidmühle auf dem iga-Gelände

Weiter außerhalb nach Norden wären der Thüringer Zoopark zu nennen, der über 2500 Tiere beheimatet und die Kiesseen bei STOTTERNHEIM, die bei schönem Wetter Badefreuden, bei Wind Surfvergnügen bieten.
Kunstliebhaber, die sich in ERFURT noch nicht sattgesehen haben, sollten eine Fahrt zum 8 km südwestlich ERFURT liegenden MOLSDORF antreten (gute Park- und Übernachtungsmöglichkeit). Das barocke Schlößchen des Grafen Got-

ter, einer schillernden Persönlichkeit des Gothaer Hofes, ist ein wahres Schmuckstück, die Schloßführung ein Vergnügen und das Restaurant ein Geheimtip.
Wir verlassen ERFURT wo wir es betreten haben, auf der B 7, der Weimarischen Straße, südlich der Bahnlinie, in (logisch) Richtung WEIMAR. Die Straße zieht genau nach Osten durch Wiesen und Felder. Aus der Ebene erhebt sich links vor uns die abgeflachte Kuppe des Ettersberges, an dessen Rande ein mahnendes Denkmal an finsterste Zeiten unserer jüngsten Vergangenheit erinnert - Buchenwald!
3 km hinter MÖNCHENHOLZHAUSEN verlassen wir die B 7 nach links, fahren bis UTZBERG und schwenken dort nach rechts, auf HOPFGARTEN zu. Auf halbem Weg, links im Felde, winken die gut erhaltenen Reste einer alten, steinernen Windmühle, zu der man über schotterig-holperige Wege hinfahren kann.
Ist es ein Zufall? Beim Aussteigen reißt der Wind mir die Tür aus der Hand, sie fliegt krachend ins Schloß - der Platz scheint nicht schlecht gewählt. Aber der pfeifende Wind hat im Laufe der Jahrzehnte am wichtigsten Teil der Mühle bereits ganze Arbeit geleistet, von den Flügeln ragen nur noch bescheidene Stum-

Hopfgarten: Alte Windmühle

mel sinnlos aus der Achse.
In HOPFGARTEN hat man die Wahl, links oder rechts in die Querstraße einzuschwenken. Da wir den Großen Ettersberg von Norden in der Reihenfolge: Schloß Ettersburg - Buchenwald - WEIMAR überqueren wollen, wenden wir uns nach links Richtung NIEDERZIMMERN und entdecken kurz darauf rechterhand einen neuen Stausee. Wer die neu angelegte Straße nach rechts verläßt, kann noch einige hundert Meter auf der

Hopfgarten: Neuer Stausee

alten Teerstraße weiterfahren, bis sie im See versinkt und die Vorderräder des WOMOs vom Wasser umspült sind. Hier hat man das Gefühl, im eigenen Kajütboot mitten im Wasser zu sitzen - für eine Rast sicher ein passendes Plätzchen.
Wir fahren zwischen NIEDERZIMMERN (rechts) und einer riesigen Schweinemastanlage (links, man riecht's) hindurch und biegen hinter NIEDERZIMMERN rechts. Der Turm der gotischen Kirche gleicht mehr dem Bergfried einer mittelalterlichen Burg denn einem Glockenturm; das viel zu klein geratene, spitze Türmchen obenauf vergrößert den Stilbruch noch. Andererseits blieb uns NIEDERZIMMERN dadurch nicht nur wegen der Schweinegülle in Erinnerung.
Weiter geht es nach OTTSTEDT. Dort biegen wir scharf nach links in der Annahme (die sich auch bestätigt), daß wir dort nach HOTTELSTEDT kommen. Im grellen Gelb leuchten die riesigen Rapsfelder, noch in keinem Jahr hatten die LPGs anbauen dürfen, was sie wollten, jetzt versprechen sich alle vom Rapsöl den besten Verdienst - wenn das nur gut geht...
HOTTELSTEDT ist das letzte Dorf vor ETTERSBURG, in dem 1706 ein herzogliches Jagdschloß gebaut und in prächtiger Barockzier ausgestattet wurde, und Hermann Fürst von Pückler-Muskau lieferte die Ideen für die Gestaltung eines Landschaftsparkes. Ja, ja, Fürst Pückler hat nicht nur aus Schlagsahne, Makronen, Maraschino , Erdbeermark und geriebener Schokolade ein unvergleichliches Halbgefrorenes komponiert und geistvoll-ironisierend über seine Weltreisen parliert - er war auch Hobbygärtner en gros.
Wir fahren (Wegweiser: Forsthaus Ettersburg 4 km) am Rande eines ausgedehnten Waldgebietes entlang, das eine Unzahl

von Park- und Picknickplätzen bietet. Den schönsten entdekken wir vor den Toren von ETTERSBURG in der Nähe des kleinen Sportplatzes rechts, wo unter uralt-knorrigen, riesigen Eichen saftiggrüne Wiesenflächen zum Lagern einladen. Erst nach und nach begreifen wir, daß wir bereits in Fürst Pücklers englischen Park freveln. Geschwungene Flanierwege führen durch die stimmungsvolle Landschaft, werden immer gepflegter, die romantische Stimmung strebt beim Anblick blühender Blumenrabatten einem erwarteten Höhepunkt entgegen und sackt jäh ab: Das Schloß Ettersburg ist heruntergekommen wie so viele der nicht im Zentrum des Interesses liegenden, historischen Bauwerke, steht völlig leer. Besser dran ist die an die Schloßanlage angebaute Kirche mit einem schönen Flügelaltar, der die Krönung Marias verherrlicht.
Wir kehren zurück bis zum Ortsrand von HOTTELSTEDT; Buchenwald liegt nur noch 1 km links von uns.
Viele schöne Rastplätze links und rechts der Straße an diesem einen Kilometer, wer könnte hier rasten?
Ein großer Parkplatz, wenig Leute, Stille.
"Jedem das Seine" - welches Hirn hat sich die Qual dieses Satzes über dem Eingangstor zum KZ erdacht?
Ein riesiger Platz, keine Reste von Baracken, nur Stacheldraht und Leere.
Das Krematorium, das Museum.
Beweise für die Unmenschlichkeit, sorgfältig geordnet, auch 1991 noch politisierend am Ort tiefster Erschütterung, die Sowjets feiernd als Retter, die gnadenlos die Maschinerie des Hitlerterrors übernahmen.
Wir steigen wortlos in unser WOMO, rollen an dem Mahnmal, dem hohen Glockenturm vorbei hinab nach WEIMAR, der Stadt Goethes, dem Tagungsort der ersten Deutschen Republik.
"Wemare" oder "Wimare", das "geweihte Moor", sind Bezeichnungen, die die Existenz einer Siedlung bereits 975 belegen, als civitas ist WEIMAR seit 1254 belegt. Bedeutung hat für den heutigen Besucher WEIMAR jedoch als Wirkungsstätte von Lukas Cranach, J.S. Bach, Christoph Martin Wieland, Johann Gottfried Herder, Friedrich Schiller und natürlich Johann Wolfgang von Goethe. Dieser war 1775, sechsundzwanzigjährig, der Einladung des nur achtzehnjährigen Herzogs Karl August nach Weimar gefolgt. Karl August hatte gerade die Regierungsgeschäfte von seiner früh verwitweten Mutter Anna Amalia übernommen. Seine Erziehung durch den Dichter und aufklärerischen Geist Wieland, seine lebenslange Freundschaft mit Goethe und die Bildung eines Freundeskreises mit Herder und Schiller machten WEIMAR jahrzehntelang zum

unangefochtenen Mittelpunkt deutschen Geisteslebens.
Der alte Ortskern von WEIMAR ist nicht WOMO-tauglich, zusätzlich blockiert eine Fülle von Baustellen die paar Parkplätze. Wir haben für Sie zwei Parkgelegenheiten gesucht, von denen aus Sie nach maximal 10 Minuten zu Fuß das Zentrum zwischen Nationaltheater und Schloß erreicht haben.
Erste (sicherste) Möglichkeit: Knapp 2000 m hinter dem Ortsschild (aus Richtung Buchenwald) unterqueren wir die Bahnlinie (dahinter links gleich der Bahnhof), halten uns sofort danach rechts (z.Zt. noch Friedrich-Engels-Ring) und haben nach etwa 1000 m das Stadion (rechts) erreicht. Gegenüber beginnt der Weimarhallenpark mit riesigen Parkplätzen und dem Schwanseepark mit Gaststätte. Biegen Sie hinter dem Parkgelände links (Schwanseestraße), so finden Sie nach 500 m am Rande des Parkes gegenüber dem Landratsamt noch weitere, hübscher gelegene Parkplätze. Die Schwanseestraße führt Sie dann zu Fuß in wenigen Schritten, am Hauptpostamt vorbei, ins Zentrum.
Falls Sie auf der B 7 aus Richtung ERFURT anrollen, biegen Sie nach einer Bahnunterführung und dem Berkaer Bahnhof links in den Friedrich-Engels-Ring ein und haben nach 500 m das Stadion vor sich
Zweite Möglichkeit: Romantische Gemüter beginnen ihre WEIMAR-Besichtigung natürlich beim Goethe-Gartenhaus im Ilmpark. Es ist uns geglückt, einen kleinen, aber feinen Parkplatz direkt am Ilmufer zu finden!
1700 m hinter dem Ortsschild (aus Richtung Buchenwald), bei der ersten Ampel und noch 300 m vor der Bahnunterführung zweigen wir links ab in die Rießnerstraße und an der nächsten Ampel, nach 800 m wieder rechts, Richtung JENA. Wir folgen dem Wegweiser JENA, bis wir auf der Friedensbrücke die Ilm überquert haben, biegen 300 m später, hinter dem großen Bau des Goethe-Schiller-Archivs, wieder hinab zur Ilm (Hans-Wahl-Straße). Dort kreuzen wir jedoch nicht die Ilm auf der Kegelbrücke, sondern fahren an ihr links entlang, bis wir von einer kleinen, bogenförmigen Unterführung erschreckt werden. Nein, dort müssen Sie nicht durch, Sie sollen vielmehr vor der kleinen Unterführung rechts parken. Zu Fuß schreiten Sie durch besagten Bogen direkt in den Ilmpark hinein und haben nach 500 Schritten das Goethe-Gartenhaus vor sich.
Dieses bescheidene Häuschen erhielt der Dichter von seinem Freund und Gönner Karl-August geschenkt, und er lebte die ersten sechs Jahre seiner Weimarer Zeit hier in idyllischer Parkumgebung, bevor seine staatsmännischen Repräsentationspflichten den Umzug in das Haus am Frauenplan notwendig machten.

Landschaftsparks sollen beim Besucher den Eindruck des Zufälligen, Natürlichen hervorrufen. Welche Planung dabei jedoch vorherrschte - und hier war wieder unser Meister Fürst Pückler- Muskau am Werke, zeigen uns die "rein zufällig" vorhandenen Sichtschneisen und Wegeverbindungen zwischen allen Attraktionen des Parkes. Wir schlendern die schlichten Wege entlang, nachdem wir ehrfürchtig einen Rundgang durch das Gartenhaus gemacht haben, entdecken das Römische Haus, die (künstliche) Ruine, das Borkenhäuschen, die Leutraquelle und die Sphinx-Grotte, verlassen beim Haus der Frau von Stein (man beachte auch hier die Sichtverbindung zum Gartenhaus!) den Ilmpark und erspähen zwischen dem Grünen Schloß und dem Fürstenhaus mit dem Reiterstandbild Karl Augusts die vierflügelige Anlage des Residenz-Schlosses, das zwei bedeutende Museen beherbergt: Die Forschungs- und Gedenkstätte der klassischen deutschen Literatur, die über 800.000 Dokumente und Handschriften sowie 110.000 Bücher verwahrt und die Staatliche Kunstsammlung Weimar, wo neben niederländischer und italienischer Malerei vor allem herausragende Werke deutscher Meister ausgestellt sind.
Durch die schmale Vorwerksgasse betreten wir den Herderplatz mit dem Deutschritterhaus, dessen Giebelaufbau durch eine vergoldeten Ritterfigur geschmückt ist und der spätgotischen Stadtkirche, die man vor allem wegen des prächtigen Flügelaltar Lucas Cranach d. Ä. aufsuchen sollte.
Am Denkmal für den Religionsphilosophen Herder vorbei gelangen wir durch die Rittergasse und den Zeughof zwischen Kunsthalle und Wittumspalais auf den Theaterplatz - haben direkt vor uns das Nationaltheater mit dem Denkmal der beiden größten deutschen Dichter, die von 1794 bis zu Schillers Tode eine gegenseitig befruchtende Freundschaft verband.
Wir verlassen den Theaterplatz nach Südosten auf der Schillerstraße und können an der Ecke zur Neugasse das Schillerhaus besuchen, Schillers ehemaliges Wohnhaus, in dem Schillers Wirken gewürdigt wird. Den steuerzahlenden Bürger wird interessieren, daß Schiller sich für den Erwerb dieses Gebäudes in schwere Schulden stürzen mußte, während Goethe sowohl das Häuschen im Ilm-Park als auch den Bau am Frauenplan als herzogliches Geschenk empfing.
An der Frauentorstraße wenden wir uns rechts und betreten besagten Frauenplan, an dessen Südseite das repräsentative Goethehaus ebenfalls als Museum eingerichtet ist. Gehen wir rechts am Goethehaus vorbei, so kommen wir über den Wielandplatz mit Wielanddenkmal in die Amalienstraße, an deren Ende in einem Gartenanwesen das Museum für Ur- und

Frühgeschichte den Besucher eine halbe Million Jahre in die Vergangenheit versetzt, denn es besitzt eine Unzahl originaler Fundstücke, die die Kulturgeschichte des Menschen speziell im Thüringer Raum veranschaulichen.
Im Anschluß an die Amalienstraße beginnt der Alte Friedhof. Hier ist der Herzog Karl August zusammen mit "seinen" Dichtern in der Familiengruft der Weimarer Herzöge bestattet, das Gropius-Denkmal für die Märzgefallenen finden wir hier ebenfalls. Der Direktor des Bauhauses, Walter Gropius, schuf 1922 mit seinem "Blitz" ein symbolträchtiges Monument zur Erinnerung an die 1920 während des Kapp-Putsches gefallenen Arbeiter.
Vom nördlichen Ende des Alten Friedhofes wenden wir uns nach Osten und kommen durch die Geschwister-Scholl-Straße wieder zurück zum Ilm-Park und unserem WOMO.
Zwei Schlösser mit herrlichen Parkanlagen liegen außerhalb Weimars. Wir machen zunächst einen Abstecher zum südlich liegenden Rokokoschloß Belvedere mit Orangerie, Reit- und Ballhaus, Zwinger und Park, dessen französischer Stil einerseits durch Anlage eines Russischen Gartens, eines Labyrinths und eines Naturtheaters erhalten blieb, aber fließend in die umgebende Natur eines Landschaftsgartens übergeht.
Während man zum Abstecher nach Belvedere zunächst die ganze Altstadt Weimars umrunden muß, gestaltet sich unsere Weiterfahrt nach TIEFURT ganz einfach: Wir kehren zum Goethe- und Schiller-Archiv an der B 7 zurück, überqueren diese Ausfallstraße nach JENA und sind schon auf der Tiefurter Allee, die uns durch das schattige Waldgebiet des Webicht direkt zu dem kleinen Dörfchen mit dem großen Landschaftspark an der Ilm geleitet. Diese Zufahrt ist zwar nicht ausgeschildert, jedoch keinesfalls zu verfehlen.
Am Beginn von TIEFURT, bei der Gaststätte "Felsenkeller", gabelt sich die Straße. Wir merken uns die Stelle für unsere spätere Weiterfahrt, rollen nach links hinab über die Ilmbrücke und dahinter geradeaus in einen langen Parkplatz hinein, dessen Ende sich zum Park hin öffnet
Das Schloß Tiefurt ist kein Schloß, noch nicht mal ein Schlößchen, sondern nur das von Herzogmutter Anna Amalia herausgeputzte ehemalige Pächterhaus. Aber das spielt auch hier keine Rolle, denn wunderschön ist der Schloßpark in der Ilmschleife mit einem alten Baumbestand, in dem man gemütlich flanieren kann. Dabei kommt man am Musentempel, künstlichen Grotten und einem Teesalon vorbei, in dem im Rahmen einer Ausstellung die Landschaftsparks rings um Weimar vorgestellt werden. Hier lernen wir endlich die raffinierte Technik des Fürsten Pückler-Muskau verstehen, der in einer vorauspla-

Tiefurt: Musentempel im Landschaftspark

nenden Strategie Blick- und Wegeverbindungen festlegte und um diese erwünschten Zwänge herum die gewünschten Landschaftsgärten plante und "völlig natürlich" anlegen ließ.
Wer unseren Spuren nach APOLDA folgen möchte, dessen WOMO muß hart im Nehmen sein! Wir hätten nicht gedacht, daß in Zentraleuropa noch solch miserable Verbindungsstraßen zwischen Ortschaften existieren wie wir sie auf der Strecke DENSTEDT - OSSMANNSTEDT - NIEDERROSSLA vorfanden.
Teerstraßen-Fans sollten also nach WEIMAR zurückkehren, die B 7 Richtung JENA bis UMPFERSTEDT rollen und von da an die B 87 nach APOLDA nehmen. Beim Bismarck-Turm an

der B 87 oberhalb APOLDAS können sie dann nach links einen Abstecher zum ehemaligen Wasserschlößchen von NIEDERROSSLA machen und uns dort wieder treffen.
Wir fahren nur bis zur Gaststätte "Felsenkeller" zurück und biegen an besagter Gabelung in spitzem Winkel links nach KROMSDORF. Kaum haben wir dieses Dorf durchquert, blickt die Burg von DENSTEDT auf uns herab, ein zunächst äußerst beachtlicher, Kraft und Beständigkeit ausstrahlender Baukörper. Aber die LPG-Verwaltung hat auch hier ganze Arbeit geleistet: Das Gebäude ist total verrottet, steht leer, müßte jeden Augenblick in sich zusammenfallen, ein bitterer Geschmack liegt einem auf der Zunge beim Anblick dieses auf Gleichgültigkeit und Dummheit basierenden Verfalls. Hinter DENSTEDT befindet sich die Fahrstraße wieder in dem Zustand, in dem sie sich zu Napoleons Zeiten befunden haben muß. Nach etwa 2 km, während derer ich grübelnd über die Lebensdauer von Achsschenkeln, Federung und Stoßdämpfern nachdenke, holpern wir nach ULRICHSHALBEN hinein. In der Ortsmitte dürfen wir nicht rechts nach APOLDA abbiegen, sondern müssen mal wieder nach links die Ilm überqueren. Dahinter, bereits in OSSMANNSTEDT, kann man rechts und links unter Pappeln parken und am Schwimmbad vorbei zum Wielandpark spazieren.
Wieland, der Erzieher Karl Augusts, hatte sich hier ein barockes Gutshaus mit kleinem Park gekauft, um der geliebten Natur näher zu sein:
„Man muß auf dem Lande leben, um dahinter zu kommen, was die wahre Religion ist. Die Sonne ist der Gott, von dem uns alles Gute, alle Freude am Leben, Licht, Wärme, Geist, Kraft, gute Laune, Witz, Verstand, kurz alles, was das Leben zum Leben macht, aus der ersten Quelle zufließt!"
Läßt sich dem noch etwas hinzufügen?
In diesem Gutshaus ist eine Wieland-Gedenkstätte eingerichtet, der Park lädt zum Bummeln ein. Wer keine Lust zum Bummeln hat, der folgt der Fahrstraße und steht nach 500 m am anderen Ende des Parkes mit dem Gutsgebäude.
Wir wollen nun nach NIEDERROSSLA. Dann dürfen wir am Ortsende nicht links Richtung BUTTSTEDT abbiegen, sondern müssen am Turnvater-Jahn-Denkmal geradeaus nach Osten fahren. Das erklärt uns zumindest ein Mütterchen, das auf der staubigen Straße den Staub hin- und herfegt. Die Straße sei jedoch nur ein Feldweg. Uns kann jedoch nichts mehr erschüttern, und so stellen wir geradezu erleichtert fest, daß die "Straße" nach NIEDERROSSLA zwar auch modernen Teerbelag vermissen läßt, jedoch mit Schlaglöchern nur schwach bestückt ist. Unser Tempo ist beschaulich; wir blicken wie

Niederroßla: Reste der alten Mühle

Wanderer von der Höhe auf NIEDERROSSLA hinab, aus der Mitte des Dächermosaiks ragen zwei Türme heraus - ein barocker Kirchturm und der quadratische, wuchtige, 65 m hohe Bergfried der mittelalterlichen ehemaligen Wasserburg. Wir folgen in NIEDERROSSLA dem Verlauf der Hauptstraße, überqueren die Ilm und biegen direkt vor der Kirche rechts ab zu der fünfeckigen Burganlage. In das schmucke, gut erhaltene Bauwerk führt nur ein kleiner, leicht zu sperrender Torbogen hinein - dem Gerichtsvollzieher könnte man leicht Probleme machen. Ich streife wie ein recherchierender Dieb um die Burganlage und entdecke dabei ein Wehr, das die Ilm staut und dahinter, ach so romantisch in ihrem Verfall, die Reste einer Wassermühle.

Nun liegt APOLDA, die Stadt meiner Kindheit, direkt vor uns! Wir müssen nur noch die B 87 überqueren, die von ILMENAU kommend weiter nach NAUMBURG zieht. Vielleicht lohnt sich für Sie ein 200-m-Abstecher auf der B 87 nach links bis zum Bismarckturm? Es könnte ja sein, daß der 1904 zur Erinnerung an die Reichsgründung errichtete Turm inzwischen wieder geöffnet ist und Ihnen einen hervorragenden Ausblick auf die Stadt der Stricker und Wirker erlaubt. Falls nicht, bietet das umliegende kleine Gehölz immerhin Platz zum Rasten, und Sie können sich fühlen wie Napoleon, der, von dieser Stelle aus die kleine Industrie- und Handelsstadt erblickend, gesagt haben soll: „C'est Gramont!“ Ob er APOLDA nun mit GRAMONT in Frankreich verglich oder nicht, die Apoldschen hatten ihren Spitznamen weg, sie waren nicht nur aus Freß-Apolle, sondern auch aus Gramong!

Was soll ich Ihnen über meine kleine, von Ruß der Kohlehei-

zungen stets dreckige Stadt erzählen, ohne ins kindliche Schwärmen zu kommen?
Von der Schötener Promenade mit den drei winzigen Teichen, dessen letzter jedoch zwei schreckliche Drachen, genannt "Lindwürmer" beherbergte, wie die kleine Plastik an der Mauer der Martinskirche bezeugt?
Von dem alten Haus an der Promenade, das uns nach 33 Jahren "Volkseigener Verwaltung" plötzlich wieder gehört, und von dessen Balkon aus meine Mutter angeblich bis zum dritten Teich rufen konnte, um ihren pflichtvergessen Sohn in die Schule zu schicken?
Von "David, dem Strickersmann", der die Kunst des Strumpfstrickens hierher brachte und vielen kleinen Manufakturen, meist im Hintergebäude, zu bescheidenem Wohlstand verhalf, bis in den 50er Jahren alles "freiwillig" volkseigen wurde?
Von der 24 Tonnen schweren Glocke, die die Gießereifamilie Schilling 1923 für den Kölner Dom goß? Das Glockenmuseum in der Bahnhofstraße 41 stellt nicht nur Apold'sche Glocken, sondern die Entwicklung der Glocken überhaupt im Laufe von 3000 Jahren vor.
Durch das auffälligste Bauwerk APOLDAS, den 90 m langen, zweigeschossigen Eisenbahnviadukt verlassen wir meine Heimatstadt und biegen rechts, fahren an der Ilm entlang bis BAD SULZA.

„Wenn der Ilme Bach bescheiden
Schlängelnd still im Tale fließt,
Überdeckt von Zweig und Weiden
Halb versteckt sich weiter gießt..."

Weitflächig, nur sanft gewellt ist das Land, durch das die Ilm ihren Lauf zur Saale nimmt. Nur noch einmal muß sie sich durch eine Talenge zwängen und die steile Wand des Herlitzberges bei BAD SULZA absägen. Wieder ist es Muschelkalk, dessen drei Schichten hier, als Folge eines Bruches der Erdrinde vor Jahrmillionen, in bunter Folge durcheinandergewirbelt sind, ja an manchen Stellen sogar senkrecht stehen, sodaß das Regenwasser durch Risse weit in die Tiefe dringen, Salzlager auflösen und als Solequelle wieder zutage treten kann. In und um BAD SULZA gibt es mehrere solcher Quellen, an denen schon die Menschen der Steinzeit siedelten, seit 1064 ist die Salzsiederei beurkundet.
Wieder war es das Allround-Genie Goethe, der aufgrund seiner botanischen Kenntnisse bei einem Kurzaufenthalt in BAD SULZA am Pflanzenwuchs den Salzgehalt des Bodens erkannte und vorschlug, nach Sole zu graben. Wenige Jahre

Bad Sulza: Gradierwerk

später, 1847, wurde von Jenaer Professoren die Heilkraft der Sulzaer Sole bestätigt und ein Heilbad eröffnet. Aus fast 900 m Tiefe wird heute eine 27 %ige, gesättigte Sole gewonnen; mit ihr werden Solebäder bereitet und die Gradierwerke berieselt, in deren salziger, anregender Luft erkrankte Luftwege geheilt werden.

Den für uns interessantesten Teil von BAD SULZA entdecken wir, als wir es gerade wieder Richtung BAD KÖSEN verlassen wollen. Unmittelbar vor der Ilmbrücke kann man links auf den Parkplatz des Sole-Schwimmbades fahren und steht dabei gleichzeitig am Ende des Gradierwerkes, auf das die Sonnenburg vom Steilhang der Ilm hinabblickt. Der Parkplatz liegt unmittelbar an der lauschigen Ilm und sein hinteres Ende ist so weit von der wenig befahrenen Straße entfernt, daß daher keine Lärmbelästigung zu erwarten ist. Allerdings vereinigen sich bei BAD SULZA gleich zwei Bahnstrecken und führen in geringer Entfernung, nur wenige Meter hinter dem anderen Ilmufer vorbei....

Gegenüber der Straße führt ein Fußweg zum Kurpark und eine ganze Reihe von Wanderungen, zum Beispiel zur Sonnenburg oder ins Lanitztal können von hier aus angetreten werden. Das nächste Dörfchen ist AUERSTEDT, auf dessen Höhen Napoleon am 14. Oktober 1806 den ersten Teil der Doppelschlacht bei Jena und Auerstedt für sich entschied. Der Weg zum Kurpark führt unter schattigen Bäumen an der Ilm entlang und nach einem Viertelstündchen hat man die Trinkhalle, das Orchesterhalbrund und gepflegte Blumenrabatten davor erreicht. Unser technisches Interesse wird jedoch bereits auf halbem Wege geweckt, wo ein altes Wasserrad erhalten ist,

welches zu Goethes Zeiten über eine ausgefuchste Hebel-, Excenter- und Pumpenkonstruktion die Sole aus der Tiefe des Berges hochpumpte.
Direkt hinter der Ilmbrücke biegt die Straße nach links nach BAD KÖSEN/GROSSHERINGEN. Rechts liegt nur noch das Salinemuseum, wo Sie sich über die 900jährige Geschichte der Salzgewinnung in BAD SULZA informieren können, u.a. sehen Sie zwei uralte Siedehäuser mit genau so uralter Salinetechnik.
In GROSSHERINGEN gilt es, von unserer Ilm Abschied zu nehmen. Wir biegen deshalb vor der eisernen Bogenbrücke über die Saale zunächst rechts, unterqueren zweimal die Eisenbahnlinie und halten direkt auf der steinernen Ilmbrücke am Ortsbeginn von GROSSHERINGEN. Hier weiß man nicht, in welche Richtung man als erstes den Kopf wenden soll! Rechts, parallel zu uns, überquert eine alte, überdachte, hölzerne Brücke, fotogener geht es nicht, die Ilm, kurz bevor diese sich, nur wenige Meter links von uns, in die Saale ergießt.
Die Saale ist die Grenze zum Nachbarland Sachsen-Anhalt. und wir dürften die vorhin bereits gesehene Eisenbogenbrücke eigentlich nicht überqueren. Aber es gibt ja bekanntlich keine Regel ohne Ausnahme - und besondere Situationen erfordern besondere Verhaltensweisen! Schließlich stehen, nur wenige hundert Meter entfernt im Nachbarland, auf steiler Wand über der Saale, zwei der romantischsten deutschen Burgruinen - die können wir nicht auslassen!
Der "Auslandstrip" lohnt sich Meter für Meter. Die Saale hat sich förmlich ins Gestein hineingefressen, eine Schleife ist idyllischer als die andere. Nach 3 km, in SAALECK, biegen wir, kaum daß wir die Saale überquert haben, an der Dorflinde rechts, dem Wegweiser "Schloßgaststätte Rudelsburg" folgend. Ein brandneues, genau 2 km langes Teerband zieht in einer weiten Schleife, sozusagen durchs Hinterland, wendet dann serpentineneng und hält von Osten, entlang des Steilhanges des schmalen Muschelkalkfelsens, auf die Rudelsburg zu. Verschiedene Studentencorps hatten nach dem Krieg 1870/71 entlang der Steilhangkante Denkmäler errichtet. Wir entdekken sie nur, weil man inzwischen das Gestrüpp von dem, was übrig geblieben ist, entfernt hat. Die erste Ausbuchtung, nur etwa 100 m nach der Serpentine, eignet sich als Rast- und Aussichtsplatz auf beide Saaleburgen, benachbart, an der Felswand, wird gerade ein Denkmal, ein riesiger Steinlöwe restauriert.
Vor der Rudelsburg, wir hatten es nicht zu hoffen gewagt, erstreckt sich links der Straße ein großes, ebenes Wiesen- und Picknickgelände - unsere Übernachtung ist gesichert! Unseren

Lagerplatz nahmen in früher Zeit die umfangreichen Gebäude der Vorburg ein, die jedoch bereits 1348 von den Naumburgern mit "Steinschleudern und Feuerbüchsen" erobert und total zerstört worden waren. Von der Hauptburg ließen sie immerhin so viel übrig, daß man darin eine, inzwischen auch bereits historische Burggaststätte einrichten konnte.
Lärm durch späte Gäste braucht man nicht zu befürchten, denn sie ist (normalerweise) nur von 10 - 18 Uhr geöffnet. Allerdings darf man die Akustik des Saaletales nicht unterschätzen: Die vielen tutenden Züge der Hauptstrecke Erfurt - Leipzig kann man bis hier herauf hören.
Wir betreten den Burghof der fast 1000 Jahre alten Rudelsburg, die nicht erst seit dem Gedicht des achtzehnjährigen, späteren Kunsthistorikers Franz Kugler (1826) zum Inbegriff deutscher Romantik geworden ist:

Zwar die Ritter sind verschwunden, nimmer klingen Speer und Schild, doch dem Wandersmann erscheinen, in den alt-bemoosten Steinen, oft Gestalten zart und mild.

Droben winken schöne Augen, freundlich lacht manch roter Mund, Wandrer schaut wohl in die Ferne, schaut in holder Augen Sterne, Herz ist heiter und gesund.

Und der Wandrer zieht von dannen, denn die Trennungsstunde ruft, und er singet Abschiedslieder, lebe wohl tönt ihm hernieder, Tücher wehen in der Luft.

Neue Ritter sind erstanden, wieder klinget Speer an Speer, laßt ein "lebe hoch" ertönen minnefrohen Musensöhnen, Deutschlands tapfrer Jugendwehr.

Natürlich kann man es auch ein bißchen spaßiger formulieren! So lesen wir im Gästebuch vom 4. Aug. 1831, verfaßt (ausgerechnet) von einem stud. theol.:

Hier, wo einst vor vielen Jahren muth'ger Ritter edle Scharen
Lanz'n (ach) brachen im Turnier,
brechen jetzt fidele Brüder beim Gesange froher Lieder
Lanzen, ach, gefüllt mit Bier.

Vom Söller des Bergfriedes bietet sich ein einmaliger Blick hinab ins Saaletal und zu den Ruinen der benachbarten, 950 Jahre alten Saaleck, zu der wir wenige Minuten später, auf dem Kamm einer Senke zwischen den beiden Burgen, hinüberwandern. Der Weg beginnt vor dem Tor der Rudelsburg; man steigt vor der ehemaligen Zugbrücke rechts hinab, unterquert sie und hält sich dann auf einem Pfad durch den Buschwald an die roten und blauen Markierungsbalken, falls man nicht plötzlich an einem Bergsporn in seinem Wanderdrang gebremst werden möchte.
Am nächsten Morgen fahren wir wieder nach SAALECK hinab, kehren auf dem gleichen Weg nach Thüringen zurück. Hinter der eisernen Saalebrücke biegen wir links und halten durch GROSSHERINGEN auf CAMBURG zu.
Unsere alte Bekannte, die überdachte Holzbrücke, ist immer noch nicht zusammengebrochen, aber Sie sollten sich beeilen ....
Wer bis CAMBURG nach einem idyllischen Lagerplätzchen am Saaleufer lechzt, der wird enttäuscht, denn die zweispurige, elektrifizierte Bahnlinie versperrt uns den Weg und tötet ohnehin jede Romantik.
Kurz hinter STÖBEN und noch etwa 2 km vor CAMBURG entdecken wir an einem Baum den Wegweiser zur Cyriaksruine, der eindeutig in einen Waldweg zeigt. Wir parken in Schräglage am Straßenrand, stapfen durch das nasse Gras, lassen uns von einer völlig unverhofft aus dem Wald stürzenden, ausgebrochenen Jungbullenherde zu Tode erschrecken und finden .... nichts!
Wütend setzen wir unseren Weg mit nassen Füßen per WOMO fort, wundern uns noch, daß uns am Straßenrand die blauen Wanderwegweiser begleiten, nach denen wir vorhin vergeblich im Walde äugten und erspähen nach 300 m unmittelbar rechts oberhalb der Straße die ersehnten Ruinen der romanischen Pfeilerbasilika. Sogar für eine bequeme Parkmöglichkeit ist 100 m weiter links der Straße gesorgt und ein gepflegter, trockener Fußweg führt in wenigen Schritten zum romantisch im Walde eigebetteten Ruinenidyll, daß man von rings aufge-

Camburg: Cyriaksruine

stellten Bänken in aller Ruhe in Augenschein nehmen sollte.
In CAMBURG kann man hinter der Brücke über die Saale wunderbar rechts parken und findet am Rande des Parkplatzes, an einem Laternenmasten, sämtliche Sehenswürdigkeiten der Gegend ausgeschildert. Da wäre zunächst die überdachte Holzbrücke über die Mühllache, zu der man durchaus auch noch fahren kann, wenn man hinter dem Rathaus, einem roten Ziegelsteinbau, rechts - wen wundert's - zur Mühle abzweigt. Die hölzerne Schwester unserer Großheringer Brükke hat sich vom Zahn der Zeit noch weniger benagen lassen und sorgt dafür, daß die Besitzer der Schrebergärten trockenen Fußes über den Mühlbach zu ihren Erdbeerbeeten kommen.
Weitere Ziele sind die Matzburg, der 37 m hohe Bergfried der vom Steilhang über dem Ort herabblickenden Ruine, und rechts der Saale kann man, ohne vom Schienenstrang irritiert zu werden, zum Clausloch, einer in den Fels gehauenen Einsiedlerbehausung hinabwandern.
Wir fahren nun am linken Saaleufer auf der B 88 weiter Richtung JENA, müssen jedoch hinter CAMBURG zunächst die steile Höhe erklimmen, um dann, zwischen geschichteten Muschelkalkfelsen, gemütlich wieder zum Saaleniveau hinabrollen zu können. Am Ortsbeginn von STEUDNITZ sichten wir zum ersten Mal die Dornburger Schlösser, die auf einem Muschelkalkplateau etwa 100 m über der Saale stehen. Wir wechseln wieder das Saaleufer und entdecken unmittelbar hinter der Brücke links einen Brunnen. 300 m später müssen wir scharf nach rechts zurück und nach DORNBURG den Hang steil hinauffahren.

Die Vorfahren der Dornburger müssen Raubritter und Wegelagerer gewesen sein. Jetzt haben sie sich auf die Ausplünderung harmloser Autotouristen spezialisiert! Sie haben sämtliche Straßen des Ortes mit Durchfahrtsverbotsschildern zugepflastert, zwei Walky-Talky-bewaffnete Hilfssheriffs führen die letzten verirrten Schäfchen auf den "rechten Weg", den bewachten (gebührenpflichtigen) Parkplatz. Von dem aus darf man dann durch die völlig ausgestorbenen Straßen des Ortes latschen, bis man nach mehreren hundert Metern das Parkgelände um die drei Schlößchen erreicht hat. Ich weiß, man könnte auch von DORNDORF an der Saale zum Schloßpark hinaufsteigen - es sind nur 285 Stufen....
Wir haben kaum den Park betreten, da vergessen wir unseren Unmut: Ein farbenfrohes Blütenmeer umgibt uns, kunstvoll gefaßt in Rabatten, Rosenlauben, -kuppeln und -gänge erheben die floristischen Genüsse in die dritte Dimension, die abgestuften Mauern des Steilhanges umschlingen Kletterrosen und Weinstöcke. Aus Duft und Farben komponiert sich ein Vordergrund, der vom Ausblick über das Saaletal zu einem unglaublichen Stimmungsbild ergänzt wird, der "Thüringer Loreley".
Aber vergessen wir nicht die Schlösser, aus drei völlig unterschiedlichen Zeiten stammend, jedes für sich einmalig. Das nördlichste, das Alte Schloß, dessen Grundmauern aus dem Mittelalter stammen, wurde 1521 im Renaissance-Stil errichtet.
Das südliche Schloß, nur wenige Jahre später ebenfalls im Renaissance-Stil als Herrensitz eines Rittergutes erbaut, kam 1822 in den Besitz des Herzogs Karl August, Goethe weilte mehr als zwanzigmal hier. Ihm ist eine Ausstellung im südlichen Schloß gewidmet.
Die Perle DORNBURGS jedoch ist das mittlere, das Rokoko-Schloß. Karl Augusts Großvater, der Weimarer Herzog Ernst August, ließ es 1736 als zentrales Gebäude seiner Schloßanlage errichten, Pavillons und andere Anbauten mußten später wieder abgetragen werden, als das Städtchen DORNBURG wuchs.
Wer ein Schloß baut, möchte damit angeben! Wer angeben möchte, muß seinen Besitz aller Welt präsentieren! Damit man ein Schloß nicht nur von weitem, sondern auch von unten sehen kann, muß es direkt an der Kante des Steilhanges stehen! Diese Aufgabe übernahm der Architekt Gottfried Heinrich Krohne, indem er zunächst einmal die Bergkante mit Terrassen befestigte, auf deren oberste er das Schlößchen so plazierte, daß auf der Bergseite nur noch das Obergeschoß herausschaut, talwärts jedoch drei Stockwerke schauen. Die

Inneneinrichtung übertrifft die verspielte Fassade noch bei weitem - vom Rokoko übers Empire bis zum Biedermeier öffnet sich eine Palette von Farben und Formen, die vom farbigen Leuchter aus Venedig über reiche Stuckdekors bis zu kostbarem Porzellan und Mobiliar reichen.

Dornburg: Rokokoschloß

Rechts der Saale fahren wir auf der B 88 weiter gen JENA. Bei PORSTENDORF beschließt die Saale, die Idylle ihres Flußlaufes zu verdoppeln - und teilt sich. Der dazwischenliegenden Insel wollen wir einen Besuch abstatten, überqueren in PORSTENDORF die Bahnlinie nach links (Wegweiser: Gaststätte "Gondelteich"). Aber nicht nur ein großes Schwimmbad, einen kleinen Tierpark, eine Gaststätte und Gelegenheit zum Bootchenfahren entdecken wir, sondern auch den Campingplatz "Rabeninsel", wo man sich für 16 DM (WOMO + 2/2 Personen) ein lauschiges Plätzchen unter Bäumen aussuchen darf. Zur Entsorgung seiner Chemikaltoilette muß man sich allerdings zur zentralen Kläranlage Jena-Zwätzen bemühen, denn die Bakterien der in Thüringischen Gefilden üblichen Klärgruben vertragen Chemie in diesen Mengen nicht. Wem nur nach einem Kurzaufenthalt ist, der kann sein WOMO direkt vor der Brücke über den gestauten Saalearm parken und zu Fuß das Freizeitangebot angehen.

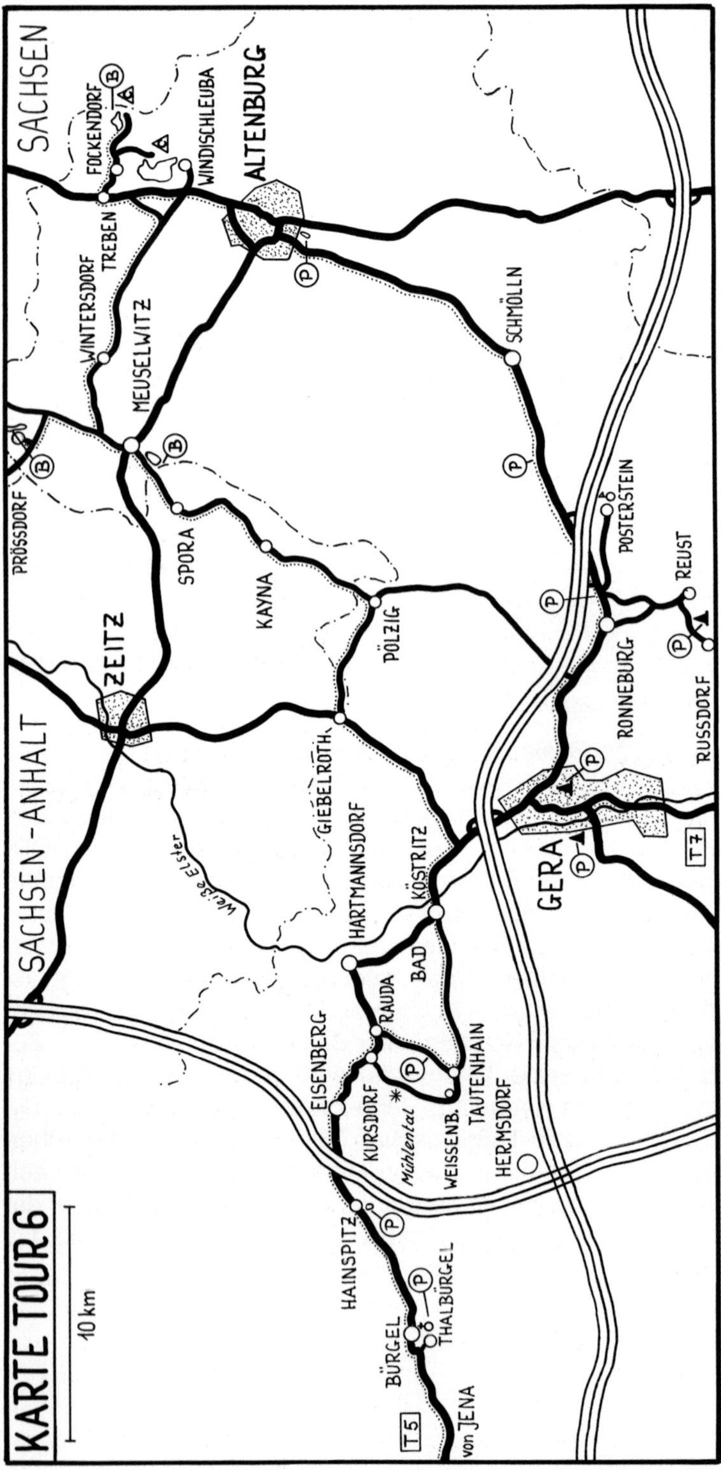

KARTE TOUR 6
10 km
SACHSEN
SACHSEN-ANHALT
FOCKENDORF
WINDISCHLEUBA
ALTENBURG
TREBEN
WINTERSDORF
MEUSELWITZ
SCHMÖLLN
PRÖSSDORF
SPORA
KAYNA
PÖLZIG
POSTERSTEIN
REUST
RONNEBURG
RUSSDORF
ZEITZ
Weiße Elster
GIEBELROTH
HARTMANNSDORF
BAD
KÖSTRITZ
GERA
T7
EISENBERG
RAUDA
TAUTENHAIN
KURSDORF
Mühlental
WEISSENB.
HERMSDORF
HAINSPITZ
THALBÜRGEL
BÜRGEL
T5
von JENA

TOUR 6 (150 km)

Jena - Bürgel - Eisenberg - Meuselwitz - Altenburg - Schmölln - Gera

Wir nähern uns JENA von Nordosten auf der B 88, halten direkt auf die lange Röhre des Universitäts-Hochhauses zu, das in seiner schlichten Einfallslosigkeit einer Küchenrolle nicht unähnlich sieht. Rechterhand, auf der Höhe, markiert der Landgrafenturm in etwa die Stelle, an der Preußens Gloria 1806 zwar nur die "erste Bataille" gegen Napoleon verlor, in Wirklichkeit jedoch bereits den Glauben an ihre alte friderizianische Unbesiegbarkeit einbüßte.

Wir folgen zunächst den Wegweisern zum Zentrum, biegen dann am Lutherplatz hinter dem Gasthof zum "Schwarzen Bären" rechts in die B 7 Richtung Weimar ein und an der nächsten Ecke sofort wieder rechts (großes Hinweisschild: Zeiss-Planetarium). Davor, vor dem benachbarten Botanischen Garten oder in einer der Nebenstraßen sucht man sich einen Parkplatz, denn zum Zentrum JENAS sind es nur noch wenige Schritte.

Der Naturforscher und Philosoph Ernst Haeckel, der im letzten Jahrhundert in JENA lehrte, schwärmte noch von: „.... den lieben, schönen Jenenser Bergen mit ihren weißen Kalkfelsen und blumigen Abhängen“ und Schiller reimte:

„Donnerstags nach Belvedere,
Freitag geht's nach Jena fort,
denn das ist, bei meiner Ehre,
doch ein allerliebster Ort.“

Heute hängt eine graue Dunstwolke über der Stadt, die so lieblich in das Saaletal eingebettet liegt. Seit 1846 der Mechaniker Carl Zeiss seine optische Werkstatt eröffnete, um die Geräte der Uni zu warten und Mikroskope herzustellen, seit der Physiker Ernst Abbe diese Fertigung auf industrielles Niveau hob und schließlich Otto Schott ein Glaswerk baute, ließ die Industrie JENA nicht mehr aus ihrem Griff.

Im letzten Krieg kam die Abrechnung, denn Periskope, Scherenfernrohre und präzise Zieleinrichtungen aus Zeiss'scher Fertigung machten dem Gegner zu schaffen. JENA wurde künstlich eingenebelt, ein Geisterstadt auf freiem Felde für die suchenden Bomber strahlend beleuchtet. Aber die Radargeräte ließen sich nicht täuschen, JENA versank in Schutt und Asche, von seiner historischen Substanz blieb nur wenig.

Zeiss-Planetarium und Botanischen Garten haben wir direkt vor unserer Nase. Wer sich weder zu den fernen Sternen noch zu den Blütensternen der Botanik entführen lassen möchte, der

folgt uns nach Süden, an der romanischen Johanniskirche vorbei, zum Marktplatz. Hier fällt uns als erstes das spätgotische Rathaus auf, das eigentlich aus zwei Gebäuden besteht, die nur im Obergeschoß durch Arkadenöffnungen verbunden sind. Uhrturm und "Schnapphans" sind seine die Attraktionen: Das Figurenspiel zeigt zur vollen Stunde den Hans von Jene, der nach einer Kugel schnappt, die ihm ein Pilger hinhält; ein Engel schlägt die Glocke. Gegenüber präsentiert sich die "Göhre", das ehemalige Mühlengebäude, im Glanz eines ehrwürdigen Fachwerks. Bliebe noch die Michaeliskirche mit dem hochstrebenden Achteckturm zu erwähnen. Unter dem Chor kann man hindurchlaufen! Dieses Unikum erklärt sich durch die Nähe zum nördlich gelegenen Kloster, das man auf diesem Wege schneller erreichte. Im Inneren fällt das hölzerne Standbild des Erzengels Michael auf und die Grabplatte Martin Luthers!? Richtig, der große Reformator ist in Wittenberg bestattet - bedeckt von einer Kopie der Grabplatte des Erfurter Glockengießers Heinrich Ziegler. Das Original verblieb in JENA, warum auch immer!
„Denn in Jene lebt sich's bene!“ sangen und singen die Studenten - aber wie früher, so zieht es sie auch heute in die schöne Umgebung. Wir haben deshalb auch für Sie drei Ausflüge ausgesucht, die Historie und Natur glücklich miteinander verbinden und so ganz nebenbei manch lauschiges Übernachtungsplätzchen zeigen.
Auf der B 7 verlassen wir JENA nach Nordwesten, tauchen sofort in das grüne Dämmerlicht des Mühltales ein. Etwa 700 m nach dem Ortsendeschild und der Gaststätte "Papiermühle" verlassen wir das Tal der Leutra nach rechts (Wegweiser: Nationale Gedenkstätte 1806), gewinnen in Schleifen die Höhe, durchqueren das Dörfchen COSPEDA, halten vor der Gaststätte "Im grünen Baum zur Nachtigall". Dieser Gasthof war dem Schlachtenlärm am nächsten, hier erinnerte man sich am besten, bewahrte das eine oder andere Erinnerungsstück auf. Der Wirt, klein und korpulent, machte den zechenden Studenten die Freude, in französischer Uniform auf seinen weißen Gaul zu steigen, den kleinen, großen Korsen zu mimen, Geschäftstüchtigkeit war ja keine Schande.
Schließlich erwuchs aus der kleinen Privatsammlung im Nebenraum der Gaststätte eine nationale Gedenkstätte, die alt und jung begeistern muß! Mit militärhistorischer Perfektion und kindlicher Begeisterung wurde das Kriegsgeschehen bei COSPEDA mit bunten Zinnsoldaten nachgestellt, originale Erinnerungsstücke gibt es reichlich, und das Anschauungsmaterial mit umfangreicher Textinformation macht auch dem eiligen Betrachter schnell verständlich, was sich nicht nur in

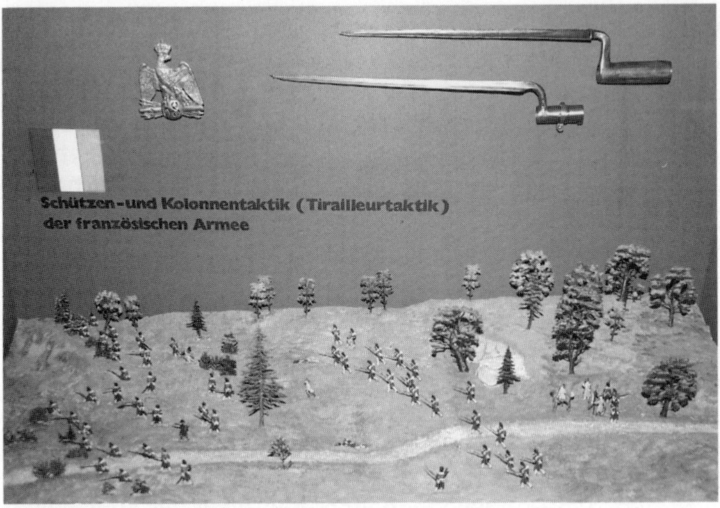

Cospeda: Ausstellung in der "Nationalen Gedenkstätte 1806"

COSPEDA am Tage der Schlacht, sondern im Europa des beginnenden 19. Jahrhunderts abspielte.
Die Ausstellung ist Di - So von 9 - 12 und 13 - 17 Uhr geöffnet. Uns gelingt es natürlich, knapp nach 12 Uhr einzutreffen, und so wollen wir die verbleibende Stunde nutzen, um den Stein zu besteigen, von dem aus Napoleon die Schlacht gegen die Preußen lenkte. Genau gegenüber der Gaststätte beginnt ein Feldweg, am Baum ist unmißverständlich ausgewiesen: "Napoleonstein!"
Nur zehn Minuten marschieren wir, vom Vogelgezwitscher aus den buschbestandenen Feldrainen begleitet, den Weg entlang, erklimmen dann eine Hügelkuppe in friedlich-idyllischer Landschaft, prallen entsetzt zurück:
Die Höhe ist metertief zerfurcht von Panzerketten, die Natur ist zerschunden, zerrissen, vom Napoleonstein ist nur noch ein zermahlener Rest zu ahnen - die Sowjetarmee übt auf dem historischen Gefechtsfeld den "modernen Landkrieg". Da hilft auch kein noch so schöner Blick über das Saaletal bis zu den dahinter leuchtenden Felsen des Jenzig und des Hausberges mit dem Fuchsturm, die die B7 nach GERA flankieren.
Wie lange wird die Natur wohl brauchen, bis sie sich nach den Abzug der "Freunde" wieder erholt hat? Vielleicht kann man irgendwann sogar wieder auf den breiten Kalkstein steigen und sich fühlen wie Napoleon ....
Angeregt von den Darstellungen in der Gedenkstätte machen wir eine kleine Rundfahrt über das gesamte Gebiet des Schlachtfeldes: Von COSPEDA, über CLOSEWITZ, LÜTZELRODA und ISSERSTEDT rollen wir durch eine friedliche, sonnige Landschaft wieder zurück ins Mühltal, auf JENA zu.

Wir haben keine Überreste einer Schlacht gesichtet, wenn man von ein paar Trabi-Wracks am Waldrand absieht.
Wieder kommen wir an der Abzweigung nach COSPEDA vorbei, die jetzt natürlich links liegt und biegen kurz darauf rechts, nach "MÜNCHENRODA/REMDERODA/Gasthaus Waldschlößchen 5 km". Der Abstecher durch den Münchenrodaer Grund bis zum "Naherholungsgebiet Schott-Platz" lohnt sich gleich mehrfach: Zunächst einmal entdecken wir 1800 m nach der Abzweigung links einen Quell, aus dem es mächtig sprudelt, dann durchqueren wir ein Waldgebiet, das von bequemen Wanderwegen durchzogen ist und auf denen man immer wieder und speziell von zwei Türmen, dem Forstturm und dem Bismarckturm, die herrliche Aussicht genießen kann, und schließlich findet man am Rande des Naherholungsgebietes mit der Gaststätte "Schott-Platz" eine solche Fülle von weiträumigen Parkgelegenheiten, daß auch der sensibelste Mensch zufrieden sein müßte. Die Gasthäuser "Waldschlößchen" und "Forsthaus" können erwandert oder angefahren werden.
Wir bleiben, während wir JENA Richtung EISENBERG/GERA durchqueren, auf der B 7. Biegt man sofort hinter der Saalebrücke (Camsdorfer Brücke) links und fährt saaleabwärts, so gelangt man nach dem Wenigenjenaer Ufer und der Tümplingstraße in eine Sackgasse, wo man am Saaleufer relativ ruhig nächtigen und über eine Fußgängerbrücke auf kurzem Wege zum Zentrum spazieren kann. Hier würden wir uns hinstellen, wenn wir einen abendlichen Gaststättenbesuch in JENA vorhätten, dessen Verlauf eine Weiterfahrt unmöglich macht.
Biegt man hinter der Saalebrücke sofort rechts und fährt saaleauf weiter (Camsdorfer Ufer), so hat man schon die ersten Meter zum Fuchsturm zurückgelegt, dem schönsten Aussichtspunkt auf JENA mit gepflegter Gastlichkeit sowie einem umfangreichen Wander- und Picknickangebot mit vielen ruhigen Übernachtungsplätzen: Nach 700 m kommt man an eine Kreuzung, wo es rechts zur B 88, geradeaus zum Stadion - und links, bergauf, zum Fuchsturm geht. Ab hier ist die Zufahrt auch mehr oder weniger gut beschildert. Die Fahrstraße hinauf auf die Höhe und durch ZIEGENHAIN hindurch ist schmal und kurvig, und man sollte die 30-km/h-Beschränkung um so ernster nehmen, je weniger andere an der schmalsten Stelle ein breites WOMO vermuten.
Knapp 4 km seitdem wir die Saale verlassen haben, kippt die Straße von 8 % Steigung in die Horizontale und wendet beim sogenannten Steinkreuz scharf nach links. Hier kann man bereits prächtig parken, picknicken oder wandern. Aber auch

Jena-Ziegenhain: Fuchsturm

die letzten, ebenen 1800 m bis zum letzten Parkplatz vor dem Fuchsturm bieten eine Fülle von Plätzchen auf Wiesen oder am Waldrand.

Der Fuchsturm ist der Bergfried der sonst völlig verschwundenen Burg Kirchberg. 116 wohlbeleuchtete Stufen führen auf den schlanken Söller, von dem aus man, windgeschützt, den Blick in die Runde schweifen lassen kann. Dabei stört ein wenig der letzte Sporn des Hausberges, der ausgerechnet die "Küchenrolle" des Uni-Hochhauses verdeckt. Aber gerade dorthin, zum Ende des Spornes, der Wilhelmshöhe, führt ein besonders schöner Spazierweg ...

Die Gaststätte neben dem Fuchsturm bietet ein reichhaltiges und trotzdem preiswertes Speisenangebot.
Erst auf dem Rückweg zum WOMO entdecken wir eine besondere, geologische Attraktion: 32 Berg-, Burg- und Waldgemeinden Thüringens haben ein Exemplar ihrer schönsten Felsen hierher gebracht, bieten dadurch eine Übersicht über alle Erdzeitalter, die den Thüringer Wald formten: Muschelkalk, Sandstein, Porphyr, Granit, Braunkohlenquarzit, Grauwacke, Travertin und Keupersandstein sind vertreten, schön im Kreis angeordnet und werben äußerst beständig für den Besuch "ihrer" jeweiligen Gemeinde.
Etwa 12 km sind wir von JENA auf der B 7 nach Osten gefahren. Von dem Jenzig links und der Wöllmisse rechts flankiert, von deren westlichstem Ausläufer uns noch lange der Fuchsturm nachschaut, haben wir durchs Gembdental die Höhe bei GROSSLÖBICHAU gewonnen und zweigen nun von der Bundesstraße nach rechts ab, Richtung "Thalbürgel 1 km, Klosterkirche". Auf den Anblick der Klosterkirche von Thalbürgel, einer spätromanischen Pfeilerbasilika, sollte man nicht verzichten, denn neben der Paulinzellaer Klosterruine haben wir hier zweifelsfrei den schönsten Thüringer Kirchenbau aus dem XII. Jahrhundert vor uns! Erhalten blieben von dem reichen Benediktinerkloster, das Besitzungen in mehr als vierzig Orten hatte, das Langhaus der Kirche und der südliche Seitenturm. Erst in den 60er Jahren wurden die Grundmauern des Staffelchores mit den fünf Apsiden und der romanische Lettner freigelegt und gesichert. Der gesamte Bau atmet kluniazensische Strenge, an Reformideen und Verzicht klösterlicher Prachtentfaltung fehlte es auch vor der Reformation nicht. Nur schwer erkennbar ist noch die strikte Trennung von Langhaus (Laienkirche) und Querhaus samt Chor (Mönchskirche), da ja der größte Teil der Mönchskirche fehlt. Nur zwei der Vierungsbögen sind erhalten. Während der eine, um das erhaltene Langhaus zu schließen, vermauert wurde, ragt der andere, sinnlos und doch äußerst fotogen, wie ein Tor zum Nichts, in die Leere.
Nach der Reformation waren Kloster und Kirche schnell verfallen, ihr Mauerwerk fand schnell Interessenten. Nur durch den Umbau des Langhauses zur Dorfkirche im 16. Jahrhundert läßt sich erklären, daß wir heute überhaupt noch solch reiche Überreste bestaunen können. Sogar zwei Kunstwerke der Kirche sind erhalten: Ein Vesperbild (Pietà) sowie das Kruzifix aus der Zeit um 1500, das man für ein Werk der Riemenschneider-Schule hält.
Seitlich der Grundmauern des Chores informiert ein Lageplan über die gesamte ehemalige Klosteranlage; schließlich gehör-

ten selbst zu einem asketischen Klosterleben nicht nur Mönche! Ein Kloster unterhielt sich selbst mit den es umgebenden Ländereien, und so findet man um den sakralen Bereich herum Stallungen, Wirtschaftsgebäude, ein Kornhaus, den Wirtschaftshof - und einen Klosterteich, nicht nur für die fleischlosen Fastentage.
Wir kehren zur B 7 zurück und biegen rechts, obwohl wir entdeckt haben, daß sich südöstlich von THALBÜRGEL ein äußerst idyllischer Waldstreifen Richtung WALDECK zieht, der Beginn des mit Natur- und Landschaftsschutzgebieten nur so gespickten Holzlandes, das wir für spätere Erkundungen notieren.
BÜRGEL, einst ein Besitz der Thalbürgeler Mönche, hat sich seit 300 Jahren der Töpferei verschrieben. Dabei werkelt man in den vielen Manufakturen nach dem Motto: Was bekannt ist, ist beliebt - und stellt immer wieder die gleichen Dekors her: Bürgeler Steinzeug ist blau mit weißen Tupfen, basta! Nur ab und zu gesellt sich ein schüchternes Motiv, ein passender Spruch dazu; am besten hat mir die alte Weisheit auf einem Weinkrug gefallen: „Der Frauenzimmer schöne Blicke sind öfter nichts als schlaue Stricke!" Ob allerdings der Blick in den Weinkrug dabei die Sinne schärft ...
Bei ihrer Arbeit kann man den heimischen Künstlern durchaus über die Schulter gucken und auch den alten Brennofen in der Töpfergasse 17 bewundern. Im Badertor aus dem Jahre 1234 erzählt das Keramikmuseum die Geschichte der Bürgeler Töpferkunst.
Nur noch wenige Kilometer, dann wird unsere B 7 die Autobahn nördlich des Hermsdorfer Kreuzes queren. Vorher haben wir aber noch ein nettes Plätzchen für Rast und Ruhe oder auch beschauliche Gastlichkeit entdeckt. Unmittelbar hinter dem Ortsschild HAINSPITZ zweigen wir rechts ab zum "Gasthof am See". Ein reichliches Parkangebot direkt am See und in geziemender Entfernung von Straße und Gaststätte wird ergänzt durch den positiven Eindruck, den der gediegene Gasthof mit Freiterrasse am See macht. Aber auch die Allee, die am Ufer entlang führt, ist mit ihren knorrig-alten Linden ein sehenswertes Prachtstück und führt auf kurzem Wege zum Waldschwimmbad.
Gleich nachdem wir die Autobahn unterquert haben, rollen wir in EISENBERG ein. Während man, wie der Name schon sagt, im Mittelalter mit der Eisengewinnung schlecht und recht sein Brot verdiente, war Herzog Christian von Sachsen-Eisenberg nicht nur auf weiße Brötchen aus! Da sein Vater, Herzog Ernst der Fromme von Gotha, mehrere Söhne hatte, bekam Christian nur einen winzigen Miniaturstaat ab. Aber Staat ist Staat

so wurde als erstes der Ausbau des barocken Residenzschlosses Christianenburg in Angriff genommen, dessen Ostflügel man als Schloßkirche gestaltete und mit einer geradezu phantastischen Stuckdekoration ausschmückte. Sie überzieht den Kanzelaltar, die Emporen und sogar die Orgel, verziert Kapitelle und Brüstungen und umrahmt die farbenprächtigen Stuckmalereien. Kein Wunder, daß Herzog Christian schnell nach Wundertätern suchen mußte, um seinen finanziellen Ruin aufzuhalten - Alchemisten wurden ins Land geholt - und erfanden noch nicht einmal das Porzellan. Wer weiß, wie es unserem Herzog ergangen wäre, wenn er nicht bereits nach 26 Jahren als "Landesvater" ins Jenseits abberufen worden wäre ....
Wer EISENBERG, auf der B 7 bleibend, nur durchquert, der entdeckt am Marktplatz sehenswerte, mehrgeschossige Bürgerhäuser, von denen uns am besten das "Trompeterschlößchen", ein über und über mit gotischem Rankenwerk, doppelgeschossigem Erker und reichem Portal verziertes Gebäude gefallen hat. Das Rathaus mit dem schlanken Achteckturm und die spätgotische Stadtkirche sind weitere Blickfänger. Inmitten des Platzes erinnert der barocke Mohrenbrunnen daran, daß man auch dann noch Glück haben kann, wenn man es nicht mehr erwartet: Der "Eisenberger Mohr" sollte wegen eines Diebstahls hingerichtet werden, alle Unschuldsbeteuerungen halfen nichts, die Vorbereitungen für ein öffentliches Exekutionsspektakel waren abgeschlossen - da stellte sich seine Unschuld heraus ....
Nach dem Ortsendeschild von EISENBERG findet man links einen Parkplatz neben schattigen Bäumen. Von hier aus kann man zu "Geyers Garten" hinaufsteigen, dem Eisenberger Tierpark (9 Uhr - Einbruch der Dunkelheit) mit der Gaststätte "Bärenschenke" - was das auch immer bedeuten mag.
Zur Zoologie gehört bekanntlich die Botanik und im "Mühlental" steigert sie sich zu einem wahrhaft optischen Genuß. Den Eingang zu dieser Idylle finden wir am Ortsende des nur 2 km entfernten KURSDORF - jedoch versehen mit einem Verbotsschild und einem großen Wanderparkplatz. An das Verbot scheint sich jedoch keine Menschenseele zu halten und so tuckern auch wir auf dem gepflegten Teerweg hinein in das lauschige Tälchen, in dem ehemals elf (!) Wassermühlen klapperten. Die erhaltenen sind zu Ausflugsgaststätten geworden, bei einigen kann noch die Mühleneinrichtung besichtigt werden. Wir drücken uns an den wenigen Spaziergängern vorbei, die jetzt, in der Abendstunde, zurück zum Parkplatz eilen und uns nur mäßig empörte Blicke zuwerfen, rollen weiter entlang an dem sich windenden Plätscherbächlein, während die Landschaft immer urwüchsiger, das Tal enger und felsiger

wird. Roter Buntsandstein, umklammert von knotigen Wurzelfingern, ragt in den Weg hinein.
Zu unserer eigenen Überraschung endet der Fahrweg nicht am einsamen Parkplatz einer letzten Mühlengaststätte, sondern verläßt das Tal bei WEISSENBORN, von wo aus man über TAUTENHAIN zur B 7 bei BAD KÖSTRITZ zurückkehren könnte.
Sie haben Bedenken, das Mühlental per WOMO zu durcheilen? Recht gedacht! Auch wir werden uns das nächste Mal die Zeit gönnen, eines der schönsten Täler Thüringens zu Fuß zu durchschlendern - und natürlich jedem Autofahrer einen erbosten Blick zuwerfen!
Für heute brauchen wir jedoch noch einen Schlafplatz - im Mühlental waren sie reichlich, idyllisch, ruhig ...
Dann probieren wir einfach das nächste Tal?!
Das nächste Dorf an der B 7 ist RAUDA. Dort zweigen wir nach rechts ab bis SEIFARTSDORF und rollen dann, auf Schotter, aber ohne Verbotsschild, durch ein kleines Wiesental Richtung TAUTENHAIN und finden am Waldrand ein Plätzchen, das im Mühlental nicht schöner hätte sein können.
Am nächsten Morgen, der eingeleitet wurde von einem Vogelgezwitscher, an dem nicht nur jeder Ornithologe sein Vergnügen gehabt hätte, ist über TAUTENHAIN schnell BAD KÖSTRITZ erreicht, das Schwarzbierstädtchen an der Weißen Elster.
Damit wäre auch schon fast alles Wissenswerte gesagt, wenn da nicht Heinrich Schütz wäre, der große Komponist aus der Barockzeit, dessen Werke auch heute noch zum Standardrepertoire aller Kirchenchöre gehören. So eigentümlich es klingt, aber ausgerechnet dieser Heinrich Schütz erblickte in einer Gaststätte des Licht der Welt, wir erkennen sie genau dort, wo wir wieder auf die B 7 treffen, am "Goldenen Kranich", der das Eckgebäude mit den Arkaden ziert. Im Gebäude wurde eine Schütz-Gedenk- und Forschungsstätte eingerichtet.
Während wir noch überlegen, ob wir die Straße zum "Goldenen Kranich" hin überqueren sollen, sichten wir rechts die spärlichen Reste des barocken Schlosses, durch dessen Torbogen man (zu Fuß) in einen weitläufigen Landschaftspark gelangt. Daß seine Anlage nicht ein Profi wie unser Freund Pückler-Muskau für "führnehme Lütt", sondern die Manager des kleinen Solebades zur körperlichen Ertüchtigung gewöhnlicher Kurgäste angelegt haben, sieht man auf den ersten Blick. Lassen Sie sich aber vom ziemlich eintönigen Beginn nicht abschrecken. Weiter hinten wird es wesentlich abwechslungsreicher, und man kann sich und seine Kinder auch an einem kleinen Tierpark erfreuen.

Berlin hat sein Brandenburger Tor, Paris, na, Sie wissen schon! Woher aber weiß man, daß man nach GERA kommt? Aus jeder Richtung, ob man nun auf der Autobahn vorbeifährt oder sich wie wir von Nordwesten auf der B 7 nähert - drei riesige, qualmende Schornsteine ragen wie frühkapitalistische Denkmäler industriellen Fortschritts in den trüben Himmel.
So fällt es uns nicht schwer, GERA zunächst (rechts) liegenzulassen, um einen Abstecher in den östlichsten Zipfel Thüringens, ins Braunkohlerevier am Südrand der Halle-Leipziger Tieflandsbucht, zu machen.
Einige hundert Meter hinter dem Ortsschild GERA, der Vorort LANGENBERG ist längst eingemeindet, biegen wir links ab auf die B 2 Richtung LEIPZIG. Unser nordöstlichstes Ziel, MEUSELWITZ, können wir nur im Zickzackkurs erreichen, da wir stur auf thüringischem Boden bleiben wollen. Bequemer wäre es sicher, einen kleinen Umweg über ZEITZ in Sachsen-Anhalt zu machen.
Hinter GIEBELROTH zweigen wir also wieder rechts ab von der B 2 Richtung RONNEBURG/PÖLZIG. Die Gegend ist flach-monoton, es bleibt die Erinnerung an Zwetschgenbaumalleen und kleine Baumgruppen zwischen den weiten Feldern. Am Ortsende von PÖLZIG biegen wir nicht rechts, der Hauptstraße folgend, sondern fahren geradeaus, über KAYNA nach MEUSELWITZ.
Kleine Dörfchen durchqueren wir, jedes mit eigenem Dorfteich, oft überrascht durch den Wechsel von sehr schlechten über schlechte zu ganz ordentlichen Straßen, meist zu schmal, jedoch immer wieder baumgesäumt, seien es nun hagere, zerzauste Pappeln, rundköpfige Linden, über der Fahrbahn ein Dach bildende Eschen oder so nahrhafte Gehölze wie Pflaumen-, Kirsch- oder Apfelbäume.
In SPORA bleibt unser kulturell schon fast ausgehungerter Blick an einem schönen Fachwerk-Kirchturm hängen, dann haben wir MEUSELWITZ vor uns.
Genau 500 m hinter dem Ortsendeschild von SPORA zweigen wir rechts von der Straße ab zum Beginn eines kleinen Pappel-Birken-Wäldchens, das den lieblichen Hainbergsee vor unseren Augen verbirgt. Ein Stück holpriger Feldweg, dann tauchen wir ein zwischen schlanke Birken, die das Licht filtern zu einer lauschigen, grünen Märchenidylle am Rande des stillen Sees. Hier könnten wir es eine Weile aushalten, baden, Steinchen werfen, um den See spazieren, lesen oder einfach die Natur genießen, faulenzen ....
Bis zum Ortsbeginn von MEUSELWITZ sind es noch genau 500 m, sodaß man zum Einkaufen ins Zentrum joggen könnte. MEUSELWITZ hatte einst ein schönes Barockschloß, Freiherr

Meuselwitz: Orangerie des ehemaligen Schlosses

von Seckendorff, Diplomat und österreichischer Gesandter am Hof Friedrichs des Großen, erbaute es. Selbstverständlich gehörten dazu ein gepflegter, französischer Park mit verschnörkelten Blumenrabatten, sorgsam verschnittenen Bäumen und Büschen, Marmorfiguren auf kunstvollen Podesten, die vier Jahreszeiten und die Elemente versinnbildlichend - und ein Wintergarten, damals genannt "Orangerie".
Das Schloß, im Kriege leicht zerstört, wurde als "Wahrzeichen der Unterdrücker" schnell vollständig entfernt, noch heute "prangt" an dieser Stelle ein öder Platz, der eine Kreuzung zwischen einem Parkplatz und einer BMX-Rennstrecke zu sein scheint. Der französische Garten und die Orangerie jedoch haben den Sozialismus leicht lädiert überlebt, und ein engagiertes Stadtparlament muß sich nun daran machen, den alten Glanz wieder neu zu beleben und sich, wo auch immer, neue Marmorfiguren für die lang verwaisten Podeste zu besorgen.
Wir verlassen MEUSELWITZ nach Nordosten Richtung LUKKA/LEIPZIG, um ein Südseeparadies zu finden!
Nach 4 km, wir haben bereits BÜNAURODA durchfahren, wenden wir uns an der nächsten Gabelung links nach GROITZSCH und an der darauf, nach einer Bahnlinie, folgenden Kreuzung rechts, durchfahren PRÖSSDORF. 300 m nördlich PRÖSSDORF biegen wir rechts auf einen großen Parkplatz, der von Pappeln eingefaßt ist - stolpern, rennen, rollen über einen breiten, weißen Sandstrand bis zum leise plätschernden Ufer des Prößdorfer Sees - wahrlich ein Traum!
Wer in der Presse vom landschaftszerstörenden Braunkohlentagebau liest, der hat stets eine zerrissene, ausgeplünderte Erdoberfläche vor Augen. Dies ist die eine Seite!

Prößdorf: Badesee

Eine umweltbewußte Rekultivierungsmaßnahme kann jedoch aus der ehemals topfebenen, öden Landschaft dadurch, daß die ausgeräumten Gruben meist mit Grundwasser vollaufen, ein lebendiges Biotop schaffen oder zumindest ein herrliches Freizeitgebiet - und vor solch einem stehen wir jetzt!
„Eine prima BMX-Bahn ist dort hinten!“ und: „Im Sommer ist hier alles voll!“ bekomme ich aus zwei Buben heraus, die mit ihren Fahrrädern zwischen den Birken herumkurven. Jetzt im Mai sind wir die einzigen, die sich für den Sandstrand von Prößdorf interessieren - aber auch in der Hauptsaison, wenn die Wassertemperaturen über 20° C. liegen, dürften das Parkplatz-, Liegewiesen- und Badeangebot ausreichen, denn im Dreieck MEUSELWITZ - BORNA - ALTENBURG sind die "Braunkohleseen" so häufig, daß man sich in das Südschwedische Seengebiet versetzt fühlt.
Sie können das noch gar nicht glauben?
Dann folgen Sie uns zurück Richtung MEUSELWITZ. Hinter BÜNAURODA zweigen wir links, durchqueren WINTERSDORF und halten nach den ersten paar Häusern von LEHMA links auf TREBEN zu. Dort, in der Ortsmitte, treffen wir auf die B 93, der wir genau 100 m nach links die Ehre geben, um sie dann wieder nach rechts Richtung FOCKENDORF zu verlassen.
In FOCKENDORF haben wir die Qual der Wahl, denn von hier aus führen zwei Straßen zu zwei Seen mit je einem Campingplatz - und außerdem je einem Badeparkplatz, für den man im Sommer Gebühr bezahlen muß - den See bei PAHNA und die Talsperre Windischleuba bei PÄHNITZ.
Wenn schon Gebühr, dann gleich für den Campingplatz wer-

den Sie sich völlig logisch sagen!
An der Rezeption haben wir dann doch etwas geschluckt: 10 DM/WOMO, 3 DM/Person, 2 DM/Kind, also genau 20 DM für die vierköpfige Familie. Wir fanden das etwas überzogen, um so mehr, als die überaus idyllische Landschaft leider nicht ihren Höhepunkt in glasklarer Wasserqualität findet! Die Parkplätze kann man auch nur bedingt empfehlen, denn sie haben keine Sichtverbindung mit dem See und man muß seine Klamotten über 100 m bis zum Wasser schleppen - da lob' ich mir doch den Südseestrand von Prößdorf oder unser idyllisches Birkenwäldchen bei Meuselwitz!
Wir kehren zurück zur B 93, biegen in sie links ein Richtung ALTENBURG und düsen drei Kilometer nach Süden - so ein glatter Asphalt ist doch ein Genuß!
Fünf Kilometer vor ALTENBURG machen wir einen Abstecher nach links (Wegweiser: GEITHAIN/ROCHLITZ), haben aber schon nach 600 m WINDISCHLEUBA erreicht. An der Kirche müssen wir uns links halten, entdecken auch den Wegweiser zur JH, kurven hinter dem Dorfteich nach rechts und haben vor uns die schönste Jugendherberge der DDR (wie ein Schild noch stolz verkündet), untergebracht in einem süßen, märchengleichen Wasserschlößchen.
Bereits im XII. Jahrhundert war hier, im Tal der Pleiße, eine Wasserburg erbaut worden, mit dem Wechsel der Besitzer änderte sich jedoch auch ihre Gestalt: Von der alten Wasserburg sind nur noch die vier Ecktürme erhalten, der Rest wurde im Renaissance-Stil umgebaut. Den Baumeistern gelang es jedoch, ein malerisches Gesamtbild zu schaffen, das jeden Besucher zum Schwärmen bringen muß - um allerdings die schönste JH Deutschlands zu werden, muß noch einiges an Restaurationsarbeit geleistet werden!
Wir kehren zur B 93 zurück, fallen in ALTENBURG, der Stadt der Spielkarten, ein. Seit 1810 hier das Skatspiel erfunden wurde, gelten international nur die Spielregeln, die vom "Altenburger Skatgericht" festgesetzt werden.
Aber ALTENBURG gab es schon, als man noch mit Knöchelchen um Bärenhäute würfelte! Seit 976 ist die Marktsiedlung urkundlich erwähnt, seit dem Mittelalter war sie ein wichtiger Handelsplatz. Wen wundert's, daß die Herzöge von Sachsen-Altenburg hier ihr Residenzschloß erbauten.
Die neuen Herren, die in Wandlitz residierten, interessierten sich offensichtlich überhaupt nicht für die alte Stadt an der Pleiße - und so entwickelt sich unsere erste Stadtrundfahrt zu einem Horrortrip: ALTENBURGS Altstadt ist so heruntergekommen, so verrottet, daß einem Tränen der Wut in die Augen steigen. Ganze Straßenzüge sind bereits unbewohnbar, leere

Fensterhöhlen starren uns aus ehemals offensichtlich würdevollen Bürgerhäusern an.
Eine ganze Reihe von zum Teil noch viel älteren Bauwerken hat die letzten Jahre jedoch besser überstanden: Wenn man, am Bahnhof vorbei, sich dem Zentrum nähert, so stößt man unmittelbar auf ein schloßartiges Gebäude am Fuße des ansteigenden Schloßparkes, das Lindenau-Museum. Es beherbergt eine umfangreiche Kunstsammlung, in erster Linie griechische und etruskische Gefäße und Malerei der italienischen und deutschen Renaissance. Vor dem Kunstgenuß steht jedoch die Parkplatzsuche. Wir haben zwei Parkgelegenheiten gesucht (und gefunden), eine für den Besuch von Museum und Schloß, die andere für den südlichen Teil ALTENBURGS mit Markt und Nikolaiviertel:
Wir biegen vor dem Lindenau-Museum, an dessen Fuße man wohl nur im Ausnahmefall einen Parkplatz bekommt, nach rechts, ordnen uns dann jedoch links ein (Richtung WALDENBURG), umfahren den ganzen Komplex des Schloßparkes, in dem das Schloß, das Lindenau-Museum, das Naturkundliche Museum Mauritianum sowie das Teehaus mit Orangerie verstreut liegen, entgegen dem Uhrzeigersinn. An der Rückseite des Parkes entdecken wir eine ganze Reihe von freien Plätzen, z.B. an der wieder den Hügel hinabführenden Parkstraße. Von hier aus sollte man zumindest das Schloß besuchen, einen Gebäudekomplex, an dem die Stilrichtungen neunhundertjähriger An- und Umbaumaßnahmen ihre Spuren hinterlassen haben: Das Burgrund deutet noch die frühmittelalterliche Schutzfunktion an, die dazu gehörige Bausubstanz erkennt man am ehesten am Flaschenturm aus dem XI. und dem Hausmannsturm, dem Bergfried aus dem X. Jahrhundert. Für den Bau des Residenzschlosses war jedoch bereits nicht mehr genügend Platz auf dem Felssporn, nur mit Hilfe umfangreicher Untermauerungen konnte eine Basis für die majestätischen Renaissance- und Barockbauten an der Südwestseite geschaffen werden. Die spätgotische Schloßkirche ist ein eigenständiges Kunstwerk mit einem perfekten Sterngewölbe - welch gewaltiger Klangkörper für die kunstvolle Orgel mit dem reichen Prospekt. Im Schloßmuseum sind drei Abteilungen besonders sehenswert: Die Waffen-, Porzellan- und Spielkartensammlung.
Wir machen uns nun auf zu unserem zweiten Stellplatz, obwohl Sie selbstverständlich auch vom ersten aus den Stadtrundgang fortsetzen könnten:
Wir bleiben zunächst, unterhalb des Schloßparkes nach rechts, also Südwesten fahrend, auf der B 93 Richtung ZWIKKAU und haben plötzlich einen See, den "Großen Teich" mit

Altenburg: Brücke zum Inselzoo

Volkspark und Tierparkinsel vor uns. Biegt man hier nach links und bleibt auf der B 93, so gelangt man auf die linke Seite des Sees und findet dort einen riesigen (lauten) Parkplatz.
Wir halten uns jedoch rechts Richtung ZEITZ/SCHMÖLLN/LUMPZIG und biegen dann sofort nach links ab, auf die rechte Seite des Sees zu. Dort kann man am Seeufer entlang fahren - ruhige Parkgelegenheiten gibt es reichlich - bis man an einem kleinen Parkplatz ankommt, von dem aus die Brücke zur Tierparkinsel hinüberführt. Hier können Sie nun entscheiden, ob Ihnen der Aufenthalt in der Natur lieber ist oder ein Bummel zur Altenburger Altstadt. Dieser beginnt am Volksparkeingang: Wir wenden uns links, gehen in der Teichstraße bis zum Roßplatz, sehen vor uns den romanischen Turm der schon im XVI. Jahrhundert abgetragenen Nikolaikirche. Hier wenden wir uns nach rechts und erreichen das Marktareal aus Topfmarkt, Kornmarkt und dem Hauptmarkt, in dessen Mitte sich das prächtige Renaissance-Rathaus erhebt. Vom schönen Portal, dem reichverzierten Giebel und dem figurengeschmückten Runderker steigt der Blick am schlanken, achteckigen Turm empor bis zu dessen Säulenlaterne.
Überquert man den Markt nach Norden, so gelangt man durch eines der schmalen Gäßchen zur Moskauer Straße, die nach rechts, am abblätternden Putz einst würdiger Renaissance- und Barockbauten vorbei, zur Stadtkirche St. Bartholomäus hinabführt, zum Seckendorffschen Palais, zum Alten Amtshaus und zum Landestheater, dort finden wir auch den Skatbrunnen, der geradezu ein Pflichtbestandteil Altenburgs ist. Im spitzen Winkel wenden wir uns nun nach rechts und bummeln zurück zur Teichvorstadt und unserem WOMO.

Wenn wir ALTENBURG verlassen müssen, bleiben wir auf der Straße Richtung ZEITZ/SCHMÖLLN/LUMPZIG, die wir ja schon ein paar Meter gefahren waren. ZEITZ und LUMPZIG verabschieden sich bald und wir rollen weiter auf der B 7, erreichen nach 12 km SCHMÖLLN. Hier lohnt sich ein Abstecher über den langen Marktplatz mit den schönen Bürgerhäusern, dem dreigeschossigen barocken Rathaus mit der großzügigen Freitreppe und der dreischiffigen, spätgotischen Pfarrkirche St. Nikolaus.
Hinter UNTSCHEN überquert die B 7 die Sprotte. Unmittelbar vor der Brücke kann man nach rechts auf den Rest der alten Straße abzweigen - nichts mehr und nichts weniger als ein Plätzchen für eine kleine Kaffeepause.
Kurz vor RONNEBURG kreuzen wir die Autobahn und haben vor uns, Pyramiden des 20. Jahrhunderts gleich, die riesigen Abraumhalden des Uranbergbaues. Wessen Grabmal sind sie, wem sollen sie zur Unsterblichkeit verhelfen?
Einen guten halben Kilometer nach der Autobahnüberquerung zweigen wir links ab nach POSTERSTEIN. Die Burg Posterstein, deren Rundturm, Sie verzeihen, ein wenig dem Papprest einer Klopapierrolle ähnelt, hatten wir bereits vor der Autobahn entdeckt. Das Märchenschlößchen, dessen Wurzeln bis ins XII. Jahrhundert zurückreichen, hat die Zeiten unversehrt überstanden und ist erst in den letzten Monaten makellos herausgeputzt worden. Etwas schwer tun wir uns, bis wir den Eingang zur Burg gefunden haben. Man muß sich zu ihren Füßen links halten, das Dörfchen POSTERSTEIN durchqueren, und, immer im Uhrzeigersinn, um die Burg herumfahren, sozusagen bis zum Hintereingang. Schloß Posterstein kann besichtigt werden! In mehreren Ausstellungsräumen erfährt man nicht nur Interessantes zur Burggeschichte, sondern auch zur Kultur des gemeinen Volkes, sprich der bäuerlichen Bevölkerung und der Entwicklung der heimischen Industrie (Knopfherstellung).
Wir kehren zur B 7 zurück und fahren nur wenige Schritte nach links, bis zum Ortsende von RAITZHAIN. Dort liegt rechterhand ein kleiner Weiher. Der Fahrweg endet zwar am Parkplatz des Deutschen Angelvereins, aber eine WOMO-Mannschaft fühlt sich dort für eine gemütliche Pause (oder mehr) auch wohl.
Den besten Überblick über die ganze Gegend bekommt man zweifelsohne vom (wieder zugänglichen) Bismarckturm zwischen REUST und RUSSDORF. Wir zweigen dazu in RAITZHAIN bei unserem Weiher von der B 7 Richtung REUST ab (Hinweisschilder fehlen), die Straße überquert hier die B 7, führt am Betriebsgelände der uranerzfördernden Wismut-AG

Ronneburg: Abraumhalden der Wismut-AG

vorbei, und wenn Sie Ihren Blick von den Abraumhalden und den Fördertürmen losreißen können, entdecken Sie nicht nur den Bismarckturm im Südwesten, sondern auch die Straße, die kurz vor REUST rechts nach RUSSDORF abzweigt, und von der nach wenigen hundert Metern nach links ein Feldweg bis zur Wiese vor der Eingangstür des Turmes führt.

Vor tausenden von Jahren baute man dem Pharao, dem ägyptischen Gottkönig, riesige Pyramiden. Die Pyramiden der Wismut sind Wahrzeichen eines anderen Götzen, dem Atom. Den Glauben an die "strahlende Zukunft" haben die Menschen dieser Region inzwischen verloren; Umweltschäden riesigen Ausmaßes sind bereits erkannt, vieles liegt noch im Dunkeln. Firmenstillegung, Arbeitslosigkeit, Aussichtslosigkeit sind die Themen, über die ich mit einem alten Arbeiter auf dem Turm ins Gespräch komme.

„Wenn wir gewußt hätten, was wir erst jetzt erfahren ...“

Er bricht denen Satz ab, wechselt das Thema, zeigt weit nach Süden, wo ich zwischen bewaldeten Hügeln den Lauf der Weißen Elster ahnen soll: „Dort müssen Sie hin, da findet man noch Natur, hier hat man uns alles kaputt gemacht!“

Wir rollen auf RONNEBURG zu, das von unserer hohen Warte aus bereits im Norden zu sehen war. Die Stadt bietet für den wohnmobilen Urlauber nichts Erwähnenswertes. Noch 9 km, dann haben wir GERA erreicht.

TOUR 7 (100 km)

Gera - Weida - Greitz - Zeulenroda - Auma - Triptis - Neustadt (Orla) - Kahla

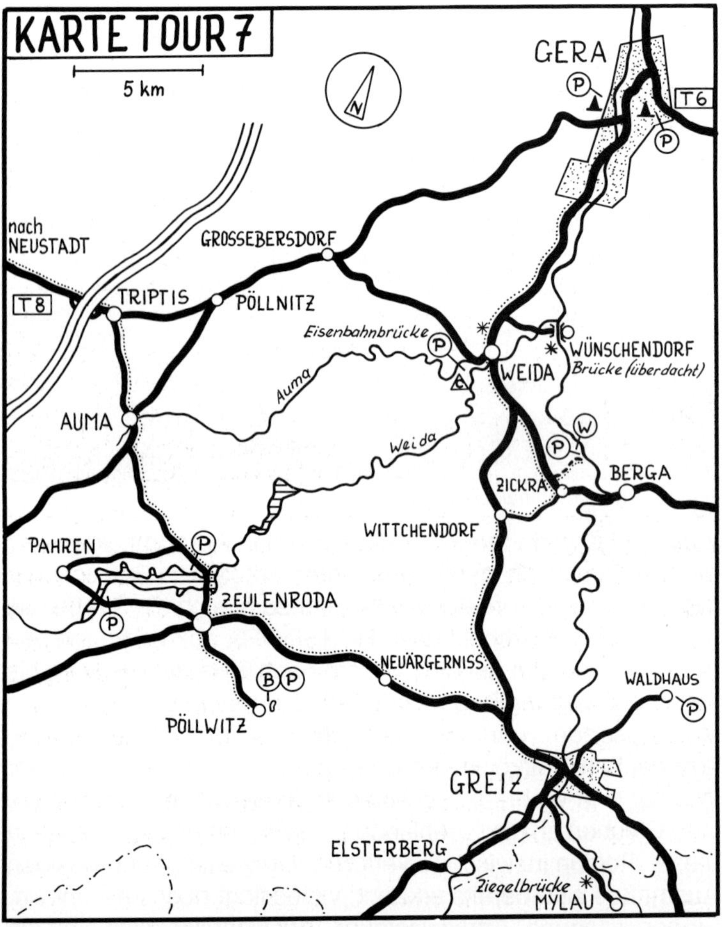

Wir nähern uns GERA auf der B 7 von Osten. Wie es der Zufall will, ist es zwar noch zu früh, sich einen Schlafplatz zu suchen, jedoch haben wir nicht mehr genug Zeit, einen Stadtbummel zu beginnen. Ideal wäre ein - ja, so etwas wie ein bayrischer Biergarten oder ein Gartencafé - und in Fußgängernähe ein ruhiges Schlafplätzchen ....
800 m nach dem Ortsschild von GERA (Ronneburger Straße) oder knapp 1000 m nach dem Ortsschild, an der ersten großen Kreuzung, fahren wir scharf links. Dann halten wir uns immer rechts, passieren das "Sport- und Freizeitgelände Gera" und landen schließlich, nach 1700 m, am Ferberturm auf der Ronneburger Höhe, einer Speisegaststätte mit einem Aus-

sichtsturm. Die Parkplätze neben dem Gebäude sind wohl kaum als WOMO-Rastplatz zu empfehlen, aber der fußballplatzgroße Parkplatz dahinter und besonders die Parkgelegenheiten an der Fahrstraße, die vor der Gaststätte in den lichten Laubwald und dort zu einzelnen Häusern führt.
Falls Sie nun nicht ausgerechnet montags kommen, können Sie neben dem Gaststättengebäude auf der Gartenterrasse Platz nehmen und bei einem kühlen Hellen den Blick auf GERA genießen - es sei denn, Sie sitzen auf dem falschen Stuhl, denn dann werden Sie durch die Pyramiden am Horizont noch einmal an den Uranabraum von RONNEBURG erinnert.
Die Strahlen der Morgensonne im Gesicht verlassen wir unseren "Ferberturmschlafplatz" auf der gleichen Straße, dabei könnte man durchaus "directement" nach GERA hinabrollen, denn die zweitgrößte Stadt Thüringens liegt vor unseren Füßen im Tal der Weißen Elster.
Wir fahren Richtung Zentrum, lassen uns dann nach rechts um den historischen Stadtkern mit dem Marktplatz herumleiten. Hier suchen wir uns in einer der Nebenstraßen einen Parkplatz, gehen die paar Schritte, die alten Wohn- und Geschäftsstraßen Sorge und Große Kirchstraße überquerend, zum Markt. Zwischen soliden Bürgerhäusern aus dem 18. Jahrhundert treten zwei Gebäude geradezu hervor: Das Rathaus und die Stadtapotheke. Das Rathaus, vermutlich von dem gleichen Meister Nikolaus Gromann, dem wir das vergleichbare Prachtstück in Altenburg verdanken, ragt mit seinem sechsgeschossigen Treppenturm 57 m in die Höhe. Besonderer Blickfang ist jedoch der reich verzierte Portalvorbau an seinem Sockel mit Säulenfiguren, farb- und goldglänzenden Wappen und Widmungssprüchen - unbedingt sehenswert!
Der Eckbau der Stadtapotheke aus dem 16. Jahrhundert macht dem Rathausschmuck mit seinem Runderker Konkurrenz: Holzgeschnitzte, kolorierte Felder unterhalb der Fenster stellen Apostelfiguren und die vier Jahreszeiten dar, dazwischen prangen Wappentafeln. Die Mitte des Marktplatzes wird beherrscht vom Simsonbrunnen aus dem 17. Jahrhundert, in dem ein jugendlicher Athlet gerade einen Löwen abmurkst. Über diesen Simson lesen wir im Alten Testament (Richter 14, 5): „...., siehe, da kam ein junger Löwe brüllend ihm entgegen. Und der Geist des Herrn geriet über ihn, und er zerriß ihn, wie man ein Böcklein zerreißet, und hatte doch gar nichts in seiner Hand.“
Was kann einer Stadt noch passieren, die sich in den Schutz eines solchen Helden begibt?
Verläßt man den Markt und geht zweihundert Schritte auf der Großen Kirchstraße nach rechts, so landet man am Nicolaiberg

mit der barocken Salvatorkirche und dem Schreiberschen Haus (Nicolaiberg 3). Während die Kirche, deren floreale Innenausstattung auf den Jugendstil zu Beginn unseres Jahrhunderts zurückgeht, auch äußerlich dominiert, ist das Schreibersche Haus, vom figurengeschmückten Giebelportal abgesehen, von außen eher unscheinbar. Innen jedoch schwelgt man, zumal im Festsaal im ersten Stock, in einem barocken Stuckerlebnis ersten Ranges. Wie schön, daß in diesem Gebäude auch noch das Museum für Naturkunde residiert, dessen Naturalienkabinett Wissenswertes über Geologie, Flora und Fauna der Region vermittelt. Ein besonderes Erlebnis ist der Keller des Gebäudes! Aber was heißt schon Keller: Gruft, Gewölbe, Katakombe, ja Unterwelt wären passendere Titel für diesen Höhler, wie man in GERA solche uralten Tonnengewölbe nennt, die, zum Teil nicht ausgemauert, sondern in den massiven Fels geschlagen, im Mittelalter nicht nur der Bierlagerung, sondern vermutlich auch der unbefugten Eigenherstellung des Gerstensaftes dienten. Heute, wo man auch in Thüringen Bier an jeder Ecke im Getränkeshop bekommt, nutzt das Naturkundemuseum diese Gruselräume für passende Ausstellungen (Di - So, 10 - 17 Uhr).
150 m südlich des Schreiberschen Hauses, Greizer Straße 37, steht ein barockes Doppelhaus, dessen schönes Portal mit dem figurengeschmückten Giebel noch aus der Zeit vor dem Stadtbrand von 1780 stammt. Auch hier, im Ferberschen Haus, wurden die historischen Räume zum angemessenen Rahmen für die Exponate des Museums für Kunsthandwerk (Di - So, 10 - 17 Uhr).
Unweit südlich des Ferberschen Hauses entdecken wir Reste der alten Stadtmauer mit dem Stadtmauerturm, von dem aus wir über den schmalen Kornmarkt mit dem neuen Rathaus wieder zum Markt und von dort zu unserem WOMO zurückkehren.
Stadtbesichtigungen machen müde Füße, es sei denn, man läßt sich dabei fahren! Deshalb dürfen wir für den "Rest" von GERA, zumindest was wohnmobile Touristen interessiert, ins Fahrerhaus Ihres WOMOs bitten:
Wir tun so, als wollten wir GERA Richtung GREIZ/SCHLEIZ verlassen, überqueren dann nach rechts die Weiße Elster Richtung SCHLEIZ/B 2.
700 m nach dem Beginn der Heinrichsbrücke zeigt ein Schild nach links in eine Seitenstraße: "Tierpark". Dort kann man nicht nur zoologische Studien treiben, sondern vor seinen Toren, am Fuße des Stadtwaldes, auch recht ruhig stehen.
Wer jedoch außer leisem Blätterrauschen nur der Stille lauschen möchte, der fährt noch 600 m weiter auf der Ausfallstra-

ße und biegt dann nach rechts, den Symbolen zum Krankenhaus folgend, in den Stadtwaldhang (Prof.-Ibrahim-Straße) ein. Am Krankenhauskomplex vorbei gewinnen wir nach 1200 m die Höhe. Unmittelbar hinter dem letzten Baum führt ein erster, ziemlich holperiger Weg nach rechts zum einsam gelegenen Gladitschturm, dem Wasserturm Geras, wo man völlig allein ist. Rollt man noch 600 m weiter auf der Teerstraße und zweigt dann im spitzen Winkel, auf bequemem Teerbelag, nach rechts zum 400 m entfernten Waldrand ab, so findet man dort einen großen, absolut ruhigen, romantischen Parkplatz unter alten, rauschenden Buchen - unser Übernachtungstip bei GERA. Bleibt man auf der "Hauptstraße", so wird man durch die Teilorte ERNSEE und UNTERMHAUS wieder zurück ins Elstertal geführt. Auf dem letzten Vorsprung des Hainberges, steil über der Weißen Elster, ragt rechts das Schloß Osterstein in die Höhe. Bei näherer Betrachtung sind es nur noch der runde Bergfried, einige Schloßnebengebäude und der Aquädukt, der den Fürsten Reuß das Badewasser lieferte, die vom letzten Kriege verschont blieben. Auf der Mitte des ehemaligen Schloßplateaus steht nun, wenig stilecht, das Terrassenrestaurant. Links der Straße und kurz vor der Elsterbrücke, entdecken wir die kleine, spätgotische Marienkirche, deren quadratischer Turm von vier Blendgiebeln und einem nadelspitzen Helm gekrönt ist. Als besonderen Schatz birgt ihr Inneres einen kostbaren, geschnitzen Flügelaltar, der Szenen aus dem Leben der Gottesmutter schildert.
Wir überqueren nun den Fluß und halten geradeaus, durch die Dimitrof-Allee, auf den alten "Küchengarten" zu, dessen Westende von der halbkreisförmigen Anlage der Orangerie begrenzt wird. Die komplette, streng symmetrisch-französische Anlage wurde ebenso von dem Baumeister Gottfried Heinrich Krohne geschaffen wie das Dornburger Rokokoschloß, Schloß Ettersburg, die Gothaer Orangerie, das Schlößchen Molsdorf - welch Genuß, immer wieder in Thüringen den Werken dieses feinsinnigen Baumeisters zu begegnen.
Während in der Orangerie heute statt südlicher Gewächse die Kunstgalerie untergebracht ist, macht man am gegenüberliegenden Ende des Parkes, im Geraer Theater immer noch Theater. Der wohlrestaurierte Bau im Jugendstil mit engelgekröntem Giebelportal vor der gestuften Kuppel wirkt trotz seiner streng geometrischen Linienführung etwas überladen.
Am Ende der Parkanlage halten wir uns rechts, durchkreuzen den modernen Stadtkern mit Verwaltungsgebäuden und dem protzigen "Haus der Kultur" und kehren wieder zur Weißen Elster zurück, an der wir jetzt, ohne sie zunächst zu überqueren, GERA flußaufwärts Richtung WEIDA/GREIZ verlassen.

Die monotonen Hochhausblöcke von GERA-LUSAN ziehen vorbei, einfallslose Riesendominosteine; man hätte Lust, den vordersten zu kippen, um eine Kettenreaktion auszulösen. Aber sie waren der Traum der jungen Familien: Zweiraumwohnung, Warmmiete 90 Mark — und unterdessen zerfiel, verlassen und unbeachtet, der historisch gewachsene Wohnbereich der Städte.

Etwa 10 km südlich GERA, an der Kreuzung nach KÖFELN (rechts) und WÜNSCHENDORF (links), verlassen wir die B 92 nach links - eine besondere verkehrshistorische Attraktion wartet auf uns - die hölzerne, überdachte Straßenbrücke über die Weiße Elster, die hier seit 1250 immer noch - und als einzige Brücke weit und breit überhaupt, die Verbindung mit dem östlichen Elsterufer herstellt. Allerdings darf man nur 10 km/h schnell und 1,5 to schwer durch die lange "Bretterscheune" rollen, und ein sehr solide wirkendes Stahlrohrgerüst davor und dahinter verhindert, daß ein wildgewordener LKW-Fahrer das

Wünschendorf: Alte, überdachte Holzbrücke über die Elster

ehrwürdige Gebälk mit sich reißt. Eine Tafel im Brückeninneren legt auch gleich die Strafe "für zu schnelles Fahren und Reiten auf derselben" mit "10 Sge." - wieviel das im Jahre 1851 auch immer gewesen sein mag - fest.
Ich bugsiere 2,8 to WOMO bis auf wenige Zentimeter an den Sicherheitsbügel heran - hinein würden wir schon passen. Dann aber siegt der Respekt vor dem Alter - und die Angst, doch irgendwo hängen zu bleiben. VW-Bus-Piloten jedoch wird es ein ganz besonderer Spaß sein, eine der ältesten Brücken dieser Art überhaupt auf der Welt durchrollen zu können!
Hoffentlich übersehen Sie vor lauter Hin- und Hergelaufe (oder -gefahre) über das Brückle nicht die benachbarte Veitskirche, deren Bau auf das XI. Jahrhundert zurückgeht. Unaufhörlich wurde an ihr herumgebaut, so daß wir am Ende der Seitenschiffe eine romanische Kapelle, einen bergfriedähnlichen Westturm, gotische Fresken an Pfeilern und im Gewölbe und einen Flügelaltar aus dem XV. Jahrhundert bewundern können.
Falls Sie jetzt unmittelbar vor der Holzbrücke rechts nach Süden fahren, kommen Sie an gewaltige Mauern, hinter denen sich die finster und abweisend wirkenden Gebäude des ehemaligen Dominikaner-Nonnenklosters aus dem XIII. Jahrhundert erheben. Bereits bei dem Versuch, einen Blick ins Innere zu werfen, lasse ich mich von einem böse kläffenden Hund vertreiben. Wenden Sie also lieber an der Holzbrücke und fahren Sie zur B 92 zurück. Unterwegs entdecken Sie vielleicht noch im Stadtteil WÜNSCHENDORF-MILDENFURTH das ehemalige Schloß Mildenfurth, das man nach der Reformation der Einfachheit halber durch Umbau der Kirche eines Prämonstratenserklosters erhielt.
Vor WEIDA erwartet uns ein weiterer technischer Leckerbissen. Die B 92 sackt plötzlich zum Ufer der Weida hinab - und wird in schwindelerregender Höhe von der Bahnlinie überquert. Der schmale Schienenstrang, von unten gesehen scheint es nicht viel mehr zu sein, wird abgestützt von einem einzigen, total heruntergerosteten Eisengitterträger, auf dessen grazile Ausführung allerdings auch ein Herr Eiffel stolz gewesen wäre. Frisch herausgeputzt und bunt lackiert ist lediglich die gußeiserne Tafel, die uns kundtut, daß die rostige, 29 m hohe Pendelpfeiler-Konstruktion bereits seit 1884, als sie unter Leitung des Geheimen Finanzrats Köpcke zusammengenietet wurde, ihren Dienst tut. Zum Fototermin kann man unmittelbar unter der Brücke rechts parken.
200 m später biegen wir rechts nach WEIDA. Für einen kleinen Stadtrundgang lohnt es sich, am langgestreckten Neumarkt zu parken. Hier betrachten wir das schöne Rathaus, von der

Weida: Brunnen am Marktplatz

ehemaligen Pfarrkirche blieb nur einer der Türme mit einer barocken Haube erhalten. Links neben dem Rathaus, hinter dem frisch lackierten, achteckigen Brunnen, finden wir den Plan der Stadt, der uns den Weg zur gewaltig vom Fels herabdräuenden Osterburg weist. Wer mit dem WOMO vor der steilen Schloßrampe (Aumaer Straße) hält, wagt sich zunächst kaum hinauf. Nach kurzem Aufstieg schwenkt die Straße jedoch nach rechts ab, wird immer breiter und landet schließlich im Buchenwald bei der Gaststätte "Schöne Aussicht". Diese macht nicht nur ihrem Namen alle Ehre - vor allem von der Freiterrasse aus - sondern bietet auch Gediegenes für den Kenner aus Keller und Küche und sorgt auch anschließend für den müden (oder gar weintrunkenen) WOMO-Gast. Folgt man nämlich dem Fahrweg weiter durch den Buchenwald, so locken einen geradezu die lauschigen Stellplätze nach rechts und links in den Waldrand. Falls Ihnen nach dem Hirschkalbsteak mit Pilzragout etwas mulmig im Magen sein sollte - 100 m vor der Gaststätte residiert die Pilzberatungsstelle....

Unmittelbar rechts der Schloßrampe und noch ein paar Meter weiter Richtung Gaststätte kann man das WOMO parken, um die Osterburg zu besichtigen. Der zweistöckig zinnengekrönte Bergfried stammt, wenigstens zum Teil, noch aus dem XII. Jahrhundert, der Rest geht auf die Gotik zurück. In den Räumen der Burg erfährt man Interessantes aus der Geschichte von Burg und Stadt am Zusammenfluß von Auma und Weida.

Die Auma ist in ihrem Unterlauf, in einem romantischen Waldtal, zu einem See gestaut worden, ein Campingplatz betreut Bade- und Wandergäste. Wir finden den Weg zu Stausee und Campingplatz, wenn wir, an der Schloßrampe vorbei, zunächst ein Stück auf der B 175 Richtung NEUSTADT fahren. Wir unterqueren eine Bahnlinie und biegen 200 m später links ab Richtung "Campingplatz Aumatal", der 2300-m-Rest der Zufahrt ist ausgeschildert. Wem lauschige Natur über alles geht und wer doch nicht auf einen Campingplatz verzichten kann, der ist im Aumatal richtig! Für 12 DM (WOMO, 2+2 Personen) darf man sich auf einem der stets für Kurzzeitcamper freigehaltenen Stellplätze niederlassen, der Ruhe lauschen, Bootchen fahren oder wandernd die schöne Natur beschauen.

Wir kehren nach WEIDA und der B 92 zurück. Nach rechts nehmen wir dreispurig die Höhe und biegen dort links auf die B 175 Richtung ZWICKAU/BERGA.

Nach einigem Suchen haben wir am Ufer der Weißen Elster ein besonders romantisches Plätzchen für Sie gefunden, dessen Zufahrt folgendermaßen zu finden ist:

Nach 2200 m auf der B 175 führt links eine Stichstraße nach CLODRA. Wir fahren an dieser Abzweigung noch vorbei und biegen erst 900 m später, an der tiefsten Stelle des Tales und in einer Rechtskurve, links in einen recht ordentlichen Waldweg ab, der uns direkt zu Clodra-Mühle führt.

Die alte, schon baufällige Mühle liegt idyllisch am Waldesrand nahe der Weißen Elster. Ihr unterschlächtiges Mühlrad mit den eisernen, rostbraunen Schaufeln hängt regungslos in der munteren Flut. Das Mahlwerk sei noch völlig "in Schuß", berichtet man uns, lediglich ein Lager sei defekt - aber "lohnen" würde sich der Betrieb ja schon lange nicht mehr ....

Der Wiesenbereich bis zum Ufer ist ein herrliches Fleckchen Erde: Vor und neben einem (z. Zt. noch geschlossenem) Restaurant warten überdachte Tisch-Bank-Kombinationen,

Clodramühle an der Weißen Elster

Liegewiesen, WOMO-Stellplätze und Spazierwege geradezu auf ruhebedürftige Gäste. Ich muß an den Arbeiter denken, der mit mir auf dem Bismarckturm bei Ronneburg stand. Das ist die unberührte Natur, die er meinte!

Von hier aus könnte man zum Beispiel auf einem Fußgängerbrückchen die Elster überqueren, am jenseitigen Ufer, flußabwärts, 7 km bis WÜNSCHENDORF wandern, unterwegs den Märchengarten besuchen, die überdachte Holzbrücke als Fußgänger benutzen und am anderen Elsterufer wieder zur Clodra-Mühle zurückkehren (Gesamtstrecke 14 km, 3 - 4 Std.); eine kürzere Alternative wäre der Spaziergang an "unserem" Elsterufer flußaufwärts 4 km bis BERGA, von dort mit der Bahn eine Station durchs Elstertal bis WÜNSCHENDORF und von dort, über die Holzbrücke, wieder zurück zur Clodra-Mühle (Gesamtstrecke 10 km, 2 - 3 Std.).

Richtig, eine Gaststätte fehlt z. Zt. - aber auch dafür ist gesorgt, denn hinter dem Fußgängerbrückchen geht es rechts nicht nur zu einem Reitstall (Ausritte und Reitunterricht), sondern auch zur Gaststätte "Hammermichelbaude".

Schon das Tal mit dem kleinen Plätscherbächlein, das zur Clodra-Mühle führt, ist ein Idyll für sich, und falls die Gaststätte bei der Mühle wieder geöffnet haben sollte, findet man auch hier eine Unmenge von ganz reizenden, stillen Übernachtungsplätzen.

Von unserem Elsterufer-Idyll muß man entweder nach rechts zur B 92 bei WEIDA zurückkehren oder sich an der B 175 links halten bis ZICKRA und gleich hinter dem Ort, wo es links nach BUCHWALD geht, rechts in einen Betonplattenweg einbiegen. An einer LPG vorbei kommt man bei WITTCHENDORF wieder

auf die B 92 und schwenkt links ein Richtung GREIZ.
Die genau 8 km bis zur "Perle des Vogtlandes" rollen wir, hügelan, hügelab, auf einer schon fast komfortabel zu nennenden Pflasterstraße dahin. Kurz vor GREIZ sinkt die Straße dann steil hinab zur ehemaligen Residenzstadt des Fürstentums Reuß ältere Linie an der Weißen Elster.
Zu Fürstens Zeiten ging man man wahrscheinlich zu Fuß - und seitdem hat man in GREIZ offensichtlich geschlafen. So etwa stellt sich die Parkplatzsituation dar. Folgen Sie also lieber unserem Parkvorschlag am Ufer der Elster - oder Sie werden bei der Suche in der Innenstadt graue Haare bekommen.
Nach der ersten Ampel beim Busbahnhof unterqueren wir eine Bahnlinie. Dahinter kommt eine große Kreuzung, links geht's über den Fluß (Richtung WALDHAUS) in die Altstadt. 50 m vor dieser Kreuzung, bei einem Kiosk, führt eine schmale Rampe hinab zum großen Parkplatz an der Elster.
Zu Fuß überqueren wir die Elsterbrücke und schwenken nach links ins Elsterufer ein. Unter der alten, verrosteten Eisenbahnbrücke hindurch, deren Gleise nach rechts in dem 270 m langen Schloßbergtunnel verschwinden, finden wir leicht den Weg zum großen Stadtpark.
Den Greizer Park, auf der Informationstafel ist Lenins Name gerade frisch überpinselt worden, muß man, zumindest in seinem vorderen Teil durchwandert, nein, durchschritten haben: Vom oberen Schloß lugt ab und zu der achteckige Hauptturm mit der geschweiften Haube durch den prächtigen Baumbestand des Lustgartens, sicher einem der schönsten Landschaftsgärten Thüringens.
1779 wurde nahe des Flusses mit dem Bau des Sommerpalais begonnen. Der klassizistische Bau sollte mehrere Aufgaben erfüllen: Die großen Fenster im Erdgeschoß mußten genug Licht für die Orangerie hineinlassen, im Hauptgeschoß wurde eine Flucht großer Repräsentationsräume angelegt - und in den obersten Stock zog man sich privat zurück, bettete man sich zur Ruhe. Heute beherbergt das Sommerpalais eine einmalige Bücher- und Kupferstichsammlung. Im hinteren Teil des Parkes, zwischen Fluß und Bahnlinie eingeengt, spaziert man um den Schloßteich mit den kleinen Inseln herum und entdeckt eine spätbarocke Rotunde mit einem sterbenden Krieger.
Die Bauten in der Greizer Altstadt wirken bescheiden - der Stadtbrand von 1802 hatte ganze Arbeit geleistet.
Zum Naherholungsgebiet WALDHAUS fahren wir zunächst über die Elster, durch die Altstadt und dann einen guten Kilometer nach Osten, bis es dann, unverhofft und schlecht sichtbar beschildert, nach links Richtung WALDHAUS über

POHLITZ abgeht. Wir folgen dem Verlauf der Hauptstraße, die sich den Berg hinaufzickzackt. Die Höhe erklommen, verläßt die Straße das Häusergebiet, führt an einem Waldrand entlang und endet an einem Durchfahrtsverbotsschild mit einem großen Parkplatz. Von hier aus führen Wanderwege durch das umfangreiche Werdauer Waldgebiet und im Heimattiergarten kann man Pferde oder Eselchen streicheln.
Der Parkplatz liegt unmittelbar an der Straße, was ihn nicht unbedingt zum ruhigen Schlafplatz macht.
Falls Ihnen nicht der Sinn nach beschaulichen Wanderfreuden steht, sondern mehr nach einem Weltrekord, dann dürfen wir Sie zu einem Abstecher ins Göltzschtal einladen. Die Göltzsch, die südlich GREIZ in die Elster mündet, hat ein tiefes Tal in die Hügel des Vogtlandes geschnitten - und die Bahnlinie überquert sie auf einer 574 m langen und 78 m hohen - Ziegelbrükke, die zu ihrer eigenen Entlastung aus über 80 Bögen besteht. Es gibt nichts Größeres in dieser Art auf der Welt - und gleichzeitig stehen Sie an der garantiert südöstlichsten Ecke Thüringens, denn die Göltzsch bildet hier die Grenze zu Sachsen. Daß "unser" Weltrekord schon auf sächsischer Seite liegt, muß man ja nicht unbedingt weitererzählen ....
Wir verlassen GREIZ auf der Straße, auf der wir es betreten haben, biegen 3 km vor dem Ort jedoch links auf die B 94 Richtung ZEULENRODA/SCHLEIZ. Flott brausen wir dahin und verdanken es nur dem Lichthupenkonzert entgegenkommender Autofahrer, daß wir nicht am Ende des Dorfes NEUÄRGERNISS in eine Radarfalle geraten. Automatisch fahren wir weiterhin sehr langsam und entdecken dadurch wenige hundert Meter hinter dem Ort rechts bequeme Fahrwege, die zwischen Baumgruppen und Wiesen zur Rast einladen.
ZEULENRODA, der Ort der hundert Karpfenteiche, wartet nicht nur für Fische mit guten Schwimmgelegenheiten auf, denn drei Seen mit Bademöglichkeit liegen in unmittelbarer Nähe! Während die meisten Städte im christlichen Abendland vom Kreuz auf ihrer Kirchturmspitze beschützt werden, hält es ZEULENRODA mehr mit der griechischen Götterwelt: Im weithin blitzenden Gold trohnt Themis, Zeuss' Gemahlin und Erstinhaberin des Orakels von Delphi, auf dem klassizistischen, dreigeschossigen Rathaus-Palazzo am leicht ansteigenden Marktplatz. Quadratische, turmartige Bauteile rahmen das, selbstbewußten Bürgerstolz symbolisierende, Bauwerk ein. Säulen und Halbsäulen heben den Eingang hervor, lockern das Dachgeschoß auf, leiten den Blick zum hohen Achteckturm mit der Statue der Göttin - ein Sinnbild für Recht, Ordnung und Sitte.
Hinter dem Rathaus biegen wir links, Richtung PLAUEN und

600 m später wiederum links, nach PÖLLWITZ.
Wir haben für Sie alle Badeplätze der Region abgefahren, am besten hat uns jedoch, zumal für WOMO-Urlauber, der Badeplatz am kleinen See von PÖLLWITZ gefallen, nur 4 km von ZEULENRODA entfernt und zudem inmitten eines ausgedehnten, ruhigen Waldgebietes, das zum Spazierengehen einlädt.
Vor dem Dorfteich von PÖLLWITZ folgen wir nicht weiter der Hauptstraße nach rechts, sondern fahren geradeaus, links am Teich vorbei. Hinter den letzten Häusern kurven wir nach rechts zum Badesee hinab, der Weg führt direkt an seinem Ufer zum Dorfrand zurück.
Das Freizeitangebot am Pöllwitzer See besteht aus viel sauberem Wasser, einer Insel, die gerade groß genug ist für einen einzigen Baum, einer kleinen Rutschbahn, um ins Wasser hinein und einem Seil, um auf nicht gewöhnliche Weise wieder herauszukommen und ein paar alten Tretbooten, die, offensichtlich kostenlos, von der Dorfjugend benutzt werden.
Ein ruhiger Übernachtungs-, Wander- und Badeparkplatz findet sich allemal am See. Uns hat die Gegend sehr gefallen!
Wir kehren zurück nach ZEULENRODA, denn schließlich wollen wir unser Pöllwitzer Badefleckchen mit den großen Stauseen der Weida vergleichen.
Um es gleich vorweg zu sagen - den Vergleich hat mit Längen der Kleine gewonnen! Die Weida-Stauseen seien als Trinkwasserspeicher angelegt worden, deshalb sei dort so ziemlich alles verboten, so erklärt man uns. Vor allem sei es streng verboten, seinen Ufern mit dem Fahrzeug nahezukommen - Öl und so ....
Wir bringen also schweren Herzens Verständnis dafür auf, daß die Parkplätze um die Talsperre Zeulenroda so weit vom Wasser entfernt sind, daß sie für WOMO-Urlauber uninteressant sind. Etwas weniger lustig fanden wir jedoch, daß die Bewohner einer Bungalowsiedlung "natürlich" mit ihren Autos direkt bis zum Häuschen am Ufer dürfen - wo bleibt da die (sozialistische) Gleichberechtigung?
Hier (nur der Vollständigkeit halber) die Beschreibung der drei Parkplätze: Wir verlassen ZEULENRODA - vom Marktplatz aus direkt nach Norden - Richtung AUMA/TRIPTIS. Am Ortsrand bereits überqueren wir die Talsperre. Für einen kurzen Stop eignet sich der Parkplatz 300 m hinter der Brücke links, direkt neben der Straße. 1900 m hinter dem Stausee biegen wir links zum "Bungalowdorf Zadelsdorf", das zwischen ZADELSDORF und STELZENDORF unmittelbar am Wasser liegt. Normale Sterbliche, und zu denen gehören in diesem Fall auch Wohnmobilbesitzer, sollen jedoch den Parkplatz direkt an der Straße zwischen den beiden Dörfern benutzen und dann

einen guten Kilometer bis zum Wasser laufen!
Umrundet man den Stausee weiter gegen den Uhrzeigersinn, so findet man immerhin einen Parkplatz, der so weit von der Straße entfernt ist, daß er sich als Übernachtungsplatz eignen würde. Er liegt zwischen PAHREN und ZEULENRODA unmittelbar hinter einer Brücke, die das erste Zipfelchen vom See abschneidet, links.
Wir haben nun den See vollständig umrundet und fahren von ZEULENRODA nach AUMA. Dort sollte man kurz am Marktplatz halten, um sich von einem "Zeitzeugen" vor Augen halten zu lassen, wie bequem und doch schnell man als WOMO-Urlauber die Lande durchzieht: Die originalgetreue Kopie einer Postsäule aus dem Jahre 1722 trägt nicht nur, coloriert und vergoldet, Stadtwappen, Königskrone und Posthorn, sondern sie zeigte dem Kunden vergangener Jahrhunderte auch an, wie lang die zu erwartende Tortur auf den üblen Straßen in dem schlecht gefederten Marterinstrument, genannt Postkutsche, mindestens dauern würden: "Dresden, 35 St." lese ich unter anderem, schlage im Autoatlas nach - es sind knapp 160 km von AUMA nach DRESDEN. Die Reisegeschwindigkeit betrug 1722 also noch nicht einmal 5 km/h!
Am Ortsende von AUMA macht die Hauptstraße Richtung TRIPTIS einen Knick nach rechts - und anschließend einen 6-km-Umweg! Wir fahren geradeaus, überqueren vor der Maschinenfabrik Schmidt die Bahngleise und sind auf der direkten Straße nach TRIPTIS (über GÜTTERLITZ). In TRIPTIS folgen wir den Wegweisern zur Autobahn, stoppen jedoch hinter der Kirche, beim Dorfteich mit der Mini-Insel, der umgeben ist von einem kleinen Park. Von hier aus führt ein Fußweg, durch den Park hindurch, in den alten Stadtkern von TRIPTIS, der überragt wird vom 25 m hohen Bergfried einer einstigen Wasserburg. Er ist rund, dick, nahezu fensterlos und zinnenbewehrt - und trägt ein kegelförmiges Dächlein.
Hinter dem Stadtpark biegen wir nach links in die B 281 Richtung SAALFELD/NEUSTADT ein. Kurz darauf unterqueren wir die Autobahn, halten genau nach Westen. Unmittelbar nach dem Ortsschild von NEUSTADT (nach unserer Karte sind wir noch im Vorort MOLBITZ) biegen wir nach rechts in eine Teerstraße - wir haben ein zusammenhängendes Waldgebiet entdeckt, aus dem vorwitzig ein massiver Turm herauslugt. Dort könnte ein ruhiger Übernachtungsplatz liegen!
Wir fahren, immer der Hauptstraße nach, auf den Turm zu, durchqueren MOLBITZ, nun geht es bergauf. Wir sind jetzt auf der Straße nach ZWACKAU. Auf der Höhe und bereits im Wald zweigen wir von der Zwackauer Straße links ab, halten noch 300 m auf STRÖSSWITZ zu. Da schaut er links aus einem

Waldweg heraus, "unser" Turm. Wir biegen ab, halten auf ihn zu, und haben nach 600 m unser Ziel erreicht. Falls Sie jetzt noch hundert Meter weiter fahren, dann finden Sie am Rande eines Birkenwaldes nicht nur einen ebenen Übernachtungsplatz, sondern auch noch ein Abendsonnenbänkchen. Falls Sie mehr das Gefühl haben, Ihre Füße vertreten zu müssen - an ruhigen Wanderwegen mangelt es hier nun wahrlich nicht! Zur Zeit unseres Besuches waren Restauratoren mit dem Turm beschäftigt. Mal sehen, ob man den Namen Bismarcks bald wieder deutlicher über dem Portal lesen kann. Als Aussichtsturm wäre er sicher eine Wucht!

An der B 281 am Ortsbeginn von Neustadt zurück (der Abstecher war, eine Strecke, genau 3 km weit) fahren wir rechts, ins Zentrum. Zwei wuchtige Türme beherrschen den Stadtkern, der eine gehört zum Barockschloß, der zweite zur gotischen Stadtkirche St. Johannis. Das schönste Bauwerk der Stadt ist jedoch zweifelsohne das Rathaus, ein spätgotischer Bau, der zwischen 1495 und 1520 entstand. Das Rathaus schließt den Marktplatz nach Norden, zur Durchgangsstraße ab, entfaltet jedoch seine Pracht weitestgehend nach Süden. Dabei wird deutlich, das die Neustädter mitten im Baugeschehen ans große Geld kamen: Während der ältere, westliche Teil sich noch recht schlicht gibt, prangt und prunkt der östliche mit einem zweigeschossigen Erker mit Spitztürmchen und gestaffelten vierteiligen Fenstern, die des Rathaussaales sind gar sechsteilig, und darüber erhebt sich, in zierlicher Steinmetzarbeit, ein reichverzierter Schmuckgiebel.

Links des Rathauses, an der Ostseite des Marktes, versucht ein Kaufmannshaus, nicht ohne Talent, mit der Rathauspracht mitzuhalten: Aus dem Fachwerkgiebel unter dem schlichten Walmdach ragt ein sehenswerter, zweistöckiger, verzierter Erker heraus, der sich nach unten gestuft abstützt. Leider ist der Allgemeinzustand des Hauses beklagenswert. Links vor diesem Gebäude steht auf dem Markt eine Postsäule, die der in AUMA stark ähnelt, sie trägt die Jahreszahl 1728. Wir schauen natürlich auf die Entfernung nach DRESDEN: 38 St. - in AUMA waren es noch 35 St. Drei Stunden Unterschied, und seit AUMA haben wir ganze zwölf Kilometer zurückgelegt!

Im engen Durchgang zwischen Markt und Kirche war die Metzgerzunft zu Hause. Ihre alten Fleischbänke aus dem 16. Jahrhundert sind noch zu begucken.

Fährt man an Rathaus und Stadtkirche vorbei, so entdeckt man an der Durchfahrtsstraße rechts eine weitere, toll restaurierte, alte Postsäule.

Da wir nach WOLFERSDORF wollen, schicken uns zwei alte Damen wortreich gegenüber dem Schloß in die schmale Orla-

gasse. Wir schlängeln uns, Hauptrichtung Nordwesten, durch den Ort, halbrechts vor uns grüßt der Bismarckturm wie ein alter Bekannter herab, die Richtung müßte stimmen! Aber erst am Ortsendeschild sind wir sicher: WOLFERSDORF 7 km.
Hier führt auch linkerhand ein Teersträßchen zum kleinen Schwimmbad mit einem, leider, fürchterlich schrägen Parkplatz.
Wir durchqueren nun ein Waldgebiet, das von Wanderwegen durchzogen ist - der Waldparkplatz 1600 m nach dem Ortsschild wäre ein hübscher Picknickplatz und gleichzeitig günstiger Ausgangspunkt für einen Verdauungsspaziergang - aber auch eine ganze Reihe von Waldwegen mit Ausbuchtungen bietet Platz bei Tag und Nacht ....
Das Jagdschlößchen "Frohe Wiederkunft" in WOLFERSDORF "ist durch die Kurfürstin Sybilla und deren Söhne um 1550 erbaut und durch Herzog Joseph und dessen Tochter, die Großfürstin Alexandra 1858 erneuert worden" - so lesen wir auf einer Tafel im Durchgang des Schlößchens vom Innenhof zum anschließenden romantischen Park, der den teichartigen Wasserring kunstvoll mit einbezieht.
Der Name "Fröhliche Wiederkehr" bezieht sich auf die Feier, die Kurfürst Johann Friedrich I. nach seiner Freilassung aus kaiserlicher Gefangenschaft hier abhielt. Johann Friedrich, auch genannt "der Großmütige", hatte das Pech, gegen seinen Kaiser den Schmalkalischen Krieg 1546/47 zu verlieren. Die fünf Jahre Kerker wären ja noch zu ertragen gewesen, aber auch seine Kurwürde und die nördliche Hälfte seines Landes wurde er los - mit der Universität Wittenberg. Er schuf sich einen "Ersatz" - und gründete die Universität Jena.
Erst im 19. Jahrhundert entdeckten die Altenburger Herzöge das Schößchen und seine malerische Lage wieder für sich als Sommerresidenz. Aber bevor man einzog, mußte das "alte Gemäuer" natürlich modernisiert werden: Neogotik im englischen Stil war gerade "in" - und in diesem "Märchenstil" finden wir das Schlößchen heute vor. Herzöge und ihren Hof entdeckt man jedoch nicht - die Räume werden vom Internat einer Berufsbildungsstätte genutzt - die Bewohner von WOLFERSDORF nennen es "Erziehungsanstalt".
Gegenüber vom Jagdschlößchen führt ein 400 m langer Weg, an Fischteichen vorbei, zum Waldschwimmbad. Vor dem Schwimmbad kann man das WOMO unter Kastanien parken, baden und sonnenbaden - und während der Nacht hat man hier sicher seine Ruhe.
Die Wanderwegetafel am Beginn der Stichstraße zum Schwimmbad informiert über sämtliche umliegende Wandermöglichkeiten. Die sind so reichlich, daß eine Woche Aufent-

halt nicht ausreichen würde ....
Von WOLFERSDORF bis zur Saalebrücke vor KAHLA sind es noch genau 10 km, die durch üppigen, abwechslungsreichen Waldbestand führen. Die Gegend ist so einsam, daß bereits am frühen Abend die Rehe auf den Wiesen äsen und bei unserer Vorbeifahrt noch nicht einmal mit der Wimper zucken.
Dann liegt sie links vor uns, die "Königin des Saaletals", auf einem 395 m hohen, halbrunden, bewaldeten Bergkegel - die Leuchtenburg, ein "Nebensitz" der Herren von Jena-Lobeda - und in Sichtverbindung mit ihrem Hauptsitz, der Lobdeburg.
Heute ist zwar nur noch die Hauptburg vorhanden, aber die beeindruckt bereits zur Genüge: An den strategisch wichtigsten Stellen klotzen vier mächtige Wehrtürme, Schießscharten starren den kleinen, bergan stapfenden Touristen drohend an. Unbehelligt passieren wir das Torhaus und stehen vor dem 30 m hohen, genau 8,65 m dicken Bergfried, dessen Eingangshöhe, 12 m über dem Burghof, früher auch nicht gerade besucherfreundlich war. Ganz schön hoch, werden Sie denken! Nun, dann schauen Sie mal in den Burgbrunnen, dort geht's runde 80 m hinab - wohl kaum vorstellbar, daß jemand diese Arbeit, nur mit Hammer und Meißel, freiwillig verrichtet hat.
Vom Söller des Bergfrieds hat man, wegen der isolierten Lage des Bergkegels, einen phantastischen, weiten Blick übers Saaletal mit seinen Schleifen bis zum Thüringer Wald - und in der Burgschänke können Sie von 11 - 18 (22) Uhr einen tiefen Blick ins Bierglas werfen. Wer noch mehr Information braucht: Im Herrenhaus zeigt das Museum Exponate von der Geschichte der Burg, vom Weinbau an der Saale (oh ja!) - und natürlich von der Porzellanherstellung in KAHLA.
Der Parkplatz unterhalb der Leuchtenburg verdient den Titel "reisebusfreundlich", so riesig und gut geteert ist er. Als Übernachtungsplatz können wir ihn, direkt neben der Straße gelegen, nicht empfehlen.
Da folgen Sie uns, im nächsten Kapitel, lieber zum nahen Leubengrund südlich von KAHLA.
Bis du diesem kleinen, mittelalterlichen Städtchen an der Saale schlängelt sich die Straße, durchs bröselige Kalkgestein, nun noch 2 km hinab, und wir sind ganz beglückt, Ihnen unmittelbar vor der Saalebrücke, jedoch 100 m weiter links, einen üppig sprudelnden Zweiröhrenbrunnen anbieten zu können.
Gleich hinter der Saalebrücke links wartet ein großer Parkplatz, noch bevor man die Bahnlinie überquert. Kurz darauf, im Stadtkern, können wir Ihnen keinen freien Parkplatz garantieren ....

TOUR 8 (160 km)

Kahla - Leubengrund - Rieseneck - Hummelshain - Neustadt - Plothen - Schleiz - Lobenstein - Ziegenrück - Ranis - Saalfeld - Rudolstadt

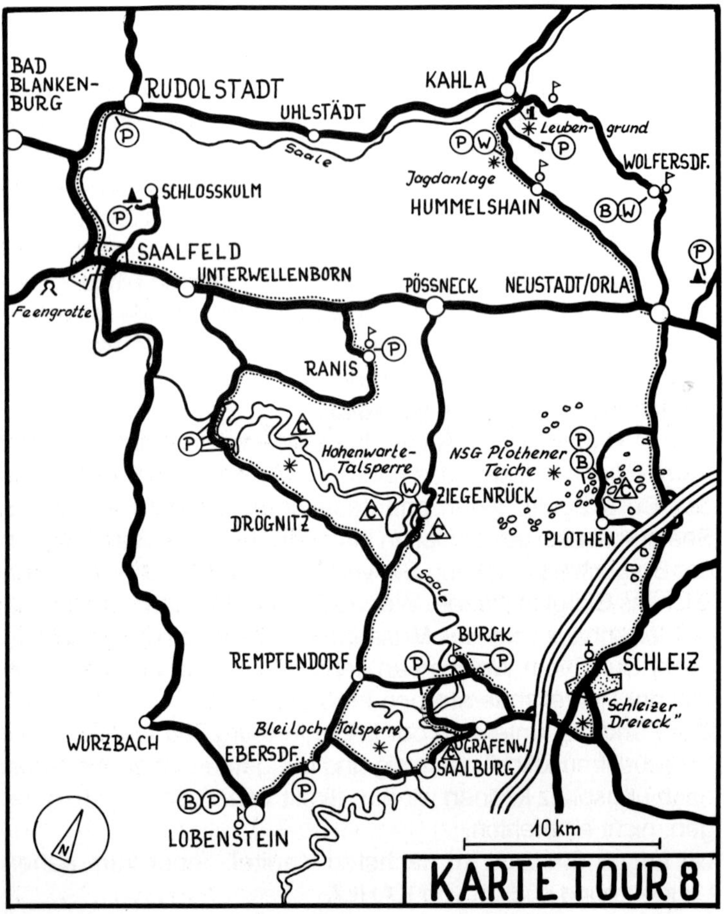

Vom mittelalterlichen KAHLA haben sich außer Teilen der Stadtmauer und ihren Türmen einige enge Gassen im Anschluß an den Marktplatz erhalten. Nach einem kurzen Bummel rollen wir wieder nach Osten über die Saale, schwenken rechts ein Richtung NEUSTADT.

Am Doppelröhrenbrunnen (links) vorbei, den wir bereits bei unserer Ankunft entdeckt hatten, fahren wir 1500 m saaleaufwärts. Dort biegen wir an einer Kreuzung nicht rechts nach KLEINEUTERSDORF, sondern links in den Leubengrund, auch das Waldhotel "Linzmühle" preist sich an.

Der Leubengrund erinnert mit seinem schmalen Sträßchen entlang des roten Sandsteinhanges zunächst verblüffend an das Mühlental bei EISENBERG, im breiteren, sonnendurchfluteten Wiesentalgrund war jedoch da und dort genug Platz, um eine Kette von Fischteichen anzulegen.
Wir halten nicht nur Ausschau nach einem Picknick- und Wanderparkplatz, sondern auch nach einem Übernachtungsplatz. Den ersten entdecken wir, zwischen zwei Fischteichen, etwa 350 m hinter dem Hotel - gerade weit genug, um ungestört zu sein und doch noch nah genug für einen Schlummertrunk. Wir fahren jedoch 1500 m an dem Hotel vorbei, bis uns ein Verbotsschild die Weiterfahrt verwehrt. Dort rollen wir, ebenfalls neben einem Fischteich, rückwärts einen Seitenweg bis zum Waldrand - ein idyllischer Schlafplatz!
Aber auch als Ausgangspunkt für kleine oder ausgedehnte Spaziergänge ist der Leubengrund sehr zu empfehlen, zum Beispiel zum Schloß von HUMMELSHAIN und zur Jagdanlage Rieseneck westlich davon.
Wer das Durchfahrtsverbotsschild "übersieht", der landet wenig später, im tiefen Tann, an einer Wegegabelung. Dort findet er einen Wegweiser, der ihn auf direktem Wege rechts nach HUMMELSHAIN leitet. Wir fahren brav der ganzen Leubengrund zurück, biegen an der Hauptstraße links, lassen uns von der Straße bergauf durch den Mischwald führen. Bei »km 2,3« haben wir die Höhe erreicht, links geht es nach SCHMÖLLN, und 200 m später weist uns ein Schild nach rechts zur "Jagdanlage Rieseneck". Der abseits der Straße gelegene Parkplatz am Waldrand ist leer bis auf eine Übersichtskarte, die uns zeigt, daß das Zentrum der Anlage noch etwa 1300 m entfernt ist. Dorthin können Sie entweder durch den Wald schlendern, oder, mal wieder ein Verbotsschild ignorierend, fahren.
Die letzten paar Meter führen durch eine schmale Birkenallee auf das "Blasehaus" zu, das flankiert ist von Natursteinmauern, kleinen Hütten, Laufgängen, unterirdischen Stollen. Wir gukken, untersuchen, grübeln, staunen - und erfassen erst nach und nach des Ausmaß der Gemeinheit, ja der absoluten Arroganz dieser "Jagdeinrichtung", die weiter nichts ist wie eine dekadente Abschlachtanlage für Sonntagsjäger: Ausgehend von einem Wildacker, wo die Tiere durch allerlei leckere Früchte an den Anblick von Mauern und Schießscharten "gewöhnt" wurden, erhöhte man den "Jagderfolg", indem man einen unterirdischen Gang für Treiber aushob, durch den diese unbemerkt in den Rücken der Tiere schleichen konnten, um sie ihren Schlächtern zuzutreiben. Diese feierten derweil ihren zu erwartenden Erfolg im Blasehäuschen, begaben sich dann

durch Stollen zu den Abschußhäuschen oder standen bequem und vor allem geschützt hinter den Schießscharten der Mauern - der "Jagderfolg" war ihnen sicher.
500 m von der Schießanlage entfernt fand der Abschluß des Vergnügens statt: Einige Holzhäuschen für die Treiber und die Küche umgeben das "Grüne Haus", ein Lustschlößchen, wo der Abend mit Wein, Weib, Gesang - und Hirschbraten seinen Höhepunkt fand.
Wer die lustigen Jäger waren? Die Altenburger Herzöge!
Nein, nein, ein richtiges Lustschloß war das "Grüne Haus" nicht, aber man wollte ja nach der anstrengenden Jagd nicht auch noch kilometerweit fahren - schließlich lag das nächste "richtige" Schloß über 2 km entfernt, in HUMMELSHAIN. Dort entstand nach Plänen des Berliner Schloßbauleiters Ernst von Ihne ein "Neo-Renaissance-Schloß". Wir müssen etwas lachen, als wir vor dem prächtigen, jedoch reichlich überladenen Bau aus dem Jahre 1880 stehen: Renaissance sollte ja eigentlich die Wiedergeburt klassischer Schlichtheit sein, erinnern wir uns! Schlichtheit der Linienführung entdecken wir auch - da und dort. Aber dann müssen doch die Rundfenster unter den antiken Giebeln noch ein Maßwerk bekommen, Ziergiebel aufgesetzt werden. Alles wird jedoch übertroffen von einem Turm, den wir in Walt Disneys "Alice im Wunderland" schon mal gesehen haben! Richtig - als die Hexen auf dem Besenstiel ...
Über LICHTENAU rollen wir nun weiter nach NEUSTADT, das wir bereits kennen. Die schmucke Postsäule, das prächtige Rathaus, das Schloß - alte Bekannte. Wir biegen rechts Richtung SCHLEIZ, unterqueren die Bahnlinie, es geht über flaches Land, nach 10 km erreichen wir die Autobahn, überqueren sie an der Abfahrt DITTERSDORF. Im gleichnamigen Dörfchen verlassen wir die Straße, machen nach rechts einen Abstecher zu den Mönchen von PLOTHEN. Nein, keine Angst, wir wollen Sie diesmal nicht zu einer Klosterbesichtigung schleppen, in der ganzen Gegend gibt es weder ein Kloster noch einen Mönch - aber das Ergebnis ihrer Arbeit, die sie sich im Mittelalter machten, um gut über die Fastentage zu kommen, hat sie um Jahrhunderte überlebt: Im Landschaftsschutzgebiet "Plothener Teiche" warteten einst in über eineinhalbtausend Teichen Karpfen und Schleien darauf, von fachkundiger Klosterbruderhand gesotten oder gebraten zu werden.
In den 50er Jahren besann man sich auf die leckere Fastenspeise, baggerte aus, grub Kanäle - und erhielt außer einer florierenden Fischzucht gleich noch ein sehenswertes Naherholungsgebiet, denn viele der Teiche sind seengroß - und allemal gut für reichliche Badefreuden.
In PLOTHEN müssen wir den "Fluß" Plothen überqueren. Vor

dem Brückchen informiert rechts, am Rande eines Parkplatzes, eine Übersichtstafel über die Ausdehnung des Teichgebietes so genau, daß wir gleich hinter dem Brückchen rechts nach DREBA abbiegen. Bereits 500 m später verlassen wir die Teerstraße, folgen einem Fahrweg nach rechts (Wegweiser: Jugendherberge). Ein Damm, der flankiert ist von einer wunderschönen Eichenallee, trennt die zwei ersten großen Teiche. Rechts und links des Fahrweges kann man wunderbar am Wasser einparken, und am Ende des Dammes wartet gar eine große Uferwiese. Vorher sollten Sie jedoch nicht links das alte "Stelzenhaus" übersehen, das ein wenig an die Bodensee-Pfahlbauten in Unteruhldingen erinnert.

Plothen: Stelzenhaus imHausteich

Unser Damm trennt den Haus- oder Plothenteich links von dem rechten, der so neu ist, daß er noch gar keinen Namen hat. Fährt man hinter dem Damm nach links und dann immer weiter durch Wald und Flur, so gelangt man zwischen dem Hausteich und dem Fürstenteich hindurch zum "Campingplatz Dreba". Natürlich kann man auch von der Teerstraße aus, sozusagen durch die Vordertür, zum Campingplatz kommen: Man fährt an der Abzweigung zur JH vorbei, noch genau 1000 m weiter geradeaus nach Norden, dann geht es 600 m rechts zum Campingplatz. Er liegt schön, direkt am Waldrand, aber bei unserem Besuch Anfang April fanden wir nichts weiter vor als einen Hinweis, der das eigenmächtige Hinstellen untersagte. Eigentlich haben wir ja alles erreicht, einen schönen Stellplatz gefunden, für die, die's mögen, sogar einen Campingplatz. Aber es gibt hier ja noch so viele Seen zu sehen - und so halten wir, nur 500 m nördlich der Abzweigung zur JH, auf den Altenteich zu ....

Plothen: Fürstenteich

Etwa zwei Stunden später stehen wir mit unserem schlammverschmierten WOMO wieder auf der Teerstraße - im Schlepp des freundlichen Landwirts Lothar Öfner bzw. seines neuen Traktors!

Es ging ganz schnell!

Nach ein paar hundert Metern waren wir an einer Gabelung mitten im Wald links abgebogen (rechts führt übrigens ein guter Weg direkt an einen kleinen See - aber das erfuhren wir erst später), an einer tiefen Morastrinne gerade noch vorbeigekommen, dann versperrten tiefe Furchen die Weiterfahrt. An ein Wendemanöver war nicht zu denken, ich versuchte es rückwärts, und saß natürlich schneller im Morast, als ich denken konnte. Nachdem wir auch den Trick mit den Schneeketten ausprobiert hatten, blieb uns nur noch der Fußmarsch nach Plothen ....

Mit insgesamt durchaus positiven Eindrücken verlassen wir das romantische Plothener Teichgebiet, kehren nach DITTERSDORF zurück, nähern uns SCHLEIZ, der Residenzstadt der Fürsten Reuß-Schleiz, von Norden. Am Ortsbeginn machen wir, Richtung ZIEGENRÜCK, einen kurzen Abstecher zur imposanten Bergkirche, deren Stilspektrum von romanischen Anfängen (Portal), über den gotischen Gesamtbau (sowie Kanzel und Annengewölbe) bis zur prachtvollen Innenausschmückung in barockem Einfallsreichtum einen weiten und trotzdem harmonischen Bogen spannt.

Zur Bergkirche gehört eine äußerst gepflegte Friedhofsanlage - und ausgerechnet der Friedhofsgärtner macht für uns die "Kunstführung" in der Kirche: "Nur gut, daß man bei der Renovierung auch an die Toiletten gedacht hat - seit der

Schleiz: Bergkirche

Wende kommen am Tag mehr Besucher als früher in einer Woche!" Auf meine Frage, ob es die Fürsten von Reuß-Schleiz, für die es in der Kirche eine prächtige Fürstenloge gibt, noch gäbe, antwortet er: "Fürsten hatten wir die ganze Zeit - aber die saßen nicht hier..."

Vom großen Parkplatz unterhalb des Friedhofs hat man SCHLEIZ direkt vor, ja unter sich. Das alte Slewitz, wohl slawischen Ursprungs, hat sich selbst gleich zweimal vernichtet: 1689 und 1837 räumten zwei Stadtbrände alles weg, was nicht steinern den Flammen trotzte - und diese spärlichen Reste wurden 1945, in den letzten Kriegstagen, von den Bomben ausradiert. Das Schloß der Reuß-Schleizer Fürsten bekam noch am wenigsten ab, man hätte es restaurieren können...

Zwei imposante Rundtürme ließ man, warum auch immer, stehen - sie prägen das Gesicht der Stadt, die auf zwei ihrer Söhne besonders stolz ist: 1682 wurde hier Johann Friedrich Böttger geboren, der europäische Erfinder des Porzellans und am Gymnasium lehrte von 1869-76 Konrad Duden, dessen

Nachschlagewerk seit über hundert Jahren festlegt, was wie geschrieben wird.
Wer möchte nicht einmal am Autorennen teilnehmen - oder wenigstens mal "heißen Asphalt" unter seinen Pneus gehabt haben! SCHLEIZ bietet auch WOMO-Fahrern dieses Vergnügen - und sogar kostenlos!
Man braucht SCHLEIZ nur nach Süden, auf der B 282 Richtung PLAUEN zu verlassen. Unverhofft, noch vor OBERBÖHMSDORF, sieht man sich von Tribünen und den typischen Werbeplakaten umgeben - ich hoffe, Ihr Puls geht schneller!? Dabei ist ein Teil der Rennstrecke im Alltag eine ganz gewöhnliche Ausfallstraße.
Südlich OBERBÖHMSDORF halten wir uns rechts, kreuzen die Autobahn, müssen 1 km später schon wieder rechts abzweigen, "REMPTENDORF/Schloß Burgk" lesen wir auf dem Hinweisschild. Wir durchqueren ein Waldgebiet, das am Bahnhof Burgk, wo wir über die Bahngleise holpern, seinen Abschluß findet. Kurz darauf, auf freiem Feld, entdecken wir rechts ein kleines Birkenwäldchen. Dort könnte man, neben zwei Fischteichen, ruhig und idyllisch stehen, auch nächtigen. Eine letzte Kreuzung, dann müssen wir rechts vor BURGK auf einen großen Parkplatz einbiegen. Unser Burgk-Rundgang belehrt uns jedoch schnell, daß für WOMOs im Bereich von Dorf und Schloß Burgk kein Platz ist, denn die ganze Anlage balanciert förmlich auf einem schmalen Felssporn über einer serpentinenartigen Saaleschleife.
Die Kemenate, ein typischer Breitwohnturm und die Kapelle stammen noch aus der Gründerzeit des frühen 15. Jahrhunderts, die übrigen Flügel der Schloßanlage wurden im 16. und 17. Jahrhundert dazugebaut. Langsam ging der Platz aus - und so zwängte man ausgerechnet die Küche in die Ringmauer. Während der Renaissance kamen Malereien, besonders in der Kapelle und an der Decke des großen Jagdsaales, dazu und im Rokoko, wen wundert's, mußten, wo es ging, verschnörkelte Stuckdekorationen angegipst werden.
Wie schön, daß alles — als Museum — heute besichtigt werden kann!
Aber übersehen Sie ja nicht den armen Hund in der Wand des Torhauses: Lebendig eingemauert, mit einer letzten Mahlzeit versehen, sollte er, wie der Aberglauben seiner Henkersknechte erwartete, für die ewige Unversehrtheit der ihn einschließenden Mauern sorgen.
Übrigens: Burg Burgk steht jetzt noch ....
Wir rollen zur letzten Kreuzung zurück, turnen steil hinab zur Saale bzw. dem gestauten Ausgleichsbecken Burgkhammer. Gleich hinter der Brücke findet sich links ein bequemer Park-

Burgk: Küche in der Burgmauer

platz. Wer's noch einsamer möchte, fährt hinter der Brücke rechts in die Straße hinein, die für uns eine Sackgasse ist - nur die Bewohner von BURGKHAMMER dürfen an ihrem Ende weiterfahren. Für normale Sterbliche ist genau dort, wo sie nicht weiter dürfen, jedoch ein Parkplatz angelegt, unmittelbar unter dem Burgfelsen von BURGK. Es gibt wohl kaum eine Stelle, von der aus man eine bessere Froschperspektive auf Burg Burgk hat wie von hier aus - und einen ruhigen Picknickplatz.

Wir kehren zur Abzweigung zurück, kurven jetzt nach rechts genau so steil empor, entdecken rechterhand einen idyllischen Parkplatz im Waldesgrün und ein paar hundert Meter weiter

links die Abzweigung nach GRÄFENWARTH, die uns zur Staumauer der Bleiloch-Talsperre führen soll.
Wir müssen jetzt voranschicken, daß wir uns während unserer Recherchen mit recht altem Kartenmaterial herumschlagen mußten. Dieses bescherte uns auf den nächsten Metern ein recht amüsantes Erlebnis:
Noch auf der Höhe, im Wald, entdeckten wir rechts einen Parkplatz, neben dem auch eine Stichstraße zu einer JH und dem Forsthaus Isabellengrün führt. 500 m später führt rechts ein nicht beschilderter Forstweg hinab zum Ufer der Talsperre. Auf unserer alten Karte ist er als einzige Zufahrt zum "Campingplatz Röppisch" an der Nordwestecke der Bleilochtalsperre eingezeichnet - und wir folgen ihm, ohne groß nachzudenken. Erst nach und nach begreifen wir, akustisch unterstützt durch kratzende Geräusche an den Flanken des WOMOs, daß dieser Weg offensichtlich seit Jahren kaum noch benutzt wird, aber er führt uns - wenden ist zunächst ohnehin nicht möglich, unmittelbar am Ufer der Talsperre entlang - schöne Ausblicke sind garantiert - immer weiter. Als wir wenden könnten, wollen wir nicht mehr, so malerisch sind Weg und Panorama.
Picknick- und Übernachtungsplätze warten an jeder Ecke - und irgendwann haben wir auch das Westende der Talsperre erreicht, von wo ein grüner Wegweiser nach Westen, nach REMPTENDORF zeigt. Wer eisern weiter dem Uferverlauf folgt, landet schließlich sogar an einem Campingplatz - der jedoch nur noch Dauercampern offen steht.
Resumé: Solange kein Verbotsschild an der Straße steht - für kleinere WOMOs eine dufte Tour.
Wir kehren in Gedanken an den Beginn unserer "Campingplatzsuche" zurück, fahren 1 km weiter, hinab zur Staumauer. Vor und hinter dem sehenswerten Bauwerk sind große Parkplätze eingerichtet - und wer will, kann auf dem vorderen parken und nach rechts an der Talsperre entlangspazieren. Nach einem knappen Kilometer müßte er dann auf den Fahrweg treffen, den wir bei unserer "Campingplatzsuche" benutzt haben - zu Fuß ist er auch ein Genuß!
Von der 65 m hohen Staumauer der Bleiloch-Talsperre, die seit ihrer Fertigstellung im Jahre 1932 den Oberlauf der Saale 28 km zurückstaut und dadurch eine ganze Seenlandschaft geschaffen hat, geht es hinauf Richtung GRÄFENWARTH, kurz vor dem Ort jedoch schon wieder im spitzen Winkel hinab zum Wasser, eine Brücke überquert einen östlichen Zipfel der Talsperre, wir haben nun das breiteste Stück der gestauten Wasserfläche vor uns.
Die Gebäude am See, einen knappen Kilometer weiter im Süden, gehören zum ehemaligen "Zisterzienserinnenkloster

Heiligenkreuz". Links von der "Gaststätte Kloster" führt ein schmales Sträßchen hinab zum "See", denn wie ein See wirkt hier die Talsperre in ihrer Ausdehnung. Am Giebel der Klosterruine aus dem XIV. Jahrhundert vorbei und über die unbeschrankte Bahnlinie gelangen wir zu einem — während der Saison gebührenpflichtigen — Parkplatz neben dem Campingplatz, der das gesamte Seeufer einnimmt. Ein Idyll ist der Platz, eingeklemmt neben Bahnlinie und Straße, gerade nicht ....
Malerischer liegt SAALBURG südlich von KLOSTER, eine neue Brücke spannt sich zum Westufer der gestauten Saale. Am 8. Oktober 1806 standen hier die vereinigten Sachsen und Preußen unter Tauentzien, versuchten vergeblich, den Übergang gegen Napoleons Truppen zu verteidigen — sechs Tage später gab es bei Jena und Auerstedt keine Preußische Armee mehr.
Damals war SAALBURG noch ein Drittel größer, denn ein Teil des Ortes wurde durch den Stau der Saale überflutet. Noch erhalten haben sich aus alter Zeit Teile der Stadtbefestigung, unter anderem das Stadttor, die gotische Stadtkirche aus dem 15. Jahrhundert wurde in ihrem Inneren später barockisiert.
Vor dem Übergang über die gestaute Saale führt nach links ein Fahrweg zum 8 km entfernten Ortsteil SAALDORF mit dem einstigen Jagdschlößchen "Waidmannsheil". Den schönsten Blick auf den reizvollen neogotischen Bau, malerisch oberhalb einer Schlucht gelegen, soll man vom Wasser aus haben — Ausflugsschiffchen starten ab SAALBURG ....
EBERSDORF, etwa 7 km westlich SAALBURG, war früher die Residenz eines Mini-Fürstentums. Die Historie berichtet, daß einst ein Schloßherr, seiner Geliebten überdrüssig, ihr 24 Stunden gab, um sich über die Grenzen "seines Reiches" zu verdrücken. Sie antwortete schnippisch: "Dafür brauche ich nicht mal eine halbe Stunde!"
Dort herrschte seit 1678 eine Seitenlinie des Hauses Reuß. Der erste hieß Heinrich X., und als der letzte Reuß 1848 abdankte, war man immerhin bei Heinrich LXXII. angekommen — was in schlichten, arabischen Ziffern der 72. heißt!
Übrig geblieben ist ein schöner Schloßpark im englischen Stil, in der ehemaligen Orangerie hat sich ein Gartenrestaurant etabliert. Am Beginn des Parkes, beim Ententeich, liegt ein ruhiger, großer Parkplatz abseits der Straße.
Greiz, Schleiz und Lobenstein, diese drei Städte bedeuten soviel wie klein, ganz klein, klitzeklein - und meinen die Zersplitterung Thüringens zur Zeit der Kleinstaaterei.
Lobenstein, inzwischen zum Moorbad avanciert, ist die letzte im Reußschen Dreierbunde, die wir von EBERSDORF aus besuchen. Es ist schon dunkel, als wir durchs Zentrum kurven,

aber wir entdecken einen großen Teich, an seinem Rande einen überdachten Picknicktisch und daneben Platz für drei oder vier Fahrzeuge - und suchen nicht lange weiter!
Wesentlich ruhiger steht man am Waldschwimmbad im Koseltal, das vom Stadtzentrum aus angezeigt ist. Die Zufahrt ist jedoch so schmal, daß man, wie so oft, einfach ein Durchfahrtsverbotsschild hingestellt hat.
Verläßt man LOBENSTEIN nach Nordwesten, Richtung SAALFELD , auf der B 90, so entdeckt man die erlaubte Zufahrt unmittelbar vor dem Waldbeginn, hinter einer Datschensiedlung links (Wegweiser: Sportstätte Koseltal). Außer dem Waldschwimmbad warten dort eine Gaststätte, ein Kiosk, Tennisplätze und ein Sportplatz, wo Sie Ihre morgendlichen Joggingrunden drehen können. Den günstigsten Parkplatz finden Sie neben den Tennisfeldern.

LOBENSTEIN lädt zum Stadtbummel ein. Durch steile Gäßchen steigt man hinauf zum 30 m hohen, dicken Bergfried. Da dieser bereits auf dem 547 m hohen Schloßberg steht, können Sie (nach Adam Ries), aus 577 m Höhe auf LOBENSTEIN hinab und weit in die südthüringische Landschaft hineinblicken - wenn er geöffnet ist. Auf jeden Fall entdecken Sie, daß im Rathausturm, direkt unter der Uhr, ein Mannsbild (Sie entschuldigen, meine Damen) in ein Faß pißt. Diese etwas derbe Plastik soll an die Zunft der Lobensteiner Gerber erinnern - und Urin gehört nach altem Brauch zur Lohe, die das Leder so kuschelig weich macht. Haben Sie nicht auch so eine weiche Lederjacke?
Seit 1889 hat in Lobenstein die "Erste Oberländische Dampfbierbrauerei" das Braurecht - und wir haben allen Grund, das dunkle Bier zu loben, das uns nach unserer Schloßbergbesteigung wohlig durch die Kehle rinnt.

Von unserem Lobenstein-Abstecher kehren wir zurück nach EBERSDORF, düsen, soweit es die Straße zuläßt, genau nach Norden. Noch nicht einmal 20 km, und wir haben über REMPTENDORF, LIEBENGRÜN und LIEBSCHÜTZ ZIEGENRÜCK erreicht. Das kleine, malerische Städtchen ist zwischen die kurvige Saale und steile, bewaldete Berghänge eingeschmiegt. Drei Flüßchen plätschern, aus Nord, Nordost und Ost, durch liebliche Tälchen herab - Drebe, Sormitz und "unsere" Plothe - und münden fast nebeneinander in die hier gerade mal nicht gestaute Saale.
Wundert es Sie jetzt noch, daß wir gerade ZIEGENRÜCK als Ausgangspunkt für eine aussichtsreiche Wanderung ausgesucht haben?
Zunächst fahren wir, von Süden kommend, an der Saale entlang durch ZIEGENRÜCK, passieren das "Hotel am Schloßberg", überqueren dahinter die Saale und landen rechts auf einem großen Parkplatz direkt am Fluß. Die Straße führt noch weiter - und endet am Schwimmbad - also kein Durchgangsverkehr; Sie könnten sich vom Rauschen des Flusses in den Schlaf wiegen lassen und die Wanderung erst am nächsten Morgen antreten, so wie wir es gemacht haben - dann, wenn die Morgennebel sich fotogen vom Fluß abheben und in der Höhe zerflattern.
Auf der anderen Flußseite, genau gegenüber unserem Parkplatz, beginnt bei drei überdachten Bank-Tisch-Kombinationen der mit einem blauen Kreuz markierte Aufstieg zur Reißertsruhe, einer Aussichtskanzel mit Schutzhütte, die man auch von hier unten sehen kann, und von der aus wir weiter bis zur Teufelskanzel an der nächsten Saaleschleife wandern wollen.
Zunächst werfen wir noch einen Blick auf einen geologischen Aufschluß, einen 250 Millionen Jahre alten, steinernen Sattel aus Kulmschichten, dann beginnen wir den Aufstieg durch dichten Fichtentann.
Auf halber Höhe kommen wir an der Marienquelle vorbei, der die ortsansässigen Wanderfreunde vielleicht mal einen Hahn spendieren sollten - vielleicht sprudelt sie dann auch wieder.
Nach 15 Minuten haben wir die Hochfläche erklommen, gehen zunächst an der Kante einige Schritte nach links bis zur anvisierten Reißertsruhe. Der Blick gleicht dem aus einer Flugzeugkanzel: Weit unter uns die Saale, Nebelbänke, aufsteigende Schwaden, die Hügel in der Ferne werden immer blasser, verschwimmen in einem zarten Violettton.
Von der Stelle aus, wo wir die Höhe erreicht hatten, führt ein Blauer-Balken-Weg nach Westen über die Ebene, links am Waldrand entlang. Nach 5 Minuten erreichen wir einen einzeln stehenden Baum mit Wegweisern, gleichzeitig entdecken wir

Ziegenrück: Saaleschleife um den Eichenberg

rechts oben, auf dem Hügel, zwischen zwei Hochspannungsmasten, eine zweite Schutzhütte. Das ist nicht unser Ziel, die Teufelskanzel, sondern die Karl-Rühl-Hütte (470 m), von der aus man allerdings die schönste Aussicht auf die Saaleschleife um den Eichenberg hat.

Wir marschieren geradeaus weiter, kreuzen an der gegenüberliegenden Abbruchkante einen Waldweg (Markierung: Roter Balken) und folgen weiter unserem Pfad, der jetzt, durch lichten, jungen Eichenwald, sacht abwärts am Steilhang entlang führt, bis wir 10 Minuten später, auf halber Höhe gegenüber dem Eichenberg, die Teufelskanzel, zwei prägnante Felsen, erreicht haben. Sie bieten einen malerischen Vordergrund für das Hauptmotiv - die still und petrolgrünglänzend unter uns liegende Saaleschleife mit dem tannengrünen Buckel des Eichenberges dahinter - ein einmaliges Panorama.

Wer jetzt noch Mumm in den Knochen hat, der steigt die "paar Schritte" hinab bis zur Linkenmühle im Westen - und nimmt von dort aus einen Parallelweg zurück zur schon erspähten Karl-Rühl-Hütte. Nur faule Leute gehen mit uns zurück zum Roten-Balken-Weg, der direkt links zu dieser Hütte mit der besten Aussicht führt. Ein "technisch" aussehendes Gebäude am linken Saaleufer gibt uns Rätsel auf, es kann nur das alte Conrod-Kraftwerk sein. Aber woher bekommt es seine (Wasser-)Kraft?

Erst viel später erfahren wir, daß diese bereits 1920 von der Firma Zeiss erbaute Anlage durch einen etwa 1500 m langen Stollen an die Saale - allerdings eine Schleife oberhalb - angeschlossen wurde. Dadurch kamen, auf kürzester Strecke, 16 m Gefälle zustande – und die aufwendigen Druckrohre

sparte man sich auch! Heute stehen die Turbinenschaufeln still - durch die Stauung der Saale ist der Höhenunterschied natürlich ausgeglichen.
Von der Karl-Rühl-Hütte aus sehen wir auch unseren einsam stehenden Wegweiserbaum, an dem vorbei wir wieder nach ZIEGENRÜCK hinabsteigen. Die schöne Wanderung mit den malerischen Ausblicken hat nicht mehr als 1 1/2 Stunden gedauert.
Auch ZIEGENRÜCK selbst ist sehenswert!
Verwinkelte, enge Sträßchen führen steil empor, keineswegs stangengerad - aber lanzenbreit! Enger durften die mittelalterlichen Häuser nicht zueinanderrücken - das kaiserliche Stangenrecht verlangte, daß das Heer unbehindert passieren konnte. An Autofahrer dachte damals offensichtlich noch niemand!
Ziegen haben wir in ZIEGENRÜCK keine entdeckt, auch keiner der umliegenden Bergrücken kam als Pate in Frage. Aber "Cygenruke" ist auch slawisch, bedeutet so viel wie Flußschlinge - und danach braucht man in ZIEGENRÜCK ja nun wahrlich nicht zu suchen.
Von der Adlerhorstburg, die sich einst der Graf von Orlamünde an der Kante des Steilhangs über der Saale errichten ließ, ist nur noch die hohe Kemenate übrig - und wird praktischerweise als JH genutzt. Wer auf Schusters Rappen dieses "Berghotel" erklommen hat, der macht keinen Unfug mehr....
Nicht erst seit 1920 wird in ZIEGENRÜCK mit Wasserkraft Strom erzeugt. Dort, wo die Straße von SCHLEIZ auf den Fluß trifft, wurde bereits 1900, neben einer noch älteren Mühle die Fernmühle, das erste Wasserkraftwerk an der oberen Saale überhaupt, errichtet. 65 Jahre lieferte sie Strom - jetzt liefert sie als Wasserkraftmuseum hochinteressante Informationen nicht nur über Wasserkraft und die Entwicklung ihrer Nutzung, sondern auch über die Bedeutung des Wassers für uns Menschen überhaupt - ein Museum zum Anfassen, denn die Funktionsmodelle darf man selbst in Betrieb nehmen!
Von ZIEGENRÜCK fahren wir nach Wanderung und Wasserkraftbelehrung wieder saaleaufaufwärts Richtung LOBENSTEIN. Aber nur 4 km rollen wir auf unseren Spuren zurück, überqueren bald wie Saale und gewinnen durch schwarzen Tann schnell die Höhe. Eine schmale Eschenallee geleitet uns weiter, ich jongliere das WOMO zwischen den ausladenden Ästen mit den dicken, schwarzen Knospen hindurch.
In der Ortsmitte von LIEBSCHÜTZ zweigen wir rechts ab nach DROGNITZ. Der Zschachengrund nimmt uns auf, ein miserables, gelöchertes Teersträßchen und die mit ihm verbundenen Quietsch- und Rumpelgeräusche stören etwas die Naturidylle.

Aber Sie können an vielen Stellen anhalten und die Umgebung genießen: Zitronenfalter spielen in den Sonnenstrahlen, die durch die Zweige fallen, ein Eichelhäher meldet schrill kreischend die Ruhestörer ....
Im Talgrund bessert sich der Weg, ein neues Rinnsal, daß über bemooste Steine hüpft, der Otterbach, begleitet uns wieder zur Höhe hinauf.
Wir durchqueren landwirtschaftliche Fluren mit grünen Getreidefeldern zwischen DROGNITZ und REITZENGESCHWENDA, beides geputzte Dörfchen, wo uns aus gepflegten Vorgärten eine bunte Blumenfülle entgegenleuchtet, dann tauchen wir wieder hinab zu den dicken Saaleschleifen - der Hohenwarte-Talsperre.
An der Gaststätte "Lothramühle" erreichen wir das Flußufer und finden bereits dort reichlichen Platz für Picknickfreunde.
Knapp 5 km rollen wir nun unmittelbar am Rande der Talsperre entlang - und es ist nicht übertrieben, wenn man diese Strecke als eine einzige Picknickanlage bezeichnet: Eine Unmenge von Park- und Rastgelegenheiten rechts der Straße, mal so klein, daß nur ein WOMO Platz hat, mal größer, unter Birken oder unter Fichten warten auf "Kunden", denen sie zwar nicht mit absoluter Ruhe, aber mit einem weiten Ausblick auf den See dienen können.
Wartet man bis zum riesigen Parkplatz an der Staumauer - so wird man in der Hauptsaison für die "Bewachung" zahlen müssen - während unseres Besuches in der Osterzeit waren er - und das Zahlhäuschen - jedoch völlig verwaist. Die 66 m hohe, geschwungene Staumauer der Hohenwartetalsperre muß seit 1942 dem Druck von 185 Millionen Kubikmetern Wasser standhalten - und sorgt durch dessen Höhenunterschied zwischen Talsperre und Ausgleichsbecken für die Gewinnung von 320 MW Strom.
Nur 200 m von Staumauer und Parkplatz entfernt bieten Wasserski-, Surfbrett- und Bootsverleiher ihre Dienste an, das Ausflugsschiffchen legt hier an - und munteren Wanderfreunden empfehlen wir einen Trip zum 300 m höher gelegenen Oberbecken des Pumpspeicherwerks II, von dessen Rand man nicht nur einen schönen Überblick über die Landschaft hat, sondern auch auf das technische Wunderwerk der 700 m langen Rohrbahnen, durch die das nachts emporgepumpte Wasser zu Spitzenzeiten wieder hinab auf die Turbinenschaufeln schießt.
Wir überqueren die Staumauer und machen uns, dahinter rechts biegend, auf zur 11 km entfernten Burg Ranis.
Sofort geht es wieder, zwischen roten Porphyr eingesprengt, steil empor — an den schrägen Park- und Aussichtsplätzen

Schloß Ranis: Flankieranlage

würde sich ihr WOMO-Kühlschrank über kurz oder lang in ein stöhnendes Heizöfchen verwandeln. In BUCHA biegen wir unmittelbar hinter der Kirche rechts ab nach ZIEGENRÜCK. Kurz darauf durchqueren wir den Weiler KALTE SCHENKE, wo in der Gaststätte "Saaletalbaude" durchaus auch warme Gerichte gereicht werden. Wieder begleiten uns rechts und links die riesigen, durch keinen Feldrain, weder Baum noch Strauch unterbrochenen Grünflächen der ehemaligen oder Noch-LPGs.

Jetzt haben wir sie durch das linke Seitenfenster entdeckt: Auf dem abgehackten Rande des Preißnitzberges, einem Riffberg des ehemaligen Zechsteinmeeres, steht - groß, wuchtig, selbstbewußt - die Burg Ranis, vermutlich bereits Anfang des XI. Jahrhunderts als Kaiserpfalz angelegt.

Eine letzte Kreuzung auf freiem Felde. Wir halten links auf RANIS zu. Die Zufahrt zur Burg ist nicht schwer zu entdecken - und unmittelbar am Beginn des Burgweges wartet rechts ein erfreulich großer Parkplatz, der außer der Nähe zu Burg und Städtchen auch genügend Ruhe als Schlafplatz bietet.

Burg Ranis muß eine wichtige Rolle zur Sicherung des Reichsgebietes gespielt haben - aber die Zeiten waren stürmisch, und so wechselte das wehrhafte Gemäuer nicht nur häufig seinen Besitzer, sondern wurde auch bereits im 14. Jahrhundert zum ersten Mal zerstört. Vom Markgrafen von Meißen wieder, schöner, aufgebaut, kam sie über Umwege schließlich in "niederen Adelsbesitz", ein Blitzschlag führte 1646 zu einem Großbrand, der die ältesten Gebäude am westlichen Bergsporn vernichtete.

Wir passieren eine Flankieranlage, von der aus, der Name sagt

es schon, kriegerische Angreifer eine in die Flanke bekamen, betreten die weitläufige Burganlage von Westen. Zwei Tore sind zu stürmen, bis wir erst einmal die Vorburg mit dem Hungerturm eingenommen haben. Dort blicken wir durchs "Angstloch" ins 9 m tiefe Verlies, ärgern uns darüber, daß wir beim Museum vor verschlossenen Türen stehen, obgleich wir zur Öffnungszeit anklopfen (8 - 12, 13 - 17 Uhr). Gerne hätten wir einen Blick geworfen auf die Exponate zu den Themen Burggeschichte, Ur- und Frühgeschichte, Geologie und Mineralien der Umgebung sowie einer Sonderausstellung zum Thema Erdbebenforschung, zu dem die seismologische Station unweit RANIS Geräte und Dokumente beisteuert.
Wir durchschlendern, am Bergfried vorbei, den hinteren Burghof. Nun kommt nur noch der ehemalige Kräutergarten, dann fällt das Riff steil ab - wir jedoch haben nach Westen einen weiten Blick: Dort liegt UNTERWELLENBORN. Aus den Fabrikanlagen der Maxhütte quillt braungrauer Qualm, wird nach links abgetrieben, gibt den Waldrücken der Uhlstädter Heide mit dem Aussichtsturm auf dem 481 m hohen Kulm wieder frei. Das "Landschaftsschutzgebiet Zechsteinriffe", an dessen südlichem Rand Burg Ranis liegt, ist ein reizvolles Wandergebiet, in dem vorgeschichtliche Hügelgräber sowie die Ilsen- und die Hertahöhle Beweise für die Besiedelung seit der Altsteinzeit beisteuerten; die Burg Brandenstein wird als JH genutzt.
Wir verlassen RANIS nach Nordwesten, stoßen in KRÖLPA auf die B 281 und biegen links nach SAALFELD.
Bereits 1872 wurde in UNTERWELLENBORN ein Eisenwerk gegründet, aber erst seit 1931 machte ein gewisser Herr Flick dort Nägel mit Köpfen. Pardon, natürlich gab er sich nicht mit Kleineisenteilen ab, sondern produzierte in der Maxhütte Panzerplatten und andere, für Großdeutsche Zeiten wichtige Rüstungsgüter. Nach 1945 brauchte man nicht lange, um die Produktion fortzusetzen ....
Sofort am Ortseingang von SAALFELD (hinter der Eisenbahnbrücke) schwenken wir nach rechts (Wegweiser: Kulm/Kulmberghaus 6 km).
Die breite, gute Teerstraße führt zunächst in Schleifen bergan durch einen schönen Kiefernwald Richtung LANGENSCHADE. Auf der Höhe biegen wir links Richtung SCHLOSSKULM. Etwa 2 1/2 km später gabelt sich die Straße: Rechts geht es hinab zum Dörfchen SCHLOSSKULM, links wieder steil bergauf zum Kulmberghaus - wir halten uns links durch den lichten Wald, in dem ganze Felder von himmelblauen Leberblümchen blühen, ein Zeichen dafür, daß wir wieder über den Buntsandsteinschichten, im Muschelkalkgebiet sind.
500 m vor der Gaststätte "Kulmberghaus" und dem benachbar-

ten Aussichtsturm wartet rechts ein großer Parkplatz. Wir fühlen uns jedoch als (Gaststätten-)Anlieger - und finden auf dem Kulm, neben dem Kulmberghaus, reichlichen Parkraum vor.
Der Kulmturm, so belehrt uns seine Baubeschreibung, wurde 1848 von der Königin-Marien-Hütte in CAINSDORF (bei Zwikkau/Sachsen) hergestellt. Er ist 19 m hoch und beschert seinen Besteigern folglich einen Rundblick aus genau 500 m Höhe: Nach Norden bis zur Autobahn Eisenach - Gera, nach Süden bis zum Rennsteig, nach Westen bis Arnstadt und Ilmenau und nach Osten bis Pößneck und Schleiz.
Kleine, noch nicht für Rundblicke zu begeisternde Kinder finden am Fuße des Kulmturm Gelegenheit, Schaukel und Karussell auszuprobieren - und können dann mit ihnen, auf der großen Aussichtsterrasse, Eis, Getränke und die Aussicht auf SAALFELD genießen.
Die Uhlstädter Heide, auf deren höchstem Punkt wir rundblikken, ist ein Erholungs- und Wandergebiet ersten Ranges. Wer noch ein Konditions-i-Tüpfelchen aufsetzen möchte, der findet, ausgehend vom Saalfelder Marktplatz, zwei Wander- und Lehrpfade zum Kulmturm: Grüner Balken, 6 km, historisch-heimatkundlich; gelber Balken, 7 km, historisch-geologisch.
Die industriell verseuchte Umgebung ließ uns eigentlich für SAALFELD selbst nichts Gutes vermuten - von der historischen Altstadt jedoch sind wir äußerst angetan!
Wir bleiben nach SAALFELD hinein auf der B 281, parken, nachdem wir die Saale überquert haben, hinter dem ersten Überbleibsel der alten Stadtbefestigung, dem quadratischen Saaltor mit dem Treppengiebel. Hier beginnt der Altstadtbereich, und die Saalstraße, die zum Markt führt, ist eine zum Bummeln verführende Fußgängerzone. Rechterhand fällt uns die reich verzierte Renaissancefassade der Stadtapotheke auf.
Der Markt birgt historische Schätze: Gleich rechterhand, im ältesten Gebäude, dreht seit 1682 der Marktapotheker seine Pillen. Das herrliche romanische Gebäude in der Grundgestalt eines Wohnturmes mit verzierten Arkaden im ersten Stock, die jeweils zwei Rundbogenfenster überspannen, Zwillingsfenstern im zweiten Stock mit spätromanischen Kleeblattbögen und krönenden Treppengiebeln, brannte allerdings 1882 nieder und wurde (weitestgehend) stilgetreu wieder aufgebaut. Dahinter ragen die nadelspitzen Türme der gotischen Stadtkirche St. Johannis in den Himmel, deren reich mit Figuren verziertes Bogenfeld über dem Portal man nicht auslassen sollte.
Etwas Märchenhaftes hat auch das Renaissance-Rathaus mit

Treppenturm, zweistöckigem, ornamentverziertem Runderker, Kleeblatt-Schmuckgiebeln, und nadelspitzem Türmchen - ein Schmuckstück, dem man ruhig näher treten sollte, denn es wartet an seiner Fassade auch mit einem sehr übersichtlichen Stadt- und Stadtumgebungsplan auf.
Wir verlassen nun den Markt, links am Rathaus vorbei, durch die Köditzgasse. Dort, wo sie auf die Stadtmauer stößt, schwenken wir nach links, haben nach 500 m den Hohen Schwarm vor uns, ebenfalls ein ehemaliger Wohnturm aus dem Mittelalter, malerisch zerborsten. Auf zwei Ecken der vierstöckigen Ruine hocken noch, wie abgesägte Schornsteine, die runden Dachtürme. Wenige Schritte später kommen wir am Schlößchen Kitzerstein vorbei, aus der die noch nicht immer wohltuenden Klänge der Musikschule hallen: Hier wohnte der Burghauptmann vom Hohen Schwarm - privat. Der mit Ziergiebeln und Erker ausgestattete, auch durch geschickte farbliche Kontrastierung sehr ansprechend restaurierte Bau zeigt sich, am Übergang von Gotik und Renaissance erbaut, trotzdem als sehr harmonische Einheit. Wir folgen weiter dem Verlauf der Gasse und stehen kurz darauf an unserem WOMO.
Die Haupt-Touristenattraktion Saalfelds ist jedoch viel, viel älter als Romanik und Gotik!
Wir verlassen SAALFELD auf der B 281 nach Südwesten Richtung NEUHAUS, die Wegweiser zur Feengrotte sind nicht zu übersehen! Dort, am großen Parkplatz, hat man die Zeichen der Zeit schnell verstanden: Man kassiert nicht nur Eintritt für die Besichtigung und die "Bewachung" des WOMOs, sondern verlangt auch schon für die Übernachtung im WOMO 5 DM. Auslassen kann man einen Besuch jedoch kaum, denn man würde sonst auf ein einmaliges Naturwunder verzichten:
Der Thüringer Wald ist reich an Mineralquellen. 1910 entdeckte man auf der Suche nach heilkräftigem Wasser 2 km südwestlich Saalfeld den eingestürzten Zugangsstollen zu einem seit Jahrhunderten vergessenen Alaunschieferbergwerk. Alaun, das man aus diesem Mineral herstellt, ist seit Jahrtausenden ein unverzichtbares Hilfsmittel bei der Weißgerberei. Warum das Bergwerk aufgegeben wurde, weiß niemand mehr. Die Natur bemächtigte sich also des Menschenwerkes. Tropfendes Wasser, mit Kalk und den verschiedensten Mineralien angereichert, ließ ein unterirdisches Märchenreich aus Stalaktiten und Stalagmiten entstehen, die in den verschiedensten Farben schillern. Hauptattraktion ist der "Sonnenaufgang" im Märchendom, der aus atemlosem Dunkel wieder die Wunderwelt der Gnome und Zwerge erstrahlen läßt.
Wir kehren zurück nach SAALFELD, biegen dort links auf die B 85 nach RUDOLSTADT, das nur noch 12 km entfernt ist.

TOUR 9 (130 km)

Rudolstadt - Bad Blankenburg - Paulinzella - Schwarzburg - Oberweißbach - Neuhaus am Rennweg - Sonneberg - Eisfeld

Wir nähern uns RUDOLSTADT, der alten Residenz der Fürsten Schwarzburg-Rudolstadt von Süden, durchqueren die Vororte SCHWARZA und VOLKSTEDT. Zunächst versuchen wir (mit Erfolg), einen günstigen Ausgangspunkt für einen Stadtbummel, die Besichtigung des Residenzschlosses Hei-

Rudolstadt: Freilichtmuseum "Thüringer Bauernhäuser" im H.-Heine-Park

decksburg - und eventuell gleichzeitig einen ruhigen Übernachtungsplatz zu finden.
Wir fahren (Richtung Zentrum, B 85/88, JENA) am Bahnhof vorbei und biegen dahinter rechts über die Bahnlinie und die Saale Richtung CUMBACH. Links dahinter wäre schon mal ein riesiger Parkplatz, uns interessiert jedoch viel mehr der Heinrich-Heine-Park rechts gegenüber. Direkt hinter diesem Park biegen wir rechts in den Kleinen Damm und parken nach wenigen hundert Metern direkt vor dem "Freiluftmuseum Thüringer Bauernhäuser". Zwei dieser pittoresken Fachwerkhäuser wurden bereits 1914 vor dem Verfall gerettet, hierher versetzt und warten seitdem vergeblich auf "Verstärkung" (Mi - So 9 - 12, 13 - 17 Uhr).
Von diesem Parkplatz aus, der weit genug vom Verkehrslärm entfernt liegt, um auch als Übernachtungsplatz zu dienen, kann man gemütlich durch den Park schlendern und an seinem westlichen Ende über eine Fußgängerbrücke (oder an seinem östlichen Ende über unsere Straßenbrücke) zum Zentrum von RUDOLSTADT laufen.
Von dort aus führt ein Fußweg, die "Lange Treppe", direkt hinauf zur riesigen Schloßanlage der Heidecksburg, an der Alten Wache vorbei und durch einen Tunnel unter dem Südflügel direkt in den Schloßhof.
Während das strenge Äußere der Bauwerke ziemlich langweilig wirkt, macht das Innere einen ganz anderen Eindruck. Gottfried Heinrich Krohne, uns bereits aus Weimar, Gera, Ettersburg, Molsdorf und Dornburg bekannt, gestaltete das Innere in heiterem, verspieltem Rokoko, mal in Rot, mal in Grün, ganz nach Wunsch von Fürst oder Fürstin. Dann waren

die besten italienischen Stukkateure an der Reihe; Sie können sich vorstellen, welche Pracht Sie erwartet!?
Verschiedene Museumsabteilungen nutzen die fürstlichen Räume:
Zunächst einmal ist die "normale" Einrichtung Museum genug, dann geht es in die große Kunstsammlung mit Gemälden, Plastiken und diversem Kunsthandwerk von Porzellan über Möbel bis zum ostasiatischen Spiegelkabinett.
Die fürstliche Absurditätensammlung, auch Naturalienkabinett genannt, wurde zu einem umfangreichen Naturkundemuseum, das Mineralien, Tier und Pflanze aus der näheren Umgebung, aber auch Exponate aus der tropischen Tierwelt zeigt.
Zuletzt sei noch auf die Historische Ausstellung hingewiesen mit vor- und frühgeschichtlichen Funden sowie Waffen und Gerät aus dem ehemaligen Zeughaus.
Vorbei an Schloß Ludwigslust und der gotischen Stadtkirche marschieren wir hinab in die Altstadt, wo wir am alten und neuen Rathaus sowie einer ganzen Reihe von sehenswerten alten Bürgerhäusern vorbei zum Heine-Park und unserem WOMO zurückkehren.
Den besten Blick auf Stadt und Schloß hat man vom 354 m hohen Langen Berg. Dieser nordwestlichste Gipfel der uns bereits bekannten Uhlstädter Heide südöstlich von CUMBACH trägt nicht nur einen Aussichtsturm (Marienturm), sondern auch eine Gaststätte.
Wir verlassen RUDOLSTADT nach Süden, überqueren im Ortsteil SCHWARZA die Schwarza, eine Bahnlinie und biegen dann nach rechts Richtung BAD BLANKENBURG/ SCHWARZBURG. Unser Hauptziel ist zwar das wildromantische Schwarzatal, vorher müssen wir jedoch unbedingt einen Abstecher zu zwei sehenswerten, völlig unterschiedlichen Ruinen machen: der Ruine Greifenstein oberhalb BAD BLANKENBURG und der Kosterruine Paulinzella.
Folglich biegen wir nicht in der Ortsmitte von BAD BLANKENBURG, gleich hinter der Brücke über die Schwarza, links nach SCHWARZBURG, sondern fahren auf der B 88 zunächst geradeaus durch den Ort. 100 m hinter dem Ortsendeschild folgen wir nach rechts dem Wegweiser nach KLEINGÖLITZ. Bald jedoch gabelt sich die Straße, wir halten uns rechts, dröhnen 18 % Steigung empor, landen schließlich an einem geschützten, einsamen Parkplatz mitten im Buchenwald. Ein kurzer Fußweg, ganz neu angelegt, leitet uns zur Ruine einer der größten deutschen Feudalburgen. Eigentlich sind es die Reste von zwei Befestigungsanlagen, unmittelbar nebeneinander. Die erste entstand wahrscheinlich schon im XII. Jahrhundert unter Heinrich II., die Schwarzburger Grafen bauten

daneben die Burg Blankenberg, in derem Schutz sich seit dem 14. Jahrhundert der gleichnamige Ort entwickelte.
Die Hauptburg mit den dicken Mauern, die nur durch ein einziges Tor mit Zugbrücke betreten werden konnte, war zusätzlich gesichert durch einen doppelten Wallgraben und eine Ringmauer mit sechs Basteien. Nie wurde sie erobert, nie zerstört - aber eines Tages zogen die Schwarzburger Grafen nach Rudolstadt, bauten sich die Heidecksburg, und seit dem 15. Jahrhundert zerfielen die Bauwerke, nur Raubvögel nisteten noch in ihren Mauern - der Name Greifenstein entstand.
Erst seit 1927 bemüht man sich um die Erhaltung des umfangreichen Ruinenkomplexes, in dem man fein umherschlendern kann, und auf dem zinnenbewehrten Bergfried fühlt man sich wie Burgherr bzw. -fräulein. Rittersleut' pflegten gut zu speisen - und so bemühen sich in der Gaststätte im Palas der Burg auch dienstbare Küchengeister entsprechend um Ihr leibliches Wohl.
Ritter sollen ja toll gesoffen haben! Falls Sie bei ihrem Studium der mittelalterlichen Trinkgewohnheiten versehentlich zu tief in den Humpen geschaut haben - auf dem Parkplatz im Buchenwald kann man ungestört seinen Rausch ausschlafen.
Wir kurbeln das WOMO wieder hinab zur B 88, schwenken rechts ein und folgen ihr bis ROTTENBACH. Im Ort muß man die Bundesstraße nach rechts verlassen und gelangt über MILBITZ zur berühmten Klosterruine.
Dort, wir haben es getestet, schläft man auf dem großen Parkplatz unterhalb des hohen Bahndammes so, als würden die Güterzüge "mittenmang" durchs Geschirrfach rattern - deshalb unser Tip:
In ROTTENBACH, unmittelbar vor dem Bahnübergang, zeigt ein Schild nach links zum Waldbad. Nach nur 600 m haben Sie den Ort sommerlicher Bade- und Sonnenbadefreuden erreicht - und direkt am Waldrand einen nächstens sicher absolut ruhigen Übernachtungsplatz.
Kurz hinter dem Bahnübergang biegen wir rechts Richtung STADTILM/PAULINZELLA. Von hier aus fahren wir noch etwa 5 km am Ufer des Rottenbaches entlang, bis wir an den hohen Mauern der "romanischen Kirchenbaustelle Paulinzella" vorbeirollen (der große "Eisenbahndammparkplatz" liegt, wenige Meter weiter, auf der linken Seite).
Wir treten durch das türlose Portal, schreiten staunend durch das gewaltige dreischiffige Langhaus, sonnenbeschienen; der Blick steigt, ungehemmt von Decke oder Gewölbe, bis zum Himmelsblau: Seit über 500 Jahren steht die Ruine der ehemaligen Benediktinerklosterkirche hier im romantischen Tal, länger, als sie zwischen ihrer Weihe 1124 und ihrer Schließung

Paulinzella: Ruine der romanischen Klosterkirche

nach der Reformation unversehrt bestanden hatte.
Freilich, bereits kurz nach der Schließung des Klosters begann eine rege "Steinbruchtätigkeit", der die Klausur, der Nordwestturm, schließlich auch der Chor mit den drei Apsiden zum Opfer fielen. Aber an das eigentliche Kirchenschiff wagte man sich nicht so recht - und in der Zeit der Romantik, die so glücklich die belebte und unbelebte Natur mit Altem, Verfallenem in Einklang brachte, wandelte sich die Ruine zum Denkmal.
Bereits Schiller hatte das Bauwerk bewundert, nun ist es als Kunstwerk gesichert. Der ehemalige Zinsboden, wo die Naturalabgaben an das Kloster gespeichert wurden, dient heute als Museum.
Der Naturrahmen rings um PAULINZELLA zeigt sich dem Bauwerk würdig, man muß einfach einen kleinen Spaziergang durch das stille Waldgebiet machen:
Wir folgen dem Fahrweg durch den Viadukt neben dem Parkplatz, schwenken aber sofort dahinter links, übers Bächlein, ein Grüner-Balken-Wanderweg führt Richtung HORBA, ein dichter, schlanker Kiefernwald verschluckt uns.
Wir umrunden gegen den Uhrzeigersinn einen Hügel, erreichen nach knapp 20 min. eine braune Jagdhütte mit grünen Fensterläden, Sitzbänken, einer Feuerstelle - und haben nichts zum Grillen dabei!
10 m links der Hütte tröpfelt ein müder Quell, reicht jedoch als Labsal für trockene Kehlen. 5 min. später, wir haben uns immer links gehalten, erreichen wir die Höhe und mit ihr eine 7-Wege-Spinne. Wir wenden im spitzen Winkel nach links und entziffern an der nächsten Kreuzung einen verwitterten Wegweiser aus Mönchstagen: Paulinzella-Fußweg.

Kurz darauf sichten wir links unter uns die braune Jagdhütte. Wer also abkürzen will, braucht also nur von dort 100 Schritte den Berg hinaufzusteigen und sich dann links zu wenden. Federnd schwingt der Waldboden unter uns, Tannennadellager wechseln mit Moospolstern, Adlerfarnwiesen durchwandern wir, angeritzte Kiefernstämme tränen ihr Harz in angehängte Tontöpfe ....
Unser Waldweg führt nun hinab zum Bahnhof von PAULINZELLA, rechts davon passieren wir eine Unterführung, ein zweites Mal nehmen wir unseren Weg durch die gewaltige, dachlose Kirchenhalle, dann stehen wir, nach einer knappen Wanderstunde, wieder an unserem WOMO.
Romantisch ist das ganze Tal bis BAD BLANKENBURG, neben uns her schlängelt sich der völlig naturbelassene, erlengesäumte Flußlauf der Rinne, die im breiten Tal zwischen Straße und Bahnlinie, ähnlich einem jungen Hund, mindestens die dreifache Strecke zurücklegt wie die Straße.
Der alte Ortskern BAD BLANKENBURG liegt links der B 88, unterhalb der Burg. Dort eröffnete der Oberweißbacher Pädagoge Friedrich Wilhelm August Fröbel 1839 seine erste "Spiel- und Beschäftigungsanstalt", was ihn zum "Vater des Kindergartens" machte. Ein Museum wurde in dem Gebäude Johannisstraße 4 eingerichtet, zeigt das Spielzeug, das Fröbel entwickelte, würdigt Leben und Werk des Erziehers.
Wir biegen vor der Schwarzabrücke rechts ab ins wildromantische Schwarzatal. Zwischen Straße und Schwarza begleitet uns der Kurpark, an dessen Ende man die Schwarza überqueren, das WOMO bequem parken - und zu Fuß das Naturschutzgebiet erobern kann. Namen wie Katzhütte, Schwarzmühle, Obstfelderschmiede und Blechhammer deuten ebenso auf die ehemaligen Mühlen, Hammer- und Pochwerke hin wie uns Teufelstreppe, Wendelstein und Ingoklippe klar machen, daß wir statt der Sandalen lieber Wanderschuhe anziehen sollten. Aber auch entlang der Schwarza läßt sich's beschaulich spazieren. Direkt vorm Parkplatz rauscht die Schwarza weiß schäumend über Felsstufen, die fast schon die Bezeichnung Katarakte verdienen, dann taucht der Weg links des Flüßchens in den Wald ein, folgt ihm durch die romantische Dämmerung. Wir kurven, parallel zum felsigen Bett der schäumenden Schwarza, zwischen den steilen Hängen, neben senkrechten Felswänden dahin, auf der anderen Seite des Flußufers ist gerade noch Platz für den Talwanderweg, dann steigt auch dort der bewaldete Hang empor. Wie ein Baldachin verschlingen sich über uns die Äste der Bäume, versperren meist den Blick aufs Himmelsblau.
Die nächste Parkgelegenheit bietet sich erst knapp 6 km

später, links der Straße, bei der Gaststätte "Schweizerhaus". Auch von hier aus kann man das Wanderbein schwingen, zum Beispiel über den Trippstein (anerkannt beste Aussicht auf Schloß Schwarzburg) nach SCHWARZBURG und am anderen Schwarzaufer zurück zum "Schweizerhaus".
Die Straße verläßt nun das Flußufer, gleitet langsam am Hang hinauf, bis wir den oberen Ortsteil von SCHWARZBURG erreicht haben.
Um es gleich vorweg zu sagen: In der Hauptreisezeit in SCHWARZBURG einen Parkplatz zu bekommen, gleicht einem Wunder. Falls Sie sich also nicht damit begnügen wollen, vom WOMO-Fenster einen Blick auf die Reste des Barockschlosses der Schwarzburger Reichsfürsten zu werfen, sollten Sie von SCHWARZBURG wieder links zur Schwarza hinabfahren, auf SITZENDORF zu. Nach 1 km kommen sie an einen riesigen Parkplatz am Fluß. Wer ihn über die Pocherbrücke überquert, findet einen zweiten, kleineren, ruhigeren dahinter rechts. Hier beginnt auch der Fahr- oder Wanderweg, der zum Schwarzburger Waldschwimmbad und zum Mariannensteg führt, auf dem man zur Burg hinaufkraxeln kann.
Die Schwarzburg, auf einem Bergsporn, der auf drei Seiten nahezu senkrecht zur Schwarza abfällt, war einst ein uneinnehmbares Bollwerk, und aufgrund der entlegenen Lage blieb der Bau sogar von den Ereignissen des Dreißigjährigen Krieges verschont.
Seit 1736, die Schwarzburger waren Reichsfürsten geworden, zierte ein barockes, repräsentatives Schloß den steilen Fels, doch heute sind wir eher enttäuscht von den finster-schäbigen Mauern: 1943 begann man, das Schloß zu einem "Reichsgästehaus" umzubauen. Eigentlich konnte man nur noch einen Teil der Außenmauern gebrauchen. Als man jedoch mit den notwendigen Abrißarbeiten fertig war und die leere Hülle wieder gefüllt werden sollte, hatte das Dritte Reich seinen Geist ausgehaucht. Es wundert Sie sicher nicht, daß seither am Schloß nur der Zahn der Zeit genagt hat!
Lediglich das Kaisersaalgebäude, der Mittelteil eines separaten, kleinen Schlosses im ehemaligen Schloßgarten, wurde restauriert. Dort kann man nicht nur die Schwarzburger Ahnengalerie bewundern, sondern auch 48 Kaiserbilder. Abgerundet wird der historische Rückblick von einer Waffensammlung des "Schwarzburger Zeughauses".
1 km weiter Schwarza-aufwärts erreichen wir SITZENDORF. Seit 1850 wird hier, in der Sitzendorfer Porzellanmanufaktur, feinstes Porzellan produziert. Es soll weniger die festliche Tafel schmücken und Soße und Braten kommen mit ihm kaum in Berührung!

Sitzendorfer Porzellan ist der pure Luxus: Nippes in höchster Vollendung, barocke Porzellanfiguren, meisterhaft bemalt, zu nichts Nutze als einfach schön zu sein. Auf diesem Gebiet haben die Sitzendorfer allerdings Weltniveau, stehen Meißen in nichts nach!

Ein Fabrikverkauf direkt an der Hauptstraße ist eine Besichtigung wert. Auch wenn Sie nichts kaufen wollen oder wegen des geringen Umfangs Ihres Geldbeutels nichts kaufen können - eine Augenweide!

Einen guten Kilometer hinter SITZENDORF verlassen wir das Schwarzatal und biegen nach links, über die Bahnlinie und die Schwarza, Richtung OBERWEISSBACH/NEUHAUS ab. In UNTERWEISSBACH halten wir uns auf der Hauptstraße rechts nach OBERWEISSBACH/NEUHAUS und entdecken unmittelbar hinter der Gabelung rechts einen Brunnen.

Es geht auf den Kamm des Thüringer Waldes hinauf, das merken wir sofort an der Steigung und zwei satten Serpentinen. Die Dörfer des Thüringer Waldes ernährten ihre Bewohner in den vergangenen Jahrhunderten mehr schlecht als recht. Jede Idee, die Not zu lindern, wurde freudig begrüßt. In OBERWEISSBACH sammelte man Kräuter, Wurzeln und Früchte des Waldes, stellte aus ihnen Auszüge her und verkaufte sie als Heil- und Wundermittel. Leider schoß man weit übers beabsichtigte Ziel hinaus, Vollmond und Krötenbein spielten bei den alchemistischen Prozeduren oft eine größere Rolle als die gewünschte Wirkung - und so geriet der "Olitäten"-Handel in Verruf und wurde schließlich sogar untersagt.

Wir fahren nun am Oberweißbacher Pfarrhaus vorbei, einem schönen Fachwerkhaus, dem Geburtshaus des Erziehers Friedrich Fröbel, in dem ein kleines Museum eingerichtet ist: Die hölzernen Spielzeuge Kugel, Walze und Würfel, Erfindungen des "Vaters der Kindergärten", sind ebenso zu sehen wie Exponate zum Lebenswerk des Erziehers.

Sehenswert ist auch die große Barockkirche gegenüber, die mit ihren drei Emporen (theoretisch) 2000 Besucher faßt. Auf dem Platz vor der Kirche kann man sich an einer riesigen Tafel über die Wanderwege rings um OBERWEISSBACH informieren, findet dort auch unsere nächsten Ziele, die Bergstation der Oberweißbacher Bergbahn und den Fröbelturm auf dem 785 m hohen Kirchberg.

Rechts an der Kirche vorbei rollen wir hinüber zum 2 km entfernten LICHTENHAIN. Unbeweglich steht der rotweiße Wagen der Bergbahn in seiner großen, frischlackierten Privatgarage. Eine vertrauenerweckende Stahltrosse verbindet ihn über eine Umlenkrolle mit seinem Partner, die abwechselnd die einspurige Schienenstrecke zwischen OBSTFELDER-

SCHMIEDE und LICHTENHAIN hin und her pendeln. Nur genau auf halber Strecke braucht man ein paar Meter doppelten Schienenstrang, um sich gegenseitig auszuweichen. Von 6.30 - 20.30 Uhr können Sie sich etwa jede Stunde das preiswerte Vergnügen einer "bodenständigen Seilbahnfahrt" machen - auf der steilsten Schienenstrecke der Welt für normalspurige Eisenbahnwagen!

Wir kehren nach OBERWEISSBACH zurück, biegen am Kirchplatz rechts in die Hauptstraße ein, verlassen sie 1000 m später wieder nach links, rollen auf einem schmalen Teersträßchen Richtung DEESBACH und halten beim Parkplatz unterhalb des Fröbelturmes. Dieser Parkplatz, am Waldrand gelegen, bietet nicht nur beste Aussicht über die bewaldeten Höhen des Thüringer Waldes, sondern auch eine absolut ruhige Übernachtungsmöglichkeit und ist der bequemste Ausgangspunkt für die "Wanderung" zum nur noch 400 m entfernten Fröbelturm. 1890 errichteten die Mitglieder des Thüringer-Wald-Vereins diesen Aussichtsturm zum Andenken an den Oberweißbacher Pädagogen - und weil Wandern hungrig und durstig macht, baute man an den Fuß des Turmes gleich eine

Gaststätte an, die sommers von 9 - 17 Uhr gastlich ist, von September bis April ruht sie mittwochs und donnerstags. Eine Reihe von Tisch-Bank-Kombinationen im Freien soll dann den enttäuschten Wandersmann trösten.
Am Wegweiserbaum vor der Gaststätte werden nicht weniger als 26 Wanderziele angepriesen so als wollte man sagen: "Erst die (Wander-)Arbeit, dann das (Gaststätten-)Vergnügen."
Der Kirchberg, auf dem der Fröbelturm in die Runde schaut, liegt mit 785 m genau 6 m höher als die Ortsmitte von NEUHAUS AM RENNWEG. Folglich ziehen wir fast auf einer Ebene dahin, als wir uns über OBERWEISSBACH und CURSDORF der ehemaligen Glashüttensiedlung am Rennsteig nähern. Kurz vor NEUHAUS biegen wir nach rechts in die B 281 ein und fahren bis zur Ortsmitte. Dort wollen wir hinter der Kirche zwar später links nach LAUSCHA fahren, zunächst bleiben wir aber auf der B 281, verlassen NEUHAUS Richtung EISFELD. Nach ungefähr 1500 m halten wir rechts an der Gaststätte "Rennsteigbaude", durch die die Rennsteigwanderer fast hindurchlaufen müssen. Auf einem großen Parkplatz können Sie Ihrem WOMO etwas Ruhe gönnen und selbst unter drei verschiedenen Aktivitäten wählen:
Die anstrengendste, aber sicher erlebnisreichste wäre die 7-km-Wanderung entlang des Rennsteigs, über Sandberg, Petersberg und LIMBACH zum Dreistromstein, einem dreiseitigen Obelisken, der die Wasserscheide zwischen den Flüssen Elbe, Weser und Rhein markiert. Auf ihm sind die Namen der Flüsse und Bäche notiert, die von hier aus zu diesen Strömen hinabfließen und die Wappen der Länder Schwarzburg-Rudolstadt, Sachsen-Coburg-Meiningen und Sachsen-Hildburghausen, denn gleichzeitig berührten sich hier auch drei ehemalige Fürstentümer. Der Fuß des Obelisken ist gemauert aus den für die drei Flußbereiche typischen Gesteinsarten Granit (Elbe), Grauwacke (Weser) und Quarz (Rhein). Eigentlich wäre an dieser Stelle also gar kein Dreiherrenstein mehr nötig, aber es gibt ihn, gleich gegenüber, und zwar schon seit 1733, während der Dreistromstein erst 1906 errichtet wurde.
Der Dreistromstein wäre was für Sie - aber 7 km, und das auch noch zurück ....
Nun, dann rollen Sie eben von NEUHAUS auf der B 281 hinab bis LIMBACH, bemühen dort den Parkplatz links hinter der Kreuzung - und spazieren auf dem benachbarten Rennsteig noch ganze 2100 m bis zum Dreistromstein.
Unser zweiter Aktivitätentip wäre ein Besuch des schönen Waldschwimmbades gegenüber der "Rennsteigbaude" und der dritte, richtig, ist natürlich ein Besuch selbiger Gaststätte, um wenigstens aus erster Hand etwas von den Wandererleb-

nissen auf dem "Rennstieg" zu erfahren.
Wir fahren zur Ortsmitte von NEUHAUS zurück, halten uns dort rechts Richtung ERNSTTHAL/LAUSCHA.
Auch ERNSTTHAL entstand, wie NEUHAUS, aus einer Glashüttensiedlung. Die Produkte der fleißigen Glasbläser, Glasperlen, künstlerische Gläser, aber auch Tablettenröhrchen und- fläschchen, fanden sich in ganz Europa wieder, denn fliegende Händler sorgten für weiten Absatz.
Den besten "Durchblick" aber hatte Ludwig Müller-Uri aus LAUSCHA, dem nächsten Glasbläserdörfchen. Ihm gelang es erstmalig, Glasaugen herzustellen. Auch versilberte Christbaumkugeln gibt es nicht schon ewig - LAUSCHA hatte jahrelang das Weltmonopol auf diesem Gebiet. Haben Sie jetzt Blut geleckt und möchten mehr über die Glasbläserzunft erfahren? Dann sind Sie in LAUSCHA richtig: Im Museum für Glaskunst erfährt man nicht nur alles über die Entwicklung der Glasbläserei und sieht gläserne Kunstwerke aus verschiedenen Epochen, sondern kann auch in der Schauglasbläserei bei der Produktion zusehen (8 - 17 Uhr täglich).
Als unsere Großeltern in die Schule kamen, hatten sie nicht schwer zu tragen: Tafel, Griffel und Schwämmchen waren die Grundausrüstung - und es könnte sein, daß sie Schiefergriffel aus STEINACH hatten, denn das waren die besten, die ganze Welt verlangte nach ihnen! Heute erinnern nur noch die Schiefergruben an den umweltfreundlichen Schulbeginn unserer Altvorderen. In der Ortsmitte von STEINACH, zwischen Ober- und Unterdorf, gähnt ein riesiger Platz, fast einen Hektar groß, welcher Ort kann sich noch solch einen großen Marktplatz leisten?
In anderen Dingen waren die Steinacher Stadtväter ebenfalls nicht kleinlich: 1899 ließen sie sich eine neue Kirche bauen, der Architekt der Kaiser-Wilhelm-Gedächtnis-Kirche war ihnen gerade gut genug, und 100.000 Goldmark waren ihnen nicht zu viel. Auch dem Bildungshunger der Jugend wurde Rechnung getragen, und so präsentieren sich Schule und Kirche als denkmalgeschütztes, sehenswertes Gebäudeensemble nahe des Marktplatzes, wo Sie auf 1 ha sicher einen Parkplatz finden werden.
Mit Schiefergriffeln hatten die Steinacher das viele Geld sicher nicht verdient. Vielleicht waren sie Kriegsgewinnler?
Um 1900 jedenfalls waren im Tal der Steinach eine ganze Reihe von Märbelmühlen in Betrieb. Salzburger Emigranten hatten den Steinachern die Märbelmüllerei beigebracht, deren Produkte in Friedenszeiten alle Kinder als Murmeln heiß und innig lieben. In Kriegszeiten pflegte man damit vorzugsweise die Takelage von Segelschiffen zu durchsieben - die Engländer

waren die Hauptabnehmer.
Weiter begleitet uns der Lauf der Steinach zu Tale, bis wir kurz vor SONNEBERG nach rechts in die B 89 einschwenken, uns der Spielzeugstadt also von Osten nähern.
Die Sonneberger haben zwar dem Touristen nicht nur ihr Spielzeugmuseum zu zeigen, dieses ist jedoch bestens ausgeschildert, wir brauchen nur den Schildern "Parkplatz Museum" zu folgen. Dabei merken wir uns eine Abzweigung SONNEBERG-NEUFANG, hinter der wir, 100 m später, nach rechts zum Parkplatz Schießhaus (eben, ruhig) finden. Ab jetzt sind es grüne Schilder mit der Aufschrift "Museum" und 300 m zu Fuß, wer Glück hat, findet auch direkt vor dem Eingang (Beethovenstraße Nr. 10) einen freien Platz.
Das Sonneberger Spielzeugmuseum zeigt, logisch, zunächst einmal Spielzeug aus vielen Jahrhunderten und aus allen Gegenden der Welt, mit Schwerpunkt Deutschland und natürlich Sonneberg. Keine Sparten wurden ausgelassen! Von den Zinnsoldaten über Puppen bis zum mechanischen Spielzeug ist bei über 70.000 Spielsachen alles vertreten.
Attraktionen ersten Ranges sind "Gulliver in Liliput" und die "Thüringer Kirmes", Spielzeugensembles, die für Weltausstellungen zusammengestellt wurden und die Spielzeughersteller vor besondere Probleme stellten. Beurteilen Sie selbst, wie diese ihre Aufgaben bewältigten! Spielzeugherstellung war kein Freizeitvergnügen! Bittere Armut, Hunger und häufige Krankheiten zwangen auch die Kinder der Heimarbeiter zur Mithilfe; die Ausstellung "Kinder der Spielzeugmacher" ist bedrückend.
Daß man sich dabei im Frühjahr 1991 allerdings noch von dumm-plumper sozialistischer Propaganda belatschern lassen muß, spricht nicht gerade von der geistigen Wendigkeit der Museumsleitung (Di - So, 9 - 12, 13 - 17 Uhr).
Von unserem Parkplatz zeigen Hinweisschilder auch zum Heimattiergarten in NEUFANG. Da wir 100 m vor unserem Parkplatz an der Abzweigung nach NEUFANG vorbeigekommen waren, finden wir schnell die Stelle, von der die Straße sofort steil ins Gebirge führt - schließlich steht in NEUFANG, in 638 m Höhe, auch die höchste Sternwarte Thüringens!
Auf halber Strecke beginnt rechts der forstliche Naturlehrpfad Schönberg. Vom Forstrevier Neufang werden hier an elf Stationen, beginnend mit einem Steinbruch, verschiedene geologische Eigenheiten des südlichen Thüringer Waldes erläutert. Der Lehrpfad endet an einem Parkplatz mit der Gaststätte "Blockhütte" und dem Heimattiergarten. Die erste Hälfte des Lehrpfades, bis zur Gaststätte "Waldhaus", kann man auch per WOMO zurücklegen, dann wird der Weg immer schlechter und

steiler - wirklich nur was für Fußgänger!
Wir fahren also lieber auf der Teerstraße bis zur Ortsmitte von NEUFANG, wo der Heimattiergarten nach rechts gut ausgeschildert ist. Von 9 - 16 (18) Uhr kann man zwischen Schwarz- und Rotwild herumschlendern - und am Parkplatz im Wald hinter dem Gasthaus "Blockhütte" wird man außer dem Röhren der Hirsche nachts sicher keinen Laut vernehmen.
Wir kehren nach SONNEBERG zurück und verlassen es auf der B 89 nach Westen Richtung EISFELD/SUHL. Die Straße durchkurvt die südlichen Ausläufer des Thüringer Waldes, durch Waldgebiete, über Weideland, immer mit Blick auf den Rennsteigkamm im Norden.
In GRÜMPEN machen wir einen Abstecher, richten den Bug unseres WOMOs direkt auf den Gebirgskamm, rollen durchs Grümpental bis RAUENSTEIN.
Gleich am Ortseingang, vor der "Maschinenfabrik Thüringen", geht links ein schmaler Teerweg ab, der zum Sportplatz und dem dahinter gelegenen Freibad führt. Hier kann man parken und sich in die Fluten stürzen (Wegweiser: Sport- und Ferienzentrum Rauenstein).
Fährt man bis in die Ortsmitte von RAUENSTEIN, so gabelt sich das Touristenangebot: Links geht es, steil, im ersten Gang, 2300 m hinauf zur Triniushütte im Hangwald, zu der man jedoch auch schön hinaufwandern kann, um sich den Nachmittagskaffee zu verdienen. Von dort hat man einen wunderschönen Blick über die südlichen Ausläufer des Thüringer Waldes.
Hält man sich in der Ortsmitte rechts, so findet man vielleicht einen Parkplatz auf dem Marktplatz. Von dort aus führt ein schöner Wanderweg zu den nadelförmigen Resten der Burg Schaumberg, die mit der vorgelagerten schmalen Kirche ein pittoreskes Ensemble bildet.
Der Anblick von RAUENSTEIN stimmt mich traurig. Zunächst kann ich diesen Eindruck nicht deuten, weil Ort und Umgebung eine durchaus idyllische Einheit bilden. Dann wird mir klar - es sind die schwarzen Häuser: Schiefergedeckt, oft sogar schieferverkleidet, scheinen sie auf dem Weg zum Friedhof stehengeblieben zu sein. Sie prägen das Ortsbild vieler Bergdörfer und -städtchen und erst, wenn die Sonne ihren glatten Platten Silberglanz verleiht, wird das Gefühl der Trauer von Feierlichkeit überstrahlt.
Wir kehren zur B 89 zurück, biegen nach rechts ein. SCHALKAU entstand im 12. Jahrhundert, wie üblich, im Schutze einer Burg. Die Schaumburg südwestlich des kleinen Städtchens wurde im dreißigjährigen Krieg so gründlich zerstört, daß die spärlichen Reste kaum zu einem Ausflug reizen. Da sollten Sie schon eher 3 km westlich, in der Ortsmitte von BACHFELD,

nach rechts zum Krellsenstau abzweigen.
Genau 1 km geht es am Dorfbach entlang, rechts an einem Brunnen vorbei und dann auf einem frisch geschotterten Fahrweg bis zum neu angelegten Badesee, der außer einer Toilette, einem Rettungsring und einigen Parkplätzen sanft zum kristallklaren Wasser abfallende Liegewiesen bietet - nichts wie hin!
Ein Platz auch zum Übernachten? Wir sind dem Fahrweg noch eine ganze Weile bergan gefolgt, da kommt nichts Vernünftiges. Wem es am See zu turbulent ist, der möge uns bis zum Ortsende von BACHFELD folgen.
Dort zeigt ein Wegweiser nach rechts Richtung WEITESTHAL. Nach 100 m steht man an einem Fischteich, dessen Ufer man sich gut mit Campingtisch und-stühlen vorstellen könnte ....
Das Sträßchen über WEITESTHAL und SACHSENBRUNN nach EISFELD ist gegenüber der B 89 ein Umweg von 3 km. Dafür fährt man jedoch durch ein ruhiges, idyllisches Tal und findet am Ortsende von SACHSENBRUNN (Richtung EISFELD), direkt unterhalb der Kirche, einen munteren Quell mit der Aufschrift: "Das ist mein Leben: Geben, geben, geben...."
Wenn Sie sich aber schon nach SACHSENBRUNN haben verführen lassen, so wollen wir Sie auch noch ein bißchen mehr belohnen! In der Ortsmitte entdecken Sie rechts der Straße eine Attraktion, die Ihnen wohl noch nicht vor die Linse gekommen ist: Die Tanzlinde!
Eine solide Treppe führt in die "erste Etage" des behäbigen Baumes hinauf, zum Tanzboden. Bereits vor vierhundert Jahren bogen sich die Sachsenbrunner ihre Linde zurecht, sodaß die mächtigen Äste zu einer soliden Unterkonstruktion für die Tanzdielen heranwuchsen - sehenswert!
Falls Ihnen ein Gebrechen das Tanzen verwehrt, Sie gar an "Stelzen" gehen müssen, weil der letzte Beinbruch noch nicht verheilt ist, dann düsen Sie mit uns noch 2 km auf der B 281 nach Osten bis SCHIRNROD und dann weitere 2 km nach rechts bis STELZEN. Dort quillt links, im Buchenwald, neben einer Wallfahrtskapelle, die Itzquelle aus dem Fels. Falls die Wirkung des heilkräftigen Wassers nicht nachgelassen hat, so können Sie bereits nach einmaligem Genuß Ihre Stelzen wegwerfen und unternehmungslustig zur Sachsenbrunner Tanzlinde zurückkehren:

„Der Quell, der einstens in der Väter Tagen,
vieltausend Kranken wundertätig Hilfe bot,
in diesem gottgeweihten, stillen Raum,
der will auch Dir, oh Dürstender, Erfrischung bieten
und kühlen Deinen heißen Gaum.“

Mit diesem Gedicht ist der Quellstein der Itzquelle verziert. Wir sind völlig allein in dem ruhigen, schattigen Wald, genießen

Kühle und Heilwasser. Von hier aus könnte man zur Kuppe des Bleßberges (866 m) aufsteigen, dessen Antennenmasten uns bereits mehrmals herangewunken haben. Seine heidetrockene Südflanke ist als Biotop einer ganzen Reihe seltener Orchideenarten bekannt.

Wir rollen aus Richtung SONNEBERG, also auf der B 89, nach EISFELD hinein (zwei Wasserhähne neben der Friedhofspforte). Direkt vor der spätgotischen Stadtkirche sollten Sie links in die Seitenstraße hineinfahren und parken. Um die Kirche herum ist eine ganze Reihe von sehenswerten Fachwerkhäusern aus dem 17. Jahrhundert gruppiert: Das Fachwerkhaus links der Kirche, direkt an der Straße, ist die alte Schule. An seinem Eck entdecken Sie eine Sandsteinplastik, die einen alten, vollbärtigen Schäfer mit Knotenstock und Wachhund zeigt. Um dieses "Schulmännle" rankt sich eine wundersame Geschichte: Der alte Schäfer findet einen großen Goldschatz - und weiß mit dem Geld nichts besseres anzufangen, als ausgerechnet eine Schule zu gründen....

Falls Sie sich wundern, warum der Sandstein dem Schwefeldioxid der Auspuffgase so standhaft getrotzt hat - das Original finden Sie im Museum im Schloß.

Im schönsten Fachwerkhaus, hinter der Kirche, ist die Superintendentur zu Hause.

Die Kirche selbst hat eine lange Baugeschichte: 1488 begonnen, 1601 und 1632 abgebrannt, im Inneren seit dem XVII. Jahrhundert dem Zeitgeschmack entsprechend erneuert. So wirkt das Gebäude von außen älter, als es sich im Inneren präsentiert.

Ist man an der Kirche vorbeigefahren, geht es nach rechts zum "Platz des Friedens" mit schönem Brunnen und dem dahinter liegenden Schloß Eisfeld. Seine Grundmauern gehen auf eine fränkische Befestigung aus dem IX. Jahrhundert, die Burg Esefeld zurück. Der "Neubau" aus dem XVII. Jahrhundert bezog die Stadtbefestigung mit ein, sehenswert sind das Steinerne Haus, der Bergfried, der nun auch wieder bestiegen werden kann, Zwinger und Ringmauern.

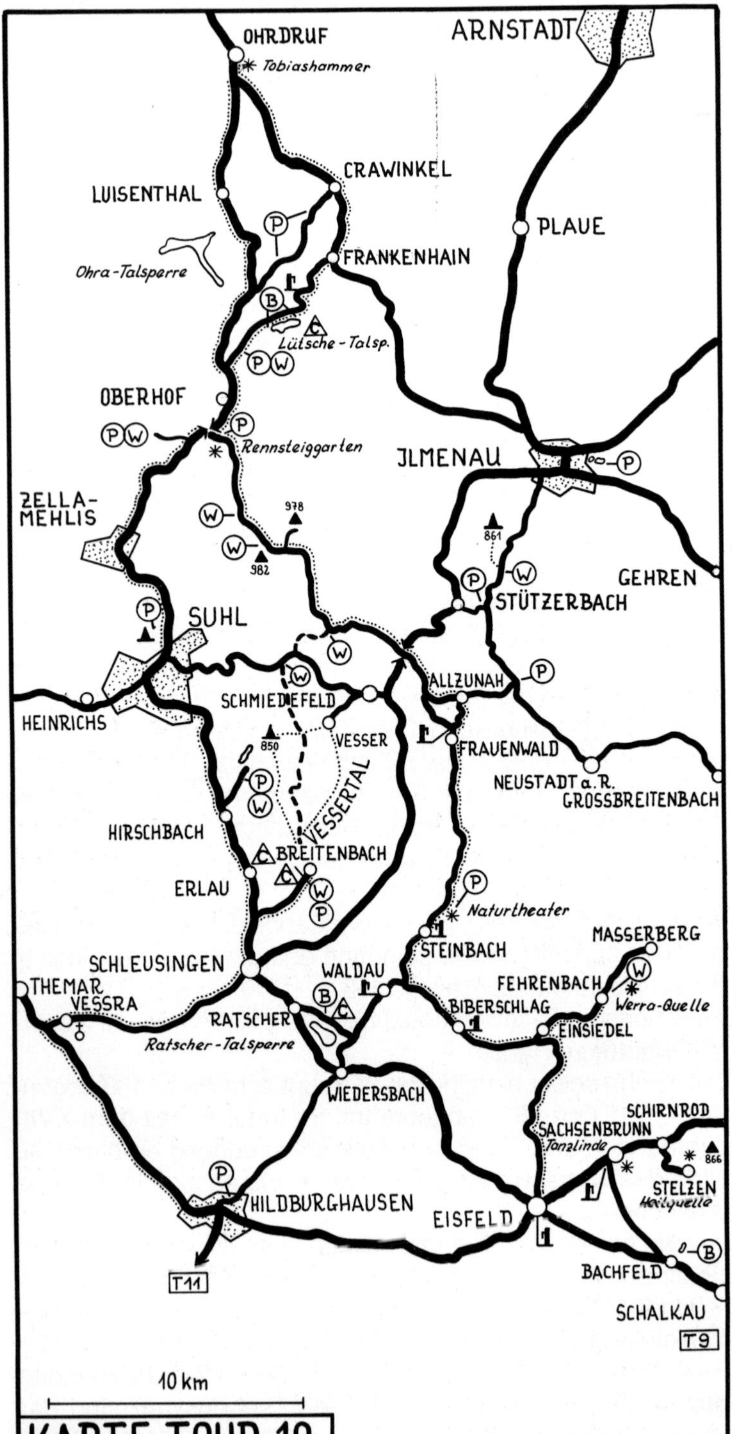

KARTE TOUR 10

TOUR 10 (150 km)

Eisfeld - Fehrenbach - Steinbach - Rennsteig - Großer Beerberg - Oberhof - Lütsche-Talsperre - Ohrdruf - Suhl - Breitenbach - Schleusingen - Kloster Veßra - Hildburghausen

Wir verlassen EISFELD auf der B 281 nach Norden, Richtung NEUHAUS/MASSERBERG; noch im Ortsbereich zweigt dann unser Sträßchen Richtung MASSERBERG links ab. Bedächtig, aber stetig machen wir uns an den Aufstieg. Wiesen und Felder gehen in dichten Fichtenwald über. Dann haben wir eine wellige Hochfläche erreicht, wo wieder Felder und Weiden dominieren und uns den Blick auf die Thüringer-Wald-Höhen freigeben. Als ersten Ort durchqueren wir HINTERROD, dann schlängelt sich die schmale Bahn durch ein liebliches Wiesen- und Waldtal hinab nach EINSIEDEL mit einer Straßengabelung, an der wir rechts auf FEHRENBACH, einen langgestreckten Luftkurort, zuhalten. Knapp 1400 m nach dem Ortsschild, vor der Gaststätte "Werraquelle", halten wir rechts und versuchen, uns an der Übersichtstafel auf der linken Straßenseite zu informieren. Aber erst mit Hilfe einiger Ortsansässiger, die uns auch die Wanderkarte interpretieren („Die hat ein Mondsüchtiger gemalt!"), werden wir auf den rechten Weg zur gesuchten Werraquelle gebracht: Wir sollen vor der Gaststätte "Werraquelle" rechts steil den Berg hinauffahren, bis wir rechts den Sportplatz und links die Talstation des Schleppliftes sehen. Dort könne man, u.a. vor dem Sportlerheim, bequem, eben und ruhig parken und zu Fuß ....
Hier mischt sich der nächste Auskunftswillige ein: „Fahren Sie ruhig weiter auf dem Teersträßchen, es führt direkt bis zur Werraquelle!"
Wir dröhnen den steilen Teerweg hinauf, passieren kurz hinter der Liftstation, nach 700 m, einen letzten, geschotterten Parkplatz und ein Durchfahrtsverbotsschild. Aber eigentlich ist es ja kaum einzusehen, ein völlig neu angelegtes Teersträßchen nicht auch zu benutzen....
Genau 2500 m haben wir dann doch ein schlechtes Gewissen, aber es begegnet uns keine Menschenseele, bis wir am Endpunkte des schmalen Teerbandes, neben der Gaststätte "Werrabaude", einen wunderbaren Parkplatz für unser WOMO und einen nicht weniger geschickten Ausgangspunkt für eine idyllische Rundwanderung gefunden haben.
Aber zunächst wenden wir uns, unterhalb des Fahrweges, dem gußeisernen Löwenkopf zu, aus dem der Beginn eines Wasserbandes quillt, das zunächst einmal 293 km als Werra bis

Fehrenbach: Werraquelle

Münden fließt, sich dort mit der Fulda zur Weser vereinigt - wenn Fulda und Werra sich küssen, sie ihren Namen lassen müssen- um schließlich, nach insgesamt 733 km, bei Bremerhaven an der Füllung der Nordsee mitzuarbeiten. Ihren Namen hat sie übrigens gar nicht gelassen, denn über das althochdeutsche Wisuraha, Wisara, Wisera, Wirhuha und Werraha lassen sich beide Flußnamen voneinander ableiten - und die "nur" 218 km kurze Fulda wird eindeutig zum Nebenfluß degradiert.
Warum es im mitteleuropäischen Fichtenwald unbedingt ein Löwenkopf sein mußte, und nicht Reh- oder Wildschweinschädel, daß weiß wohl nur sein Schöpfer, der Forstmeister Georg Schröder allein - und er nahm sein Geheimnis 1925 mit ins

Grab. Finden wird es wohl niemand mehr, denn nach des Försters letztem Willen mußte seine Asche "an unbekannter Stelle" in der Nähe seiner geliebten Quelle beigesetzt werden. So sprudelt seit 1897 die Werra in 797 m Höhe über ihrer Mündung (wie ausdrücklich durch das Kürzel NS statt NN vermerkt ist) durchs Löwenmaul aus dem Berghang an der Köpfleswiese und bietet mit der benachbarten "Werrabaude" (Mo-So, 10-17 Uhr) einen zentralen Anlaufpunkt für eine ganze Reihe von Wanderwegen.

Wir haben für Sie einen Rundkurs erwandert, dessen Kombination Ihnen sicher behagen wird: Rechts der jungen Werra stolpern wir über herausstehende Wurzeln bergab durch Fichtenschonungen, kniehohes Gras und Farnwedel auf einem schmalen Pfad. Bald nimmt uns der schattige Hochwald auf, nur ein leises Murmeln erinnert an unser Werra-Bächlein, das oft unter Gesträuch und zwischen Felsgestein verschwindet.

Erst nachdem wir uns Finger und Mund reichlich mit den überreifen Heidelbeeren verschmiert haben, treffen wir auf den markierten Wanderweg zum Werrateich (roter Balken), einen breiten Waldweg und folgen ihm. Die einzigen, die unsere Wanderlust nickend begrüßen, sind Büschel roter Fingerhüte am Weghang.

Ein knappes halbes Stündchen sind es von der Werrabaude bis zum Werrateich, einem kleinen Flößerteich, an dessen unterem Ende uns der Wegweiserbaum belehrt, daß wir den roten nach links gegen einen gelben Balken eintauschen müssen, um nach 2,5 km an die "Eisfelder Ausspanne" und damit an den Rennsteig zu gelangen.

Wir haben nun unter den Tretern einen breiten Holzabfuhrweg, der auch schon bessere Tage gesehen haben muß, denn auf halbem Wege wartet ein unübersehbarer Kilometerstein mit der Markierung "Hildburghausen 25 km". Nur sacht geht es bergan, und nach einem weiteren halben Stündchen haben wir den Gebirgskamm und damit den Rennsteig erreicht. Eine dürftige Hütte, ein Steinklotz mit verwitterten Aufschriften und eine Fülle von Wegweisern - die "Eisfelder Ausspanne". Hier wurden früher die Pferde gewechselt, denn auch die Talfahrt war mit schweren Fuhrwerken keine Erholung. Wir wenden uns nun scharf nach links und folgen dem Rennsteig-"R" Richtung MASSERBERG.

Daß der Rennsteig ein echter Grenzweg war, erkennen wir an der Unmenge von Grenzsteinen, die eine zusätzliche Markierung fast überflüssig machen. Viele von ihnen sind schön mit den Wappen der angrenzenden Herzogtümer verziert, fast alle tragen Jahreszahlen aus dem 17. und 18. Jahrhundert.

Bereits nach zehn Minuten Rennsteigwanderung will uns bei

einer Schutzhütte ein Wegweiser "Werraquelle 1,5 km" nach links weglocken. Wir folgen jedoch weiter standhaft dem Kammweg, bis wir nach 30 Minuten, mitten im Wald, auf einen der dreizehn Dreiherrensteine des Rennsteiges treffen. Hier berührten sich einst die Fürstentümer Schwarzburg-Sondershausen, Schwarzburg-Rudolstadt und das Herzogtum Sachsen. Wir entdecken die Heidehütte, eine Schutzhütte, einen einfachen Grenzstein - und drei verbogene Stahlstifte auf einem Betonsockel! Der Dreiherrenstein, auf den wir uns gefreut hatten, ist offensichtlich geklaut worden. Wir wünschen dem Dieb die Krätze an den Hals, zu kurze Arme zum Kratzen und hören im Geiste schon eine Stimme sagen: „Zu SED-Zeiten hat es das nicht gegeben!"
Von den Resten des Dreiherrensteines aus folgen wir nun nach links (Westen) einem geschotterten Wegle wieder bergab, Wegweiser: "Werraquelle 1 km".
Nach der halben Strecke kreuzen wir einen breiten Waldweg. Aufpassen - der Trampelpfad zur Werraquelle führt 20 m weiter rechts talwärts zur Werraquelle und unserem WOMO.
Knapp zwei Stunden waren wir unterwegs, schön und nicht anstrengend war's, auf dem Rennsteig sind wir einer Handvoll Wanderern begegnet, sonst waren wir völlig allein. Jetzt könnten wir an den Bänken und Tischen neben der Quelle zu Abend essen und uns später in stiller Waldeinsamkeit zur Ruhe betten.
Aber wir wollen das Glück nicht überstrapazieren, kehren nach FEHRENBACH zurück und tuckern über EINSIEDEL, TELLERHAMMER (rechts der Straße alte Wassermühle mit Mühlrad), BIBERSCHLAG (Ortsbeginn rechts Brunnen) und LICHTENAU durchs romantische Bibertal. Bei aller Romantik ist es doch viel zu eng, um einen Übernachtungsplatz zu bieten, der uns weit von der Straße die erwünschte Ruhe garantiert. Aber wir sind ja nicht zum ersten Mal in der Gegend, und wir haben einen bequemen, ruhigen Parkplatz in Erinnerung, auf dem Platz für hunderte (!) von Autos ist - den Parkplatz am bekannten Naturtheater von STEINBACH. Schwierig zu finden ist er auch nicht, denn nachdem wir in LICHTENAU nach links abgebogen sind, brauchen wir uns nur noch nach den Wegweisern "Naturtheater Steinbach" zu richten. Wir werden noch vor WALDAU nach rechts Richtung STEINBACH/FRAUENWALD geschickt, schnaufen 3 km recht steil ein Waldtal hinauf, erreichen das Straßendorf STEINBACH.
Kurz hinter dem Ortsschild sprudelt ein kräftiger Wasserstrahl so nah der Straße in einen grünen Eisentrog, daß man ihn bequem in den WOMO-Tank umleiten kann, dann führt uns der Wegweiser rechts von der Hauptstraße ab, das Naturtheater

Steinbach: "Pippi Langstrumpf" im Naturtheater

und sein schöner Parkplatz sind nur wenige Schritte weiter am Orts- und Waldrand.

Nun werden Sie denken: „Tiefste Provinz, das wird so ein Theater sein!“ Aber weit gefehlt! Das Steinbacher Naturtheater ist ein reiner Ableger der Meininger Bühne - und deren Qualität ist ja wohl über jeden Zweifel erhaben!

Die Beliebtheit Steinbachs hat jedoch weitere Gründe: Da ist zunächst die besondere Atmosphäre eines Naturtheaters überhaupt und wenn Sie, auch außerhalb einer Vorstellung, sich auf den Bänken des Theaterrunds niederlassen, so umgibt Sie ein klassisches Idyll, denn wie in einem römischen Amphitheater finden hier über 3000 Besucher in einem ansteigenden Halbrund überall nahezu gleichgute Sitzplätze.

Wir haben hier mit unseren Kindern "Pippi Langstrumpf" gesehen - und waren ganz gefangen von der Begeisterung der Kinder. Wir haben das "Schwarzwaldmädel" genossen, das sich im Naturrund das Thüringer Waldes offensichtlich wohl fühlte - und waren nach jeder Vorstellung allein auf "unserem" Übernachtungsplatz.

Falls auch Sie Übernachtung und Naturtheaterbesuch koppeln wollen: Die Steinbacher Bühne spielt nur im Juli und im August und zwar Mi, 10 + 15 Uhr und Sa/So, 15 Uhr. Manchmal ist allerdings die Nachfrage so groß, daß zusätzliche Vorstellungen an weiteren Wochentagen eingeschoben werden. Auskünfte und Kartenvorbestellungen: Meiningen Tel. 2598 oder 2972.

Am nächsten Morgen (fürs Frühstück gab's bereits frische Brötchen im Konsum am Ende des Parkplatzes) fahren wir weiter hinauf, nördlich von STEINBACH liegt der Luftkurort

FRAUENWALD - und gleich dahinter der Rennsteig.
Zunächst geht's weiter steil bergauf. Das schmale Sträßchen reicht gerade für eine problemlose Begegnung zweier PKWs - ein WOMO muß sich schon halb auf den Wiesenrain verdrükken. Nach knapp 3 km, bei der Höhe 730 m, wartet wieder ein schöner Picknickplatz unter hohen Fichten rechts der Straße - oder wie wär's mit einer gesunden Joggingrunde entlang der ausgewiesenen Wanderwege?
Jetzt geht es einigermaßen eben auf der Höhe entlang. Zwischen den Waldabschnitten genießen wir weite Blicke über die Höhenzüge des Thüringer Waldes.
FRAUENWALD würde sich mit seinen kleinen Wohnhäusern harmonisch in die Landschaft einfügen, es wird jedoch überragt von einem klotzigen "Ferienobjekt", das noch am ehesten einem gigantischen Unterlegkeil ähnelt. Es könnte sein, daß sein "Schöpfer" eine Skischanze im Sinne hatte! In Oberhof ist diese Imitation mit dem "Panorama" auf jeden Fall weit besser geglückt.
Auch hier in FRAUENWALD finden wir in der Ortsmitte links, kurz vor der Kirche, eine große Übersichtstafel, die über das reichhaltige Wanderangebot informiert. Am Ende des Ortes gabelt sich die Straße. Sie sollten, wenigstens für einen kurzen Stop, den großen Parkplatz (mit Bänken, Tischen,Wasserhahn und vielen Wandervorschlägen) links vor der Gabelung nicht verschmähen. Dann können Sie nämlich in Ruhe das riesige, dreikantige Säulenmonument (mit röhrendem Hirsch) begukken, das ausgerechnet mitten auf der Straßengabelung steht. Im Jahre 1937 errichtet, schildert es die Geschichte des Ortes und seine Bedeutung, die auf seine Lage an einer alten Handelsstraße von Jütland zum Mittelmeer, dem "Romweg" zurückzuführen ist.
Ausgerechnet hier gabelte sich die Handelsstraße. Der eine Zweig führte weiter nach Süden, über den Brenner nach Rom, der andere, weiter westlich, ins Rheinland.
Biegen Sie am röhrenden Hirsch links (Richtung OBERHOF/ SCHMIEDEFELD), so können wir Ihnen nach 600 m, im Waldbad von Frauenwald rechts der Straße, erfrischende Badefreuden oder auch nur ein frisches Bad versprechen.
Wir biegen rechts (Richtung NEUHAUS) und haben nach 1300 m den Weiler ALLZUNAH und den Rennsteig erreicht.
Ab hier bietet uns der Thüringer Wald einen Komfort besonderer Art, den Sie aber nicht als "Allgemeinaufforderung" auffassen sollten: Rennsteig per Wohnmobil. Fast 20 km können wir nun, Hauptrichtung "Nordwest", zwischen 750 m Höhe (Allzunah) und 921 m Höhe (Suhler Ausspanne) mehr oder weniger parallel des schönsten Thüringer Wanderweges entlangrollen,

an schönen Parkplätzen die Aussicht genießen und zu kleinen Wanderungen aufbrechen. Eine von ihnen ist sozusagen Pflicht: Der 2-km-Marsch zum Großen Beerberg (982 m), dem höchsten Berg Thüringens.
Wir schwenken nach links in die "Rennsteigfahrstraße" ein, halten auf OBERHOF/SCHMIEDEFELD zu. Bereits nach 2100 m und noch 200 m vor der JH Schmiedefeld, lockt uns ein merkwürdiges Schild nach rechts: "Gaststätte Rennsteighöhe, Bunkermuseum". Nach 600 m Schotterweg haben wir eine Bungalowsiedlung mit Gaststätte erreicht, die einen recht eigentümlichen Eindruck macht. Das Gelände ist eingezäunt und nicht weit von der Urlaubsidylle, rechts im Wald, liegt versteckt ein riesiger Bunker ....
Wer Interesse hat, kann sich dort täglich zur Mittagszeit zeigen lassen, wie die Mitarbeiter des Stasi für den Notfall vorgesorgt hatten.
Wir fahren weiter auf unserem Kammweg, passieren den Bahnhof Rennsteig. Seit 1904 überquert hier die Bahnstrecke Schleusingen - Erfurt den Thüringer Wald, wurde bis 1927 an fünf Strecken wegen der starken Steigung als Zahnradbahn betrieben. Später half man sich mit Doppellokantrieb, stärkere Maschinen haben heute die Probleme vergessen lassen.
Ein knapper Kilometer ist es noch bis zur Kreuzung mit der B 4 SCHLEUSINGEN - SUHL. Wir überqueren sie und stellen den Tageskilometerzähler auf "0".
Viel zeigt sich uns vom Thüringer Wald zunächst nicht, denn wir passieren dichten, hohen Fichtenwald. Der Rennsteig-Wanderweg ist mal rechts, mal links von uns - er kürzt ab, wir ziehen in Schleifen auf der Höhe entlang.
Bei »4,2 km« haben wir linkerhand den Parkplatz "Eisenbergwiese" erreicht: Ein topfebenes Gelände, Tische und Bänke fürs Picknick, die Sonne scheint zwischen den Baumwipfeln hindurch; ein schöner Platz (hier führt nach links eine "Geheimstraße", ein Schotterweg nach links zur Verbindungsstraße SUHL - SCHMIEDEFELD).
Der Fahrweg knickt nach rechts ab. Bei »5,8 km« passieren wir die Schutzhütte "Mordfleck" mit Parkgelegenheit und überwältigender, weiter Aussicht und kommen bei »8,0 km« an einer Straßengabelung mit dem Gasthaus "Schmücke" an.
Wir halten uns nicht rechts, auf GEHLBERG zu, sondern biegen nach links, weiter dem Thüringer-Wald-Kamm nach OBERHOF folgend. Eine meteorologische Station liegt am Weg, hat ihre Höhenlage mit 942 m über NN angezeigt - die höchsten Berge Thüringens können nicht mehr weit sein!
Einen knappen Kilometer nach der Schmücke, bei »8,8 km«, führt ein Teerweg nach rechts, lediglich eine verrostete Stange

RENNSTEIG-LIED

Durch Buchen, Fichten Tannen, so schreit ich in den Tag,
begegne vielen Freunden, sie sind von meinem Schlag.
Ich jodle lustig in das Tal, das Echo bringt's zurück. Den
Rennsteig gibt's ja nur einmal und nur ein Wanderglück.
Diesen Weg ....

An silberklaren Bächen sich manches Mühlrad dreht, da
rast ich, wenn die Sonne, so glutrot untergeht. Ich bleib,
solang es mir gefällt und ruf es allen zu: Am schönsten
Plätzchen dieser Welt, da find ich meine Ruh'.
Diesen Weg ....

zeigt dem kundigen Blick die Stelle, wo früher "Durchfahrt verboten" stand. Kurz darauf haben wir russischgrün gestrichene Baracken vor uns, denn der Schneekopf, mit 978 m nur vier Meter niedriger als der Große Beerberg, war bis vor kurzem, total abgeriegelt von jeglicher Öffentlichkeit, militärisches Sperrgebiet, Radar- und Lauschstation des KGB. Wir parken direkt vor dem Eingang zum umzäunten Gelände, Waltraud kramt hervor, was von ihrem Russischunterricht übriggeblieben ist und interviewt den kurzgeschorenen Wachposten Wladimir aus Odessa, der, nur mit seinem Bajonett bewaffnet, recht froh um das Tor ist, daß ihn beschützt. Wir haben gerade heraus, daß der Abzug noch in diesem Jahr stattfinden soll, da verläßt ein Bundeswehrfahrzeug das Gelände. „Wir haben hier Hoheitsrechte!“ werde ich von einem Hauptfeldwebel belehrt. Naja, hoffentlich setzen sich dann nicht gleich die nächsten Militärs auf dem Schneekopf fest.
Wir kehren zum Kammweg zurück. Nur ab und zu sehen oder hören wir Wanderer links der Straße; der Rennsteig bleibt trotz seiner Nähe fast unsichtbar. Das wollen wir ändern!
Nach weiteren 2900 m, bei »11,7 km«, haben wir die "Suhler Ausspanne" erreicht, einen schönen Parkplatz links der Straße angefahren und entdeckt, daß hier der Rennsteig von links nach rechts über die Straße wechselt.
Wir schlüpfen in kräftiges Schuhwerk und folgen dem Wanderweg nach Süden zurück, bleiben also links der Straße (Richtung Adler, blaues Kreuz). Wir umgehen im flachen Bogen, leicht bergan, zunächst den Gipfel des Großen Beerberges mit seinem NSG "Beerbergmoor", erreichen nach fünfzehn Minuten die höchste Stelle des Rennsteiges, Plänckners Aussicht (973 m). Hier wurde dem "Vater der Rennsteigwanderung", Julius von Plänckner (1791-1858) eine Erinnerungstafel an einer Steinbank gewidmet. Er fertigte nicht nur die erste exakte Beschreibung des Rennsteigverlaufes, sondern unternahm auch (1830) die erste zusammenhängende Rennsteigwanderung, für die er 5 Tage benötigte. Damals waren vermutlich die Nadelbäume an seinem Aussichtsplatz noch niedriger! Um auch jetzt dem Wanderer "Plänckners Aussicht" zu bieten, wurde gleich neben der Bank eine scheußliche Plattform errichtet. Vielleicht wird sie aber noch tannengrün gestrichen! Jedenfalls blicken wir von dort aus frei nach Süd und West: Unter uns liegen die Neubauten von SUHL, überragt vom Ringberghotel, ganz weit entfernt gucken der Dolmar bei MEININGEN, die Rhönberge, manchmal gar die Gleichberge bei RÖMHILD und der Sendeturm auf dem Bleßberg östlich EISFELD aus dem Industriedunst.
Natürlich stapfen wir von Plänckners Aussicht noch hinauf zum

Gipfel des Beerberges (982 m), also nach links hinein ins Naturschutzgebiet. Dort fehlt jedoch jeglicher Rundblick, da auf dem flachen, baumbestandenen Moorbereich ein Aussichtsturm nötig wäre - und der fehlt! Verkohlte Stümpfe markieren die Stelle, wo wohl mal einer stand. Warten wir's ab!
Aber dafür begeistern wir uns an der Moorflora, sehen zu, daß wir nicht vom Wege abkommen und von den Moornixen in die Tiefe gezogen werden, nachdem wir unter der Absperrung durchgeklettert und noch hundert Schritte nach Norden gelaufen sind. Dort erreichen wir eine abgeholzte Fläche (im Naturschutzgebiet!), wie herbeigehext steht an ihrem Rand eine kleine Bank, von der aus wir einen herrlichen Panoramablick hinüber bis zum "Panorama-Hotel" bei Oberhof haben.
Viele, viele Heidelbeerbüsche tragen reiche Frucht und wollen abgeerntet sein, aber der Boden federt verdächtig quietschend unter unseren Füßen, um die Fußsohlen herum bilden sich sofort Wasserlachen ....
Ziemlich genau nach einem Stündchen, nach ausgiebigen Ausguck-, Fotografier- und Heidelbeerpausen, kehren wir auf dem gleichen Wege zu unserem WOMO zurück, und wenn man nur unsere Zungen sehen könnte, würde man uns zur Hunderasse der Chow-Chow zählen.
Zur "eigentlichen" Suhler Ausspanne muß man, in der Verlängerung des Parkplatzes, nach links noch 500 m in das Gelände fahren. Dort stünde man für eine Übernachtung idyllisch und total ruhig.
Auf den Parkplatz "Suhler Ausspanne" folgen 1800 m später, bei »13,5 km«, die Parkplätze "Sommerwiesen" hinter Bäumen links und rechts der Straße. Beide scheinen uns, trotz der Straßennähe, jedoch wegen der geringen Fahrzeugdichte durchaus auch als Nächtigungsplatz geeignet.
Ein letzter Parkplatz, diesmal rechts, unterhalb der Straße, wartet beim Waldgasthof "Forsthaus Sattelbach"(»14,4 km«). Hier wäre die Nähe zu Trank und Speise eine erfreuliche Zugabe - vielleicht aber auch Motorengebrumm später Zecher eine weniger willkommene. Die Bahnlinie indes dürfte wohl kaum stören, denn sie verläuft hier ziemlich genau 240 m unter der Straße durch den mit 3038 m längsten Eisenbahntunnel Thüringens.
1400 m später, auf dem Tageskilometerzähler erscheint die Zahl »15,8 km«, ist unsere Rennsteig-WOMO-Strecke zu Ende; die Kammstraße zwischen ALLZUNAH, SCHMÜCKE und OBERHOF stößt am Parkplatz "Rondell" auf die B 247.
Hier sollte man keinesfalls durchfahren, denn einen "Rennsteiggarten" bekommt man nur einmal auf der Welt geboten!
Der "Botanische Garten für Gebirgsflora" kultiviert in einer

schier unglaublichen Fülle so ziemlich alles, was zwischen Kaukasus und Kordilleren sprießt und blüht, man könnte glatt neidisch werden! Aber selbst dafür besteht kein Grund, denn an der Kasse bekommt man nicht nur Eintrittskarten, sondern auch eine Vielzahl von Gebirgspflanzen für den eigenen Steingarten.

Der Rennsteiggarten macht dem Besucher das Verständnis für die Lebensbedingungen der "Alpinen" leicht: Durch Laub- und schließlich Nadelwald wird er zur Baumgrenze geführt. Hier, in der Krummholzzone, gedeihen nur noch niedrige Latschenkiefern, schließlich erreichen wir die alpine Zwergstrauchheide, das Reich verschiedener, windgepeitschter Heidestrauchgewächse. Dann ist es aus mit Baum und Strauch! Nur noch Pflanzen ohne verholzte Teile, die während der kalten Jahreszeit vollständig Schutz in der Erde finden, sind im alpinen Bereich vertreten - hier sind wir im eigentlichen Rennsteiggarten:

Nun könnte man annehmen, daß sich nur wenige Pflanzenarten auf kurze Vegetationszeit, Wind und Kälte spezialisiert haben - aber weit gefehlt!

Nahezu jede Pflanzengattung stellt ein paar "Ritter ohne Furcht und Tadel" ab: Eine Fülle von Enzianarten, unter den Korbblütlern Edelweiß, Alpenaster und alpine Disteln, die Hahnenfußgewächse sind mit Alpenkuhschelle und Anemonen vertreten, wir erkennen Trollblumen, Alpenglöckchen, Glockenblumen, Nelken, Primeln — über 4.000 Pflanzenarten!

Noch voll der bunten Eindrücke kehren wir zum "Rondell" mit seinem Obelisken zurück. Er wurde zur Erinnerung an den Bau der Straße im Jahre 1830/32 errichtet.

Wir biegen nach rechts in die B 247 ein, fahren an OBERHOF vorbei, dem Mekka des Thüringer Wintersports.

Was könnte man hier - außer "après-ski" - im Winter nicht alles machen: Rennschlittenbahn, Bobbahn, Sprungschanzen, Skilifte, Hallenbad ....

Aber jetzt ist alles grün, wir wollen uns an der sommerlichen Natur erfreuen. 3,2 km nach dem Parkplatz "Rondell" biegen wir rechts ab, die Lütsche-Talsperre, tief unten im Tal, lockt.

Leider ist lange keine Reparaturkolonne mehr hier vorbeigekommen, und so wechselt des Fahrers besorgter Blick immer schneller zwischen den Rinnen und Schlaglöchern des Fahrweges und der idyllischen Umgebung hin und her.

Aber man kann ja auch parken! Bereits nach 900 m ein erstes Plätzchen, nach 3100 m ein kleiner Querweg zwischen zwei Teichen, auch gut als Rastplatz geeignet und nach 3300 m, zu Beginn des Lütsche-Stausees rechterhand ein großer Parkplatz mit Imbißbude.

Oberhof: Lütschetalsperre

Die Talsperre ist malerisch in ein dicht bewaldetes Tal eingeklemmt. Wenn man vor dem See rechts fährt, kommt man nach wenigen Metern an einen Campingplatz am Waldrand. In der Hauptsaison erwartet man (WOMO + 2/2 Personen) einen Obolus von 15 DM.
Wir wenden und fahren jetzt links des Wasserspiegels weiter. Neben der Staumauer sind nochmals feine Parkplätze mit Bänken und Tischen — ein guter Startplatz für eine Seeumrundung "per pedes".
Bei der Erinnerung an die zurückgelegte Holperstrecke, die vor allem bergauf den Fronttrieblern keinen Genuß bereiten dürfte, setzen wir unseren Weg weiter talwärts fort. Am "Borzelborn", einem gemauerten Brunnen rechts vorbei, rollen wir hinab bis FRANKENHAIN, wo am Ortsrand rechts ein Picknickplatz mit Bänken und einem großen Schirmpilz als Überdachung zur Rast einlädt.
Wir schwenken nach links in die B 88 ein, fahren über CRAWINKEL nach OHRDRUF. Falls Ihnen dieser Rückweg zu lang ist - auch die direkte Verbindung zwischen CRAWINKEL und OBERHOF ist problemlos zu befahren, und am Ortsende Crawinkels, auf halber Strecke zur B 247 und bei der Einmündung in die B 247 (gegenüber Gasthof "Wegscheide") warten gute Rastplätze.
Wir aber wollen den "Tobiashammer" in OHRDRUF sehen!
An der Ohra, die vom Kamm des Thüringer Waldes herabstürzt, arbeiteten im Bereich von OHRDRUF sage und schreibe 37 (siebenunddreißig) Gewerke und Mühlen. Der "Tobiashammer" ist eine historische Schauanlage in den ehemaligen Produktionsräumen eines alten Hammerwerkes mit fünf funk-

tionstüchtigen, gewaltigen Fallhämmern, einem funktionstüchtigen Walzwerk, einem funktionstüchtigen Pochwerk und einer ganzen Reihe von Nebenanlagen.
Eine elektrische Eisenbahn oder eine Spielzeugdampfmaschine, was ist das schon gegen ein hämmerndes, schnaufendes, krachendes Riesen-Original?
Sie möchten schnell noch wissen, was ein Pochwerk ist?
In riesige Blechtröge werden Erzbrocken geschüttet und dann durch hineinfallende Holzstempel mit Eisenspitzen zerkleinert. Dann leitet man Wasser durch die Tröge - das leichtere, taube Gestein wird weggeschwemmt, das schwerere, erzhaltige Gestein bleibt liegen ....
Ein Hammerwerk ist Ihnen auch noch nie begegnet?
Stellen Sie sich einfach einen Hammer aus Ihrem Werkzeugkasten vor, nur drei Zentner schwer und mit einem 3 1/2 Meter langen Stiel. Eine Achse hält ihn in der Mitte fest, und das Ende seines Stieles wird von den "Fröschen", den Nocken eines Wasserrades, unaufhörlich hinabgedrückt und wieder losgelassen. Durch sein Eigengewicht saust der "Bär", der Hammerkopf, mit Wucht hinab — und schmiedet, wie zum Beispiel der Tobiashammer, Sensen und Sicheln.
Täglich von 9-17 Uhr können Sie sich das gigantische Vergnügen, den Anblick werkelnder Riesenspielzeuge, gönnen!
Die B 247 von OHRDRUF nach OBERHOF führt durch LUISENTHAL. In frischem Blau leuchtet auf unserer Wanderkarte der Spiegel der Ohratalsperre aus dem Grün des Waldes.
Aber die Idylle trügt! Neben der Straße darf man einen gebührenpflichtigen Parkplatz anfahren und sich dann zu Fuß zum 1 km entfernten Stausee (mit Bootsverleih) aufmachen. Wie schön, daß es die Lütsche gibt!
Wir düsen nun die Serpentinen nach OBERHOF hinauf, werden immer wieder erschreckt, wenn Kopfsteinpflaster unsere Gürtelreifen zu lautstarkem Protest herausfordert.
Am "Rondell" kippt der WOMO-Bug wieder nach unten, nach 12 km hätten wir SUHL, die Stadt der Waffenschmiede, erreicht.
Aber bereits nach 1300 m, jedoch ziemlich unverhofft in einer Linkskurve, lockt uns ein Schild "Gaststätte Veilchenbrunnen" nach rechts in einen Schotterweg. 2,3 km später lautet meine erste Frage an das junge Gastwirtsehepaar: "Wann wird denn das Schlaglochgetümmel beseitigt?" Man verspricht mir, daß ich beim nächsten Besuch heranschweben werde, daß aber auch dann die täglich wechselnden Mittagsgerichte immer noch unter 10 DM kosten werden. Unser Abstecher zur Bergbaude "Veilchenbrunnen" erweist sich jedoch auch in anderer Hinsicht als Glückstreffer: Zunächst einmal bietet er einen

ruhigen Parkplatz mit ausgezeichneter Frühstücks- oder Abendbrotssicht; die Nachtruhe dürfte ungestört sein, denn die Gaststätte ist nur von 10-17 Uhr geöffnet.
Oberhalb der Bergbaude, ungefähr hundert Meter entfernt, sprudelt nicht nur der schön verzierte Veilchenbrunnen. Von hier aus führen Wanderwege in verschiedene Richtungen; mühelos ließe sich z.B. eine feine, kleine Rundwanderung: Veilchenbrunnen - Rennsteigschanze - Grenzadler (Rennsteig) - Rennsteig - Rondell (Rennsteig, evtl. mit Rennsteiggarten) - Veilchenbrunnen zusammenstellen, die mit geringen Höhenunterschieden und knapp zwei Stunden Dauer eher einem Spaziergang ähnelt.
Wir kehren zur B 247 zurück. Die gepflegte Bahn kurvt dreispurig hinab nach ZELLA-MEHLIS und nach SUHL. Eine Reihe von Parkplätzen liegt, jedoch wenig idyllisch, unmittelbar neben der Straße.
Eine der wichtigsten Adressen von SUHL ist die der früheren "Intertank"; heute ist es eine "Minol"-Tankstelle. Wir kommen direkt daran vorbei, sie liegt links der B 247, hinter der Tankstelle biegt an einer Ampel die Ausfallstraße nach ILMENAU ab. Will man jedoch tanken, muß man bereits 100 m vorher nach links in eine schmale Parallelstraße abbiegen.
Warum so ausführlich?
Zunächst einmal möchten wir Ihnen die "Suhler Schweiz" zeigen, ein malerisches, bewaldetes Tal zwischen Ringberg und Beerberg, in dem der Suhler Tierpark ein ideales Refugium gefunden hat.
Der Tierpark liegt an der Ausfallstraße nach ILMENAU, wir müssen also hinter der "Minol" links abbiegen. Nach 1500 m, am Ortsende von SUHL, an der letzten Ampel, zweigen wir nach rechts ab (Wegweiser "Tierpark" beachten).
Leider, leider hat der Tierpark keinen eigenen Parkplatz! Wir stellen das WOMO vor einem Wohnblock ab und marschieren ein paar Schritte ins Tal hinunter.
Die Betreiber des Tierparkes haben in weiser Selbstbeschränkung nur die Tiere angeschafft, die in unserer Heimat heimisch waren, noch sind oder eingebürgert wurden. Dieses Angebot ist aber ziemlich komplett: Von der Hausziege bis zum Wisent, vom Stieglitz bis zur Schneeule - und alles in wirklich gepflegter Präsentation und idyllischer Umgebung.
Wir spazieren ein Stündchen, genehmigen uns einen Kaffee im Tierparkcafé und machen uns solchermaßen gestärkt auf zum obligatorischen Stadtbummel.
Wir kehren zurück zur "Minol"-Tankstelle, biegen links in die B 247, sind nach 1 km im Zentrum von SUHL. Gegenüber dem "Kaufhof" müssen wir in den sauren Apfel beißen und einen

Parkautomaten füttern. Als Belohnung stehen wir jedoch unmittelbar neben einem wunderschönen, langgestreckten Fachwerkbau, dem ehemaligen Malzhaus, in dem das berühmte Waffenmuseum die Kunstfertigkeit der Suhler Büchsenmacher präsentiert (Di-Sa 9-16 Uhr, So 13-16 Uhr). Wenn Sie sich jetzt vorstellen, daß hier in alter Zeit ein Schmiedemeister mit primitivem Gerät werkelte, so sind Sie total auf dem Holzweg: Urkundlich belegt ist z.B. bereits für das Jahr 1575 die Produktion von sage und schreibe genau 19.458 Gewehrrohren! In der Mitte des 19. Jahrhunderts und natürlich in den beiden Weltkriegen war SUHL eine der ganz großen Waffenschmieden Deutschlands. Wie schön, daß heute der Schwerpunkt der Produktion auf Jagdgewehre und Mopeds umgestellt wurde. Aber auch eingefleischte Pazifisten werden im Museum die Kunstfertigkeit der Waffenschmiede bewundern, die sich nicht in der Herstellung präzisem Schießgeräts erschöpfte: Gewehrläufe, -schlösser und -beschläge sind feinst ziseliert, wobei in das Metall verschiedenste Motive eingestochen und eingegraben sind.
Neben dem Malzhaus steht ein weiteres, kleines, jedoch besonders schönes Fachwerkhaus. Es trägt nicht nur ein historisches Kleid, sondern ist komplett eingerichtet und beschreibt anschaulich das Leben eines Gewehrschäfters.
Wir wenden uns nun nach Südosten, spazieren zwischen dem "Kaufhof" und dem Herrenteich zum südlichen Beginn des Steinweges. Er war die erste Suhler Straße, die mit dem Luxus einer Steinpflasterung aufwarten konnte, jetzt ist er die Bummel- und Flanierzone Suhls und für den Autoverkehr gesperrt. Nach wahrhaft alten Gebäuden forscht unser Blick jedoch vergeblich. Mehrfach wüteten Brände, rafften wertvolle Bausubstanz hinweg. Was stehenblieb, mußte nach 1952 - SUHL wurde Bezirksstadt - dem sozialistischen Repräsentierbedürfnis weichen.
Blickfänge sind die barocke Kreuzkirche am Beginn des Steinweges und die Marienkirche oberhalb des Marktplatzes an seinem Ende. Dort, auf dem Marktplatz, endet bereits unser Stadtbummel, nachdem wir einen Blick auf das "rote" Rathaus und den "Waffenschmied" geworfen haben. Das Wahrzeichen der Stadt trohnt auf einem Obelisken, der einen achteckigen Brunnen ziert.
Hunger?
Ja, da können wir zwei, eigentlich sogar drei unterschiedliche Empfehlungen aussprechen: Wenn Sie das gestärkte, weiße Hemd, die Krawatte und den dicken Geldbeutel eingepackt haben, dann sind Sie im "Stadt Suhl" gut aufgehoben. Sie finden es, wenn Sie, an der Kreuzkirche vorbei, den Steinweg

nach Südwesten verlängern, nach 600 m in der Nähe des Bahnhofs.
Rustikaler geht es in der "Suhler Klause" zu, einem Kellerlokal in der Nähe der Marienkirche (Hinweisschilder beachten). Mit einem Thüringer Rostbrätel waren wir dort immer gut bedient.
Die dritte Empfehlung ist sozusagen eine Kombination aus Kunsthistorie und Gourmetfreuden - ich meine das historische Rathaus in SUHL-HEINRICHS aus dem XVI. Jahrhundert. Allerdings müssen Sie sich vorher in Ihr WOMO schwingen, noch 1 km auf der B 247 nach Süden fahren und dann, durch einen Eisenbahnviadukt nach rechts, Richtung MEININGEN abzweigen. Bereits nach 1100 m biegen wir von der Ausfallstraße nach rechts ab, nach weiteren 1200 m stehen wir vor dem prächtigen Fachwerkbau, dessen kunstvolle Architektur das Gebäude nicht nur verziert, sondern ihm auch völlig seine Schwere nimmt. Eigentlich ist HEINRICHS ein einziges Fachwerk-Freiluft-Museum. Leider hat das Geld nur zur Restaurierung weniger Gebäude gereicht. Vielleicht wird jedoch einst der ganze Vorort wieder in dem alten Glanz erstrahlen, der für das Zentrum von SUHL für immer verloren ist.
Ihre kulturellen und gastronomischen Wünsche dürften wir nun eigentlich hinreichend erfüllt haben - jetzt fehlt noch das passende Nachtlager, vielleicht verknüpft mit einem kleinen Verdauungsspaziergang!?
Wir kehren ins Suhler Zentrum zurück, brausen hindurch, genau bis zu der uns bereits vertrauten "Minol"-Tankstelle. Fährt man an ihr vorbei, so kommt man nach 100 m rechts zur Tankstelleneinfahrt. Wir blinken jedoch links, ordnen uns vorsichtig in der Straßenmitte ein und verschwinden in der schmalen Harzgasse; an der Ecke haben wir im Vorbeifahren ein Hinweisschild zur Gaststätte "Krinitzenstube" entdeckt. Wir unterqueren nach 100 m den hohen Eisenbahnviadukt der Strecke SUHL - ERFURT, die wenig später in dem schon erwähnten Brandleite-Tunnel verschwindet, und brummen ein schmales Teersträßchen steil den Berg hinauf, das "Krinitzen"-Schild weist uns den Weg. Nach 2100 m ist dieses Ausflugslokal erreicht; wir fahren jedoch vorbei, weiter geht es steil durch dichten Fichtenwald, dann kommt ein ebenes Stück, schließlich, nach insgesamt 2600 m seit der B 247, landen wir am Ende des Teerweges an einer Wegspinne, in deren Mitte ein gemütlicher Picknickplatz mit Tisch und Bank zwischen Bäumen auf uns wartet. Hier lassen wir in völliger Ruhe den Tag ausklingen, machen noch einen kleinen Waldspaziergang, entdecken gleich nebenan ein gutes Pilzrevier und werden nachts von keinem Geräusch gestört.
Nach links führt ein breiter Waldweg weiter zur Bergbaude

"Domberg"; "Anwohner und Versorgungsfahrzeuge" dürfen passieren. Falls Sie beschließen sollten, für eine Nacht dort "anzuwohnen", dann finden Sie unterwegs einen "Trimm-Dich-Parcours" und nach 1600 m einen letzten Waldparkplatz (für wen auch immer). Dann beginnt das Gelände des Dombergs mit Gaststätte (Mo/Di/Fr 10-18 Uhr, Sa/So 10-20 Uhr), Kinderspielplatz, Naturlehrpfad - und natürlich dem Dombergturm. Von dort aus hat man einen prächtigen Blick nicht nur hinab zu allen Stadtteilen von SUHL, sondern auch zu vielen Gipfeln des Thüringer Waldes. Bis zur Plattform des 1897 erbauten, 21 m hohen, stattlichen, quadratischen Steinturmes führen 104 Stufen. Zusammen mit dem Domberg erreichen wir somit eine Höhe von 697 m - da kann man schon weit hinabspucken! Naturfreunde haben ein gewaltiges Fernglas installiert, mit dem man sogar erkennen kann, welche Blumen im Suhler Stadtpark blühen.
Am nächsten Morgen, unser gemütliches Frühstück wurde von dezentem Vogelgesang begleitet, rollen wir wieder hinab nach SUHL, setzen unsere Tour auf der B 247 Richtung SCHLEUSINGEN fort.
Ein letzte Mal durchqueren wir das Suhler Zentrum, bleiben jedoch links der Bahnlinie. Dreispurig geht es hinauf, vorbei an der Friedbergsiedlung mit der bekannten Schießsportanlage, auf der auch schon Weltmeisterschaften ausgetragen wurden; dann wieder hinab ins Erletal. Die Erle ist nur ein kleines Bächlein, aber sie füllt eine ganze, wenn auch kleine Trinkwassertalsperre und plätschert dann durch ein außergewöhnlich liebliches Tal, eines von der Sorte, wo man sogar die Tischdekke auf den Campingtisch legt.
Wir biegen am Ortsbeginn von HIRSCHBACH links, unterqueren die Bahnlinie und folgen den Wanderwegweisern "Talsperre Erletor 2,5 km". Passen Sie auf, wilde LKW-Fahrer sausen um die Kurve, biegen jedoch nach wenigen Schritten rechts zu einem Porphyrwerk ab, wir halten uns links.
Im Talgrund, rechts der Erle, zieht das Teersträßchen dahin. Wir parken rechts, finden Tisch und Bank unter einer Fichtengruppe und genießen die Idylle beim zweiten Frühstück.
Die Talsperre selbst kann (und braucht) nicht angefahren zu werden. Es gibt dort weder Bade- noch Picknickplätze. Am Beginn des Tälchens oder vor der Staumauer kann man jedoch zu einer feinen Rundwanderung aufbrechen, die den Aussichtsturm auf dem 850 m hohen, aussichtsreichen Adlersberg einschließt.
Wir möchten Sie jedoch in dieser besonders schönen Ecke des Thüringer Waldes zu etwas umfangreichen Taten verleiten! Folgen Sie uns also bitte zunächst von HIRSCHBACH auf der

B 247 bis zum benachbarten ERLAU. Dort, ebenfalls links der Straße, warten Schwimmbad und, etwas weiter oben, am Waldrand, ein Campingplatz. Hier wären Sie "unserem" Vessertal, einem Biosphärenreservat, schon näher.
Den günstigsten Ausgangspunkt für eine Wanderung im und ums Vessertal haben wir jedoch am nördlichen Ortsende von BREITENBACH entdeckt. Wir fahren noch genau 500 m weiter auf der B 247 nach Süden, biegen scharf links, erreichen BREITENBACH und rollen durch das gesamte, langgezogene Straßendorf. In der Ortsmitte lohnt sich rechterhand ein Besuch im Fremdenverkehrsamt. Die äußerst rührige Dame wird Sie mit Material über das Vessertal überschütten und Ihnen eine Wanderkarte "Rund um den Adlersberg" verkaufen wollen. Lehnen Sie nicht ab - die 2 DM sind gut angelegt!
Am Ende des Ortes geht es geradeaus weiter ins Vessertal; wir biegen links ab zum Schwimmbad. Direkt davor, im Breitenbachgrund, finden Sie eine schön gelegene Parkplatzwiese, die gleichzeitig Wander-, Bade- und Picknickplatz für Sie sein möchte. Für einen längeren Aufenthalt empfiehlt sich der hinter dem Schwimmbad gelegene Campingplatz.
Bevor wir ans Wanderprogramm gehen, möchten wir Ihnen noch die Möglichkeit aufzeigen, Ihren Aufenthalt zu einer Rund- und Rückfahrt nach SUHL zu ergänzen: Rechts der Parkplatzwiese führt ein Schotterweg nach Norden. Er führt zwischen dem Breitenbach- und dem Vessertal durch den Wald, macht Zwischenstation beim Hotelrestaurant "Stutenhaus". Kurz vorher, in der "Stutenhausranch", gibt's Reitstunden und Reitunterricht (tägl. 14 - 17 Uhr, Anmeldung Tel. Schleusingen 8132; Herrn Siegfried Werner, Hauptstraße 22, O-6051 Breitenbach).
Dann setzt sich der Schotterweg nach Norden fort, bietet zweimal (nach 300 m und 2000 m) Park- und markierte Wandergelegenheit zum Adlersberg und endet nach 4 km am Parkplatz "Wegscheide" an der Verbindungsstraße zwischen SCHMIEDEFELD und SUHL.
So, aber nun zum Biospärenreservat: 1970 beschloß die UNESCO das MaB-Programm, das Man-and-biosphere-program, ein Projekt, das für die Landschaft besonders typische und artenreiche Areale unter Naturschutz stellt. Das schützenswerte Gebiet wird in eine Kern- und eine Pufferzone unterteilt: Während in der Pufferzone die landwirtschaftliche Nutzung bereits eingeschränkt ist, dürfen in der Kernzone keinerlei Veränderungen vorgenommen werden, man darf noch nicht einmal ein Blümlein pflücken, jeder Baum bleibt dort liegen, wo er altersschwach hinfällt - ein Urwald, wie er vor hunderten von Jahren hier typisch war, entsteht wieder. Um ein

paar Zahlen zu nennen: Im Vessertal gedeihen etwa 495 höhere Pflanzenarten, dazu kommen 120 Flechten-, 260 Moos- und etwa 700 Pilzarten!

Wir starten zu unserer Biosphären-Wanderung rechts des Breitenbachs, folgen auf einem breiten, rötlichen Schotterweg dem "gelben Balken" bachaufwärts. Nach 10 Minuten macht die geschotterte Fahrstraße einen Schlenker nach rechts in den Wald. Wir halten auf dem "gelben Balken" weiter geradeaus Richtung Roßbachtal und legen auf der Bank unter der "Großen Buche" unsere erste Rast mit Blick auf den Dommigsgrund ein.

Hier verlassen wir den "gelben Balken", folgen weiter dem breiteren Weg, der links der "Großen Buche", weiter am Breitenbach entlang, Richtung "Hirtenbrunnen" führt. Leider ist der "Hirtenbrunnen" kein idyllischer Quell, sondern ein eingezäunter Trinkwasserbehälter, aber immerhin wartet links hinter der Brücke eine Schutzhütte mit schöner Aussicht.

Auspassen! Wir sind nun links des Breitenbachs und müssen an seinem linken Ufer bleiben, also nicht den Weg zum "Stutenhaus" nehmen.

Hier beginnt, zurückblickend, der schönste Teil der Tour auf einem idyllischen Waldweg, der durch schattigen Mischwald führt und doch immer wieder Ausblicke auf den Wiesengrund des Breitenbachs freiläßt, der nach der Karte jetzt Roßbach heißt.

Nach einer halben Stunde münden wir in den breiten Waldweg mit dem "grünen Balken", der aus ERLAU kommt und folgen ihm weiter nach rechts, bergauf. Kurz darauf teilt sich, im Wiesengrund, das Tal in zwei Zipfel, links den ILMENGRUND und rechts den PLAUDERGRUND; wir bleiben links des Baches, passieren wieder eine Schutzhütte, halten uns an der Wegweiserfichte rechts, im PLAUDERGRUND Richtung ADLERSBERG.

Warum er wohl PLAUDERGRUND heißt? Uns vergeht nach und nach das Geplauder, denn als wir den letzten Wiesenzipfel, der wie eine spitze Zunge in den Wald hineinragt, passiert haben, steigt der Weg immer steiler an - aber schließlich wollen wir von 680 m (in BREITENBACH) auch bis zum 850 m hohen ADLERSBERG aufsteigen, um dort die berühmte Rundumsicht zu genießen.

Dreimal queren wir verlockende Spazierwege, die uns bequem und eben nach rechts zum "Stutenhaus" führen wollen, wir schnaufen jedoch auf der Fallinie weiter, erreichen nach genau zwei Stunden den Gipfel des Adlersberges mit Grillstellen, Bänken und Tischen, Liegewiesen, der bewirtschafteten Bergbaude und dem 22 m hohen Aussichtsturm.

Die Reihenfolge ist ganz klar: erst verschnaufen, dann ein großes Halbes vom Faß - und dann 3 + 88 + 11 Stufen hinauf zur wahrhaft einmaligen Aussicht! Was es hier oben nicht alles zu sehen gibt:
Ringsum erheben sich die Gipfel des Thüringer Waldes, der Rhön und des Grabfeldes; wir begrüßen aus der Ferne "alte Bekannte" wie Goethes Kikkelhahn, Ruine Straufhain und Veste Heldburg, die beiden Gleichberge - und wenn nicht im Westen die Sonne stehen würde, könnten wir auch die Wasserkuppe erkennen.
Nach ausgiebigem Rundblick und ausgedehnter Rast steigen wir auf dem Blauen-Balken-Weg (auf der Wanderkarte blauer Punkt) zunächst 20 Minuten steil ab bis zum Hotelrestaurant "Stutenhaus", treffen kurz vorher auf die geschotterte Straße zur "Wegscheide" an der Verbindungsstraße SCHMIEDEFELD - SUHL.
Das "Stutenhaus" war bis vor kurzem erholungsbedürftigen Zeiss-Jena-Angehörigen vorbehalten - jetzt dürfen auch Sie sich dort an Speis' und Trank laben (tägl. 11 - 22 Uhr).
Nach VESSER hinab führt ein schmales Teersträßchen, das kurz vor dem Ort in eine Pflasterbahn übergeht. An "Renates Imbißstube" vorbei treffen wir nach 15 Minuten auf die schiefergedeckte und schieferverkleidete Kirche im Vessergrund, und folgen nach rechts dem "blauen Balken" weiter, der nun den Lauf der Vesser begleitet, SCHMIEDEFELD und "Sprungschanze" sind angezeigt. Aber eigentlich brauchen wir nun keine Wegweiser mehr, sondern folgen immer dem Flußlauf

durchs liebliche Tal, erfreuen uns an der Vielfalt der Flora, an der Ruhe und an der Vorfreude auf eine gemütliche Kaffepause in unserem WOMO. "Wichtige" Stationen im Vessertal sind ein Brunnen am linken Wegrand, ein Teich mit schwarzen Enten, die "Walter-Ulbricht-Skischanze", auf der Heiko Hunger 1987 den Schanzenrekord von 92 m aufstellte.
Kurz darauf wechseln wir das Vesserufer von links nach rechts, betreten nun die Kernzone des Biosphärenreservates. Hier wird das Tal enger, Basaltfelsen treten an den Weg heran, aber auch Seitentäler lockern das Gelände auf. An ihren Einmündungen liegen die Schutzhütten "Glasbach" und "Löffeltal".
Nach einer guten Stunde im Vessertal passieren wir bei einer ganzen Reihe von Forellenteichen die Grenze des Reservates. Kurz darauf erreichen wir das Ortsschild von BREITENBACH und biegen 100 m später rechts ab zu unserem WOMO auf der Parkplatzwiese im Breitenbachtal.
Mit vielen Pausen haben wir gute fünf Stunden für die Breitenbach-Adlersberg-Vessertal-Rundtour gebraucht - eine 15-km-Wanderung, die auch Ihnen sicher viel Freude machen wird.
Wir kehren von BREITENBACH zur B 247 zurück, nach links einbiegend passieren wir bereits nach 2 km das Ortsschild von SCHLEUSINGEN. Auch hier saß Graf von Henneberg mit einer alles beherrschenden Burg, ja man konnte im 13. Jahrhundert Schleusingen als Burg mit Stadt bezeichnen. Auch heute noch bildet die Bertholdsburg mit ihren drei mächtigen Ecktürmen einen zentralen Anlaufpunkt und mit Abstand das sehenswerteste Bauwerk der Stadt.
Der kirchenartige, zweischiffige Saal schildert dem Betrachter die Herkulessage in Wandmalereien aus dem XVII. Jahrhundert. Die alte Schloßküche kann besichtigt werden wie das Naturhistorische Museum (Di-Fr 9-17 Uhr, Sa-So 11-13 Uhr). Hier hat man sich auf die Flora, Fauna und Geologie Südthüringens spezialisiert, aber auch die Geschichte der Region kommt nicht zu kurz.
Ein weiterer Blickfang ist die Alte Schule, ein besonders schöner Bau aus steinernem Sockel und reich verziertem Fachwerk. Er wurde von seinem ursprünglichen Platz zu dem leicht erreichbaren Ort unterhalb des Schlosses verpflanzt.
Sehenswerte Fachwerkhäuser und Fachwerktürme findet man auch bei einem Bummel durch die Altstadt, zum Beispiel in der Kloster- und der Münzgasse.
Bevor wir SCHLEUSINGEN nach Südwesten Richtung THEMAR/MEININGEN verlassen, möchten wir Sie auf einen nahegelegenen, beliebten Badesee aufmerksam machen - die Talsperre Ratscher. Sie liegt nur 3 km südöstlich, an der B 4 Richtung EISFELD/SONNEBERG. Allerdings dürfen Sie kein

lauschiges Waldidyll erwarten - "Ratscher" ist ein Begriff in nah und fern und im Hochsommer total "zu", zumindest was die Parkplätze anbetrifft. Diese liegen auch noch, publikumsfeindlich, auf der dem See abgewandten Straßenseite, werden "bewacht", was mit Geldausgabe verbunden ist - und nach dem Fußmarsch zum Badeplatz erwartet Sie das nächste Kassierhäuschen! Da sollte man, zumindest bei etwas längerem Aufenthalt, gleich den Campingplatz aufsuchen. Der hat sich erst kürzlich direkt neben den Liegewiesen etabliert, vom WOMO sind's nur wenige Schritte ins Wasser und der Badespaß ist im Preis inbegriffen.
Wir passieren Richtung MEININGEN das Dörfchen RAPPELSDORF, überqueren beim Bahnhof Zollbrück das Flüßchen Schleuse, erreichen KLOSTER VESSRA.
Bereits 1131 wurde dieses Prämonstratenserkloster von dem Henneberger Grafen Gotebold II. gegründet. Die Macht und der Reichtum der Henneberger zeigen sich auch heute noch: Weithin dominiert der Westbau der Klosterkirche mit zwei gewaltigen, quadratischen, fünfgeschossigen Türmen, deren drei unterste zu einem Querriegel verbunden sind; vergleichbar der Klosterkirche Paulinzella sind auch hier die Außenmauern des Längsschiffes erhalten. Allerdings wurden die fehlenden Teile der Kirche erst 1939, nach einem Großbrand, abgetragen. Wir stellen, in dem ausgeweideten Baukörper herumschlendernd, einen Übergang im Baustil zwischen Hochromanik und Frühgotik fest. In einen Teil des Klausurgebäudes finden wir eine Ausstellung, die uns über das Kloster, seine Entstehung und Bedeutung, aber auch über das Geschehen des Jahres 1525 belehrt, in dem während des Bauernkrieges die Aufständischen Kloster Veßra besetzten. Ein weiteres Schmuckstück aus besseren Klostertagen sind das romanische Torhaus (Eingang) mit der benachbarten Torkirche.
Das Klosterareal umfaßt mehr als 50.000 qm! So wundert es nicht, daß der Landesherr nach der Säkularisierung daraus eine gewinnträchtige Domäne machte, also ein Landgut, das gewöhnlich verpachtet wurde.
Heute werden nahezu alle Gebäude vom Agrarhistorischen Museum genutzt, eine Attraktion, die auch Kirchenmuffel in die Anlage locken wird. Ich zähle einfach mal auf, was mir beim Rundgang durch Gelände und Gebäude besonders ins Auge stach: Eine umfangreiche Traktorensammlung zeigt Rad- und Kettenschlepper, aber auch dampfgetriebene Ungetüme aus den Jahren 1920 bis heute; Saat- und Kulturpflanzen Europas, Entwicklung des Getreideanbaues, Küchenkräuter und Gemüsesorten aus verschiedenen Jahrhunderten, das Prinzip der Dreifelderwirtschaft sowie Aufbau und Bedeutung des ehema-

ligen Klostergartens werden sozusagen am Wegrand gezeigt und erläutert. Die Fachwerkhaus-Ausstellung habe ich mir gleich zweimal angeschaut. Fünf Fachwerkhäuser und eine Schmiede, jeweils liebevoll mit sämtlichen Einrichtungsgegenständen ausgestattet, lassen das Leben der thüringischen Landbevölkerung in vergangenen Jahrhunderten vor uns lebendig werden. Die Originaltreue geht so weit, daß auf dem Küchentisch noch die handgeschriebene Anweisung der Mutter an die Kinder liegt, welche Hausarbeiten (nicht Hausaufgaben!) sie nach der Schule zu erledigen haben. Erschrocken drehe ich mich um, als der nächste Besucher die Stube betritt - eine Schrecksekunde lang hatte ich wirklich gedacht, die Bauersfrau käme von der Feldarbeit zurück!
Eine weitere Ausstellung "Ländlicher Transport und Verkehr" zeigt jegliches Gerät, von der Kötze (Kiepe), der weidengeflochtenen Rückentrage, mit der Generationen von Bauersfrauen ihre Produkte zum Markt trugen, über Ernte- und Dungwagen, Transportschlitten, Feuerlöschwagen mit langen Pumpenschwengeln (nicht ohne Grund heißen die Feuerwehrleute in Frankreich "pompiers") bis zum reich verzierten Leichenwagen ....
Selten haben wir eine Ausstellung gesehen, die einerseits so umfangreich und lehrreich war und sich trotzdem gemütlich durchschlendern ließ (selbstverständlich fehlt auch ein kleines Café nicht); Öffnungszeiten: Di-So, 10-18 Uhr.
Wenige hundert Meter weiter westlich stoßen wir auf die B 89, biegen links, nur 12 km trennen uns auf ebener Bahn von der ehemaligen Hauptstadt des Herzogtums Sachsen-Hildburghausen.
HILDBURGHAUSEN verrät auch dem unkundigen Besucher schnell seine mittelalterliche "Abstammung", stößt er doch allenthalben auf Reste der dicken Stadtmauer. Die alte Hauptstraße, jetzt schmucke Fußgängerzone, verläuft quer durch diesen ehemaligen Altstadtbereich, erweitert sich in der Mitte zum Marktplatz mit dem schönen Rathaus, dessen dunkelgrüner Putz mit den weißen Fensternischen und Gebäudekanten kontrastiert.
Der runde Treppenturm ist noch vom alten Schloß übrig, er bekam jedoch eine barocke Haube verpaßt, die sich gut mit dem hohen Renaissance-Giebel und dem Uhrtürmchen auf dem Dachfirst verträgt.
Aber das Rathaus steht nicht allein! Die anderen Gebäude des Marktplatzes können sich auch sehen lassen, verleihen mit ihren barocken Fassaden dem Marktplatz ein einheitliches, behäbiges Gesamtbild.
Als das Herzogtum Sachsen-Gotha geteilt wurde, entstand

eine Seitenlinie Sachsen-Hildburghausen - und die brauchte natürlich ein Residenzschloß. Von dem schönen Barockschloß und seinem gepflegten französischen Garten existieren jedoch nur noch Bilder. Die Gebäudetrümmer, die nach einem Luftangriff am Ende des Krieges blieben, konnte man nur noch vollständig abtragen. Der Schloßkeller jedoch hat überlebt und sich sogar zu einem gemütlichen Restaurant gemausert. Wer also wie wir aus Richtung Westen nach HILDBURGHAUSEN kommt, der braucht nur auf der B 89 zu bleiben, bis er rechts einen Landschaftspark und links das Hinweisschild zum "Schloßkeller" erspäht. Dort und kurz darauf kann man parken und in das historische Gewölbe hinabsteigen, dessen seitliche "chambres séparées" besonders zu empfehlen sind. Nach dem genußreichen Mahle empfehlen wir, durch den ehemaligen Schloßpark zu wandeln, und wer gar zu üppig getafelt hat, sollte kräftig die Ruder der zu mietenden Bootchen schwingen. Aber nicht nur der Park des ehemaligen Schlosses bietet den Hildburghäusern naturnahen Auslauf ....

Wir verlassen HILDBURGHAUSEN nach Nordosten, Richtung WEITERSRODA/BÜRDEN, biegen aber schon kurz vor dem Ortsende links ab nach WIEDERSBACH. 1100 m nach dieser Gabelung, direkt am Waldrand, fahren wir halblinks ungefähr 300 m einen Waldweg entlang (die Teerstraße knickt nach rechts ab), bis zum Ende des Waldes, auf eine freie Wiese. Dabei kommen wir an einem kleinen See, dem Schafteich und einer Ferienhaussiedlung vorbei. Dort parken wir, und da wir uns bereits umgesehen haben, können wir Ihnen das Freizeitangebot schildern, das Sie von diesem Platz aus genießen können:

Vor Ihnen, im Tale, liegt das Naherholungsgebiet "Gemauerte Teiche". Richten Sie Ihren Blick nach rechts, so daß er am Waldrand entlang zur Talsohle wandert, erspähen Sie ein Areal, in dem sich eine ganze Wildschweinrotte wohlig suhlt. Wendet man sich von dort nach links, führen gemütliche Wege, an den bewußten "Gemauerten Teichen" und verschiedenen Wildgehegen mit Aussichtskanzeln vorbei zum eigentlichen Eingang des Naherholungsgebietes, wo man in der Gaststätte "Erdbeere" äußerst preiswert speisen kann. Dann kann man, einen Bogen nach links schlagend, über einen dendrologischen Lehrpfad (dendron ist griechisch und heißt Baum), vorbei an einer weiteren, überdachten Aussichtskanzel für Dam-, Rot- und Muffelwildbeobachtungen zurück zum Schafteich und dem geparkten WOMO spazieren. Wir brauchen nicht extra zu betonen, daß wir unsere Waldwiese oberhalb des Naherholungsgebietes als ruhigen Übernachtungsplatz empfehlen?

TOUR 11 (100 km)

Hildburghausen – Straufhain – Heldburg – Bedheim – Steinsburg – Römhild – Haina – Bauerbach – Henneberg – Untermaßfeld – Meiningen

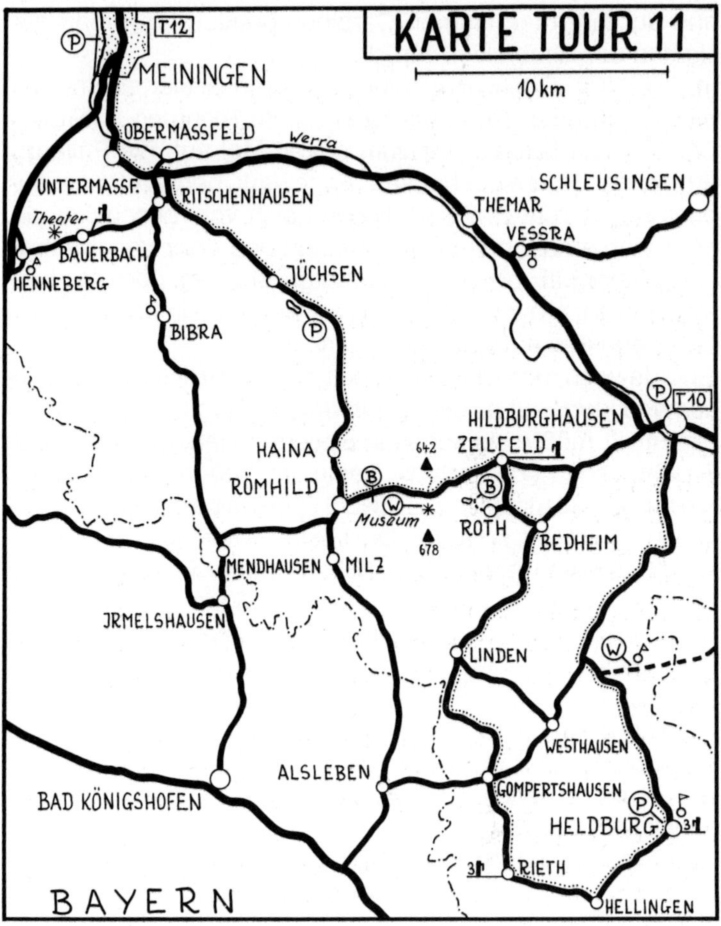

Wir verlassen HILDBURGHAUSEN nach Süden, Richtung HELDBURG. Am Ortsende zieht sich rechts der Straße eine eigentümliche Anlage dahin. Zunächst erweckt sie den Eindruck, als habe man Weinberge mit Vogelschutznetzen überspannt, dann entdecken wir darunter Freiluftkäfige, in denen Fasane gezüchtet werden, die Fasanerie von HILDBURGHAUSEN. Brauchen Sie ein edles Tier für Ihre Garten-Voliere? Hier können Sie es gleich mitnehmen!

Wir durchqueren Sophienthal und unmerklich, ohne Paukenschlag, aber immer deutlicher, ändert sich der Landschaftscha-

rakter - das Grabfeld entfaltet sich vor uns mit seinen fruchtbaren Feldern im Wetterschutz von Thüringer Wald und Rhön.
Grabfeld, werden Sie sagen, nicht gerade ein munterer Name für eine solch aktive Landschaft. Aber mit "Grab" hat der Name der einstens von ausgedehnten Wäldern bedeckten Landschaft auch gar nichts zu tun. So wie die Rotbuche typisch ist für die rauhe Rhön, so ist's die Weißbuche für das Grabfeld, und auf ihren lat. Namen Carpinus betulus führt man den Namen des Grabfeldes zurück.
In STEINFELD biegen wir vor dem frisch lackierten Brunnen mit den drei weißen Schwänen rechts Richtung STREUFDORF. Dort fällt sie uns zum ersten Mal auf, die Fülle gut erhaltener Fachwerkhäuser. Fachwerk begleitet uns nun durchs gesamte Grabfeld, steigert sich vom bescheidenen, aber wohlerhaltenen Bauernhausgefüge über variantenreiches Ziergebälk bis zu wahrhaft orgiastischen, über das konstruktionstechnisch Notwendige bis weit ins rein Künstlerische reichende Balkenverschlingungen.
Geradewegs führt die Straße nun nach SEIDINGSTADT, linkerhand klotzt auf einem kegelförmigen Berg eine Burgruine - eigentlich müßte sie schon in Bayern liegen, denn links der Straße ziehen sich noch die Reste des 500-m-Zaunes dahin.
Ein kurzes Gespräch in SEIDINGSTADT mit ein paar Einheimischen macht uns schlauer: Die Veste Straufhain, die so unerschütterlich von ihrem 449 m hohen Bergbuckel herabschaut, liegt nur wenige Schritte vor der ehemaligen Grenzlinie, und war den Anwohnern doch so fern, als läge sie in Bayern - Sperrgebiet.
Natürlich ist jeder inzwischen oben gewesen, Ehrensache, und ein flugs gegründeter Verein kümmert sich auch schon um die Restauration der Ruine, um die Erhaltung der Pflanzen, die sich in dem so lange unberührt gebliebenen Bergwald darunter entwickeln konnten.
Am Ortsende finden wir den Wegweiser, der uns, frisch lackiert, nach links in das einstige Sperrgebiet, zur Ruine Straufhain (1,5 km) führt.
Mitten im Eichenwald halten wir neben einer alten Steinbank beim Hinweisschild: "Zur Straufhain".
Geradeaus führt der holperige Fahrweg nach genau 850 m direkt zum Grenzzaun, dessen Reste noch da und dort an den Betonpfosten hängen, dahinter schlängelt sich der Feldweg weiter zum ersten bayrischen Ort, RUDELSDORF.
Wir parken an der Steinbank und stapfen durch das letztjährige Laub. Weiße und gelbe Buschwindröschen und große, dunkelgrüne Flächen, aus denen die ersten blauen Sterne des Kleinen Immergrüns strahlen, durchqueren wir, kommen an frisch

Seidingstadt: Grenzanlagen bei der Ruine Staufhain

gezimmerten Rastbänken vorbei. Weiter oben wird das Immergrün von Leberblümchen abgelöst, Schlüsselblumen und Maiglöckchen, die sich bei näherem Beriechen als Bärenlauch entlarven, warten darauf, daß sie an der Reihe sind.
Nach knapp 15 Minuten haben wir den wuchtigen, quadratischen Bergfried erreicht, dessen voluminöse Kanonschießscharten in alle vier Himmelsrichtungen drohen. Weitere Überreste der Burg sind nicht erhalten, dafür zieht sich östlich der Ruine ein freier Platz dahin, dessen Gestrüpp bereits einer idyllischen Lagerwiese, neuen Tischen und Bänken hat Platz machen müssen. Nur schade, daß man nicht hinaufklettern kann auf den großen Klotz - dann könnte man weit nach Osten schauen - nach Bayern!
Wir holpern zurück nach SEIDINGSTADT, biegen links in die Teerstraße nach HELDBURG ein. Über Kilometer hinweg begleiten uns erneut links der Straße die Reste des 500-m-Zaunes, und ohne es zu wollen steigt mir wieder dieses aus einer Mischung aus Übelkeit und Zorn zusammengesetzte Gefühl aus der Magengegend, klebt als schlechter Geschmack in der Kehle - welch ein Wahnsinn!
HELDBURG ist eine schöne Stadt, in HELDBURG muß man gewesen sein!
HELDBURG ist eine Orgie in Fachwerkbaukunst. Das fängt an mit dem Postamt, setzt sich fort in einer ganzen Reihe wunderschöner Bauern- und Handwerkerhäuser, am besten hat uns die Metzgerei Westhausen gefallen: Das Obergeschoß und der gesamte Giebel bestehen fast nur aus verschiedensten, jedoch stets die Symmetrie wahrenden Fachwerkmustern, die Stützpfeiler sind zusätzlich auch noch mit Schnitzwerk, Ge-

sichtern und Muscheln versehen, die kleinen Fenster sieht man kaum im Gewirr des Holz-Putz-Kontrastes, und auch das aus Sandstein gehauene, reich verzierte Wappenschild zwischen den zwei Säulen über dem Rundbogenportal entdeckt man erst im letzten Moment.

Wir steigen an irgend einer Stelle des Städtchens aus, flanieren durch die fast leeren Straßen, saugen die Eindrücke geradezu in uns hinein und können uns doch nicht satt sehen an diesem Einfallsreichtum, mit dem die bockigen Balken in immer neuen Formen miteinander zu scherenschnittgleichen Mustern zusammengefügt - und mit welcher Liebe die Häuser auf Hochglanz gebracht sind, so als hätte man nicht uns, sondern mindestens den Bundespräsidenten zu Gast.

Fast hätte ich es vergessen: Außerdem sprudeln in HELDBURG noch mindestens drei Brunnen!

Und immer wieder, mal zwischen den Häusern, mal über ihren Dächern, ragt sie ins Bild, die "Fränkische Leuchte", die Veste Heldburg. Dieses Märchenensemble aus Türmen, Erkern, Palastmauern und Kirchenfenstern kann man nicht einfach so "im Vorübergehen" besichtigen. Wir setzen also gemütlich unseren Stadtrundgang fort, entdecken dabei, daß neben dem Friedhof HELDBURG aufhört, will sagen einen ruhigen Schlafplatz mit freiem Blick auf die Veste anbietet. Dorthin lenken wir unser WOMO, können uns jedoch nicht eine kleine Stadtrundfahrt verkneifen, bei der wir ganz plötzlich vor dem alten Stadttor mit dem "gotischen" Tor und dem (natürlich) Fachwerkoberteil stehen. 2,50 m Höhe zeigt das Verkehrsschild an, ich jongliere 3,10 m WOMO-Höhe genau unter den Spitzbogen, prüfende Kinderaugen beurteilen die Gefahr aus dem Alkovenfenster: „Platz für zwei!“

Hinter dem Stadttor links steht wieder ein besonders schönes Fachwerkgebäude, wir biegen zweimal links und kurz darauf stehen wir an unserem ruhigen Friedhofsschlafplatz.

Am nächsten Morgen verlagern wir unseren WOMO-Stützpunkt auf den großen Parkplatz am Fuße des Burgberges. Sofort haben wir wieder ein Fachwerkhaus entdeckt, das wir am liebsten mitnehmen würden. Ach was, kein Haus, ein Schlößchen mit vieleckigem Fachwerkturm, weiß lackierten Spitzbogenfenstern und einer Laterne mit Zwiebelaufsatz - einfach süß!

Schräg gegenüber ein behäbig breites Bauernhaus, das fast unwirklich glänzend herausgeputzt ist, goldfarbig ausgemalte Schnitzmuster und scherenschnittfeines Holzwerk verzieren hier den zweistöckigen Trapezerker.

Ein bequemer, geteerter Fußweg führt hinauf zur Veste. Natürlich haben ungestüme Kinder längst eine Abkürzung, einen

Heldburg: Schönstes Fachwerkhaus am Aufstieg zur Veste

Trampelpfad entlang der Fallinie angelegt, und auf dem schnaufen wir in knapp 15 Minuten bis vors Burgtor. Das romantisch-märchenhafte Kleinod, das wir aus der Froschperspektive auf dem Berg sahen, ist vollgestopft mit Baumaterial und Maschinen. Ein Kranarm pendelt unaufhörlich hin und her, liefert Ziegel und sorgfältig zurechtgeschliffene Sandsteinklötze nach oben, wo verrottende oder fehlende Teile von einer Spezialfirma ersetzt bzw. ergänzt werden - das Märchenschloß hat bereits zu lange seinen Dornröschenschlaf gehalten. Trotzdem ist schon - oder noch - vieles sehenswert: Der Hexenturm mit dem putzigen Erker, der die perfekte Kulisse für eine Freiluftaufführung von "Rapunzel" abgeben würde; burgartige, mittelalterliche Bauteile kontrastieren mit dem "Französischen Bau", dessen palastartige Hoffront durch prächtige Erker prunkt. Es ist kaum vorstellbar, welche Pracht sich nach der Restauration wieder entfalten wird - freuen Sie sich darauf!

Wir fahren von HELDBURG nach HELLINGEN und biegen dort rechts ab nach RIETH. In HELLINGEN haben sich einige Reste der Stadtmauer erhalten, weil eine ganze Reihe von Häusern sich nicht nur anlehnt, sondern die Stadtmauer als, sicher sehr soliden, Wandersatz benutzt, außerdem ein sechseckiger Turm mit spitzem Dach. Vor RIETH werden wir belehrt, wo die vielen Trabis geblieben sind, die früher die DDR-Straßen bevölkerten: Aus dem Abfallgewirr einer großen Müllhalde ragen nicht nur Fernseher und Kühlschränke, sondern auch einige der typischen Plastikkarosserien.

Mitten durch RIETH fließt ein munteres Bächlein und an diesem Bächlein plätschern, nicht zu übersehen, mindestens drei Brunnen. Zwischen RIETH und GOMPERTSHAUSEN rollen wir auf einer Höhe dahin; von rechts grüßen die Veste Heldburg und Straufhain herüber.

In GOMPERTSHAUSEN ist die Straße nach LINDEN noch nicht ausgezeichnet. Das wundert uns nicht sehr, denn nach einer alten Karte führt sie geradezu auf der Grenzlinie entlang. Fährt man jedoch weder rechts nach WESTHAUSEN noch links nach ALSLEBEN, sondern geradeaus in eine "Sackgasse" hinein, so führt der Fahrweg an der LPG immer weiter nach Norden, um dann halb links, nach Nordwesten, Richtung Grenze abzuschwenken. Von dem Gut Leitenhausen, auf unserer Karte mit mehreren Gebäuden verzeichnet, ist nichts geblieben als eine kleine Kastanienbaumgruppe am Wegrand. Es gehörte zum Prinzip der Grenzsicherung, einen unbewohnten, ja unbewohnbaren Landstreifen zu schaffen. "Störende Gebäude" wurden dem Erdboden gleich gemacht, die Bewohner ins Hinterland umgesiedelt.

Dann taucht er links von uns auf, der Streckmetallzaun, kommt dem alten Fahrweg immer näher. Dieser, jetzt von strategischer Bedeutung, bekam einen für alle Jahreszeiten geeigneten Betongitterbelag verpaßt, aus dem unschuldig Büschel von blauen Leberblümchen herauslugen. Wir halten immer genau nach Norden, fahren eine Weile, wie die ehemalige Grenzstreife, unmittelbar hinterm Zaun entlang, landen schließlich, aufatmend, in LINDEN. Falls Sie schweißgebadet sein sollten, gleich neben der Straße am Ortseingang wartet rechts das Schwimmbad ....

An Dorfteich, Kriegerdenkmal, Kirche und Gemeindebackhaus vorbei halten wir über GLEICHERWIESEN auf SIMMERSHAUSEN zu. Links grüßt bereits das ungleiche Paar der beiden Gleichberge herüber, denen wir bald auf den Pelz rücken werden.

In der Ortsmitte von BEDHEIM biegen wir bei einer großen Kastanie links, auf die Kirche zu. Das von außen bescheiden wirkende Gotteshaus, entschuldigen Sie bitte den Ausdruck, haut einen beim Anblick seines Innenraumes fast um! Zuerst fällt natürlich der barocke Kirchensaal mit den zweigeschossigen Emporen auf, deren Brüstungsfelder vollständig mit Szenen aus den biblischen Geschichten ausgemalt sind. Dann fällt

der Blick auf die wunderschöne, geschnitzte Kanzel mit der reich verzierten Krone darüber, bleibt an der ebenfalls vollständig bemalten Felderdecke hängen. Das Glanzstück der Kirche - und eine Einmaligkeit ohnehin, ist die Schwalbennestorgel über dem gotischen Bogen zum Chor.
"Dem Dreieinigen Gott zu schuldiger Ehre, Hans Philipp von Heßberg, 1721" lesen wir am Sockel dieses ebenfalls reich goldverzierten Kleinods. Wo aber ist der Orgeltisch, wer sollte da oben spielen?
Die Lösung des Rätsels ist technisch so kompliziert, wie das Klangerlebnis einmalig ist. Über das Dachgeschoß führen von der Hauptorgel am anderen Ende der Kirche 20 m lange Holzstäbe, sogenannte Abstrakten, zur Tochterorgel. Pfarrer Altenfelder freut sich, daß er seinem Besucher nicht alles nur theoretisch erklären muß und überläßt mir den Platz am Orgeltisch. Ich spüre sie in den Fingern, die Mehrbelastung durch die langen Abstrakten, werde aber sofort von einem geradezu himmlischen Echo belohnt. Choral auf Choral erklingt in dem kleinen Kirchensaal, der von den Tönen zu gewaltiger Größe erwächst.
Gleich neben der Kirche dämmern die heruntergekommenen Reste des Bedheimer Schlosses dahin. 1788 heiratete hier Charlotte von Wolzogen, Schillers große Jugendliebe, den Regierungsrat August Franz Friedrich Rühle v. Lilienstern, bereits sechs Jahre später wurde sie in der Bedheimer Kirche beigesetzt, ihre Grabplatte bekommen wir vor dem Altar gezeigt.
Ein Nachfahre der Liliensterns, der Landarzt Hugo Rühle v. Lilienstern, machte BEDHEIM auf ganz andere Weise bekannt. Er grub 1932 auf dem Großen Gleichberg riesige Saurierskelette aus der Keuperzeit aus, gründete mit seinen Funden das "Paläontologische Museum Schloß Bedheim", von der Dorfbevölkerung respektlos "Saurierstall" genannt. Heute träumt der Saurier "Halticosaurus liliensterni" samt Genossen im Naturkundemuseum Berlin von vergangenen Zeiten.
Wir fahren zur großen Kastanie an der Abzweigung zurück, halten dort rechts und am Ortsende wieder rechts, nach Westen, auf ROTH und den Kleinen Gleichberg zu. Es gibt 21 (einundzwanzig) Ortschaften mit dem Namen Roth in Deutschland, und die Autorin würde sich natürlich besonders freuen, wenn "ihr" Ort uns mit einer Attraktion gefällig wäre. Zunächst sieht es nicht danach aus. Wir fahren geradewegs hindurch, links an der Kirche und einer Schwengelpumpe vorbei, geradeaus in eine Straße mit einem Sackgassenzeichen hinein. Für Nichtamphibienfahrzeuge endet der Fahrweg nach 1400 m an einem großen Wiesengelände unterhalb des kleinen Rother

Stausees. Hier kann man spielen, faulenzen, grillen - und natürlich baden (auch wenn's offiziell verboten ist). Vor dem Bau des Stausees führte der Fahrweg von ROTH direkt hinauf zum Weiler WALDHAUS mit dem Steinsburgmuseum unterhalb des Kleinen Gleichberges. Heute muß man sich vom See aus zu Fuß auf den Weg machen - ein schöner Spaziergang (1,5 km), der das Freizeitangebot am Roth-See abrundet.
Wer mit dem WOMO bis vor das Steinsburgmuseum rollen möchte, muß einen kleinen Umweg in Kauf nehmen: Über ROTH und ZEILFELD (unterhalb der Kirche Brunnen), wo wir nach links Richtung RÖMHILD abbiegen, düsen wir auf einer neuen Teerstraße durch den Wald, kommen an der alten Abzweigung nach ROTH vorbei stoppen an einer Art Kreuzung in WALDHAUS: Links liegt hinter einem großen Parkplatz, am Ende einer ansteigenden Wiese, das Steinsburgmuseum (9 - 17 Uhr), rechts führt ein schöner Wanderweg hinauf zur Kuppe des Kleinen Gleichberges mit den Grundmauern der mittelalterlichen Wallfahrtskapelle St. Michael und den noch viel älteren Ringwällen der Keltenburgsiedlung.
So viel wissen wir, als wir das Steinsburgmuseum betreten - und als wir es nach einer knappen Stunde wieder verlassen, sind wir nicht nur begeistert von der einleuchtenden Konzeption der Museumsgestaltung, sondern auch "fit" für die Besteigung der Keltischen Fliehburg, deren kilometerlange Wälle Ende des letzten Jahrhunderts zum Teil als bequem zu erreichendes Baumaterial abgetragen wurden. Trotzdem erleben wir auf dem knapp dreiviertelstündigen Aufstieg durch schönen Buchenwald und neben, über und zwischen den verfallenen Trockensteinmauern einen eindrucksvollen Trip in eine weit zurückliegende Vergangenheit, als vor über zweitausend Jahren keltische Siedler sich für Notzeiten eine uneinnehmbare Fliehburg errichteten, deren gigantischer Umfang die Entstehung von Sagen und Märchen geradezu herausforderte:
„Auf dem Steinsberg lebte einst ein Rittersmann, der seine einzige Tochter eifersüchtig liebte. Welch Schreck, als ein Liebhaber auftauchte! Flugs verbündete man sich mit dem Teufel, der während einer Nacht, sicherheitshalber, und für eine Seele macht ein Teufel schon einiges, einen fünffachen Sicherheitswall gegen stürmische Liebhaber aufhäufen sollte. Der Teufel kalkulierte seine Maloche gut, rechnete jedoch nicht mit der barmherzigen Amme des Ritterfräuleins, die (sind die Weiber raffiniert) einem Hahn eine Lampe vor die Nase hielt, der dumm, wie auch männliche Hühner sind, den teufelsvertreibenden Morgenruf ausstieß.
Schnell packte er sich Luzifer auf dem Weg in die Tiefe noch den ollen Ritter - und junges Blut zog in der Steinsburg ein. Und

wenn sie nicht gestorben sind ...."

Dabei waren die Kelten gar nicht die ersten, die hier Zuflucht fanden. Die ältesten Funde datieren aus der mittleren Steinzeit (8000-4000 v. Chr.), die Stämme der Urnenfelderkultur befestigten in der Bronzezeit (1000-750 v. Chr.) den Gipfel, schließlich legte ein Stamm der Hallstadtkultur (600-450 v. Chr.) die erste Ringmauer an. Diese Stämme konnten bereits Eisenerz verarbeiten, jedoch erst die Kelten brachten perfekte Kenntnisse der Eisenverhüttung und -verarbeitung, die Töpferscheibe sowie erste Fähigkeiten der Glasherstellung aus den Kulturzentren des Mittelmeerraumes mit und auf dem gut gesicherten Gleichberg entwickelte sich eine Siedlung mit Wohnhäusern, Werkstätten, Speichern und Ställen.

Als die Geschichte der Kelten vor 2000 Jahren endet, wird auch die Steinsburg verlassen, die Trockenmauern verfallen zu Steinwällen, Wald überwuchert den Berg. Erst aus dem Mittelalter liegen wieder Berichte vor, daß der Gleichberg in Notzeiten als Zufluchtsort aufgesucht wird; die Sankt-Michaels-Kapelle entsteht und verfällt im XVII. Jahrhundert.

Wir steigen auf ihren wieder gut gesicherten Resten herum, die einen Andachtsraum mit dem Reliquiengrab, den Altarraum und einen kleinen Anbau für einen offensichtlich besonders bedürfnislosen Einsiedler erkennen lassen, genießen den Blick hinab zu "unserem" Roth-See, zum Großen Gleichberg und weit hinaus ins flache Grabfeld. Talwärts versuchen wir, die Fallinie zu nehmen. Falls Ihnen der gleiche Gedanke kommt, sollten Sie sich wenigstens mit festem, griffigen Schuhwerk ausgerüstet haben, denn die holprigen, kantigen Basaltbrocken liegen wirr durcheinander, bieten reichlich Gelegen-

Ruine der Sankt-Michaels-Kapelle auf dem Kleinen Gleichberg

heit auszurutschen und sich Gesäß oder Fuß zu verstauchen. Falls der Himmel mit schlechtem Wetter droht - auf halbem Wege und direkt neben den Ruinen der Wallfahrtskapelle finden Sie Unterschlupf in einer Schutzhütte.
Wir fahren weiter Richtung RÖMHILD und entdecken auf halbem Wege einen Wegweiser nach links zum 200 m entfernten Römhilder Schwimmbad am Waldrand. Der Parkplatz davor ist groß, zum Teil auch schattig unter Eichen, Eschen und Weiden und nachts sicher total ruhig, denn der Bademeister schließt gegen 19 Uhr seine Plätscheranstalt zu.
In RÖMHILD parken wir gleich am Ortseingang links auf dem

Römhild: Südliches Stadttor

Viehmarkt unter großen Kastanien (gegenüber ist die Kaufhalle) und gehen dann links die Griebelstraße Richtung Zentrum. Nach wenigen Schritten lockt uns jedoch schon ein Torbogen in den Hof des Schlosses Glücksburg, das von 1680 - 1710 Residenz der Herzöge von Sachsen-Römhild mit ihrem winzigen Herzogtum in und um Römhild herum war.
Heute residiert im Schloß der "Rat der Stadt", der sicher bald auch hier die Bezeichnung "Bürgermeisteramt" haben wird, und eine Ausstellung "Keramik International" informiert über die Entwicklung des Töpferhandwerks in der Stadt.
Der langgezogene Marktplatz ist gesäumt von biederen Fachwerkbauten, neben dem Wappenbrunnen mit den vier Löwenköpfen findet man eine Ruhebank, bevor man zum Südende des Städtchens weiterpilgert. Hier sorgte seit dem XV. Jahrhundert der enge Durchlaß des hohen, quadratischen Stadtturmes dafür, daß kein "hergelaufenes Gesindel" unbefugt hereinkam. Reste der Stadtmauer verlieren sich in einem Seitengäßchen. Wir werden jedoch magisch von einem verlockenden Duft auf die andere Straßenseite gezogen, wo im Vorgarten der Gaststätte "Glücksburg" der Rostbratwurstgrill qualmt.
Keineswegs dürfen Sie auf dem Rückweg die Stadtkirche "links liegen lassen". Die spätgotische, nur dreijochige, jedoch zweichörige Hallenkirche birgt eine ganze Reihe von Kostbarkeiten: Zunächst fallen uns die steinernen Emporen, die doppelte Orgel, das gerippte Gewölbe, die Ausmalung, der Altar aus dem XVII. Jahrhundert und natürlich der separate "Stammsitz" für den fürstlichen Kirchgänger auf.
Mitten in der seitlichen Gruftkapelle steht das herrliche, in Bronze gegossene Grabmal des Grafen Hermann VIII. und seiner Gemahlin Elisabeth von Brandenburg; weitere, steinerne Grabmäler finden wir an der Wand des Ostchores.
Wir kehren nun zu unserem WOMO zurück, entdecken noch, daß am Ende des Viehmarktes eine Übersichtskarte die Wanderwege der Umgebung beschreibt, dann starten wir zu einem Abstecher nach MILZ, südlich RÖMHILD.
Wir rollen also durch den Stadtkern, passieren Stadtturm und Bratwurstgrill - und kommen kurz darauf schon wieder, vor dem "Töpferhof Gramann", zum Stehen. Seit 1720 wird hier der feuchte Ton in Form gebracht - und man ist sofort von den satten Farben und den schlichten und doch eleganten Formen der Blumentöpfe, Vasen, Kerzenhalter, Krüge, Bierseidel und sonstigen Gefäße begeistert. Von 13 - 17 Uhr kann man hier, auch am Wochenende, zum preiswerten Fabrikverkauf schreiten.
Am Ortsbeginn von MILZ drehen wir vor Begeisterung eine Ehrenrunde. Erst fallen uns die schön bemalten Fensterläden

Milz: Fachwerkdetail

eines Fachwerkhauses auf, dann entdecken wir noch weiter links ein hohes Fachwerkgebäude, durch das man mit dem WOMO hindurchfahren kann - was wir natürlich sofort auch ausprobieren.

Fährt man von RÖMHILD nicht nach Süden, sondern nach Westen, so landet man im "Wilden Westen"! In der Nähe des Dörfchens MENDHAUSEN steht die jüngste (und wohl auch erste) Westernstadt Thüringens, "Mendhouse City", das Mekka für alle Cowboys und solche, die es noch werden wollen. Aus alten Westernfilmen stammen die Vorlagen für den Saloon, das Gefängnis, die Bank, noch nicht mal eine kleine, hölzerne Kirche fehlt.

Im Western-Store kann man sich einkleiden lassen, um dann im Saloon nach guter alter Countrymusik das Tanzbein zu schwingen oder bei einem Pferdeausritt nach Indiandern Ausschau zu halten.

Für Cowboys und -girls ohne WOMO stehen als Nachtlager ein Hotel und echte indianische Tipis zur Verfügung - wir kehren nach RÖMHILD zurück, durchqueren es Richtung MEININGEN.

Das steinerne Brunnenhäuschen in HAINA aus dem Jahre 1739 bietet dem wasserbedürftigen WOMO-Fahrer Gelegenheit, auf sicher einmalige Art und Weise seine Tanks zu füllen: Treppchen führen hinab in das natursteingemauerte Souterrain des märchenhaft putzigen Fachwerkhäuschens. Dort ragen zwei geschnäbelte Rohre aus dem Brunnen, die gleichzeitig Stiel, Achse und Leitung fürs gewünschte Naß sind. Drückt man sie außen nach unten, so erhebt sich im Inneren ein Schöpfeimer aus dem Wasser und entleert kurz darauf, den

Haina: Brunnenhäuschen

Gesetzen der Schwerkraft gehorchend, seinen Inhalt zu Ihren Füßen - falls Sie nicht einen Kanister untergestellt haben.
Sie finden das Brunnenhäuschen nicht?
Dann hätten Sie gleich am Ortsbeginn rechts fahren müssen. Falls Sie das verpassen, biegen Sie am Ortsende, bei der Gaststätte "Zur Eisenbahn" rechts und lassen nach 300 m den Blick nicht vom linken Straßenrand!
Vor JÜCHSEN liegt links ein Stausee, ein Fahrweg führt zu einem kleinen Gehölz an seinem Ufer. Das sieht nach einem bequemen Picknickplatz aus!
Wir durchqueren JÜCHSEN und NEUBRUNN, erreichen RITSCHENHAUSEN. Schiller-Fans müssen hier unbedingt einen Abstecher nach links nach BAUERBACH machen. Nur dreiundzwanzigjährig fand der bereits wohlbekannte Dichter dort, im Gut der Frau von Wolzogen, "politisches Asyl". Am 13. Januar 1782 hatte das Mannheimer Theater seine "Räuber" aufgeführt, kurz darauf verbot ihm der Herzog Karl Eugen von Württemberg, "Komödien und dergleichen Zeug" zu schreiben. Schiller flieht und vollendet in BAUERBACH "Kabale und

Liebe", beginnt "Don Carlos", verliebt sich jedoch auch in die siebzehnjährige Charlotte von Wolzogen, die Tochter seiner Gastgeberin. Mutter Wolzogen sieht das gar nicht gern - ein mittelloser Dichter! Bereits nach acht Monaten verläßt Schiller BAUERBACH, Charlotte heiratet später den reichen Regierungsrat Rühle v. Lilienstern aus Bedheim.
Im ehemaligen Gutshaus der Familie von Wolzogen ist heute eine Schiller-Gedenkstätte (Di-So, 10-13, 14-17 Uhr) eingerichtet und zwar in den Zimmern im ersten Stock, die der rebellische Dichter bewohnte. Originalschriftstücke, Erstausgaben, Gemälde, Zeichnungen und das Mobiliar aus dem 18. Jahrhundert - man sollte dortgewesen sein!
Seit 1991 spielt das "Bauerbacher Dorftheater" in seinem schönen Naturtheater jeden Samstag und Sonntag im Juni wieder den "Wilhelm Tell".
Aus Richtung Osten kommend, durchqueren wir ganz BAUERBACH, bis die Straße am Ortsende eine Linkskurve Richtung HENNEBERG macht. Falls Sie hier geradeaus weiterfahren könnten, würden Sie auf dem ehemaligen Gutshof der Wolzogens landen! Nach rechts sind es nur wenige Meter bis zum "Braunen Roß" gegenüber der Kirche. Das Äußere des Gasthofes ist verziert mit wunderlichen Versen von Simeon Krebsauge: Die Historie eines Feldzuges, den der König von Assyrien ins Land Juda unternehmen wollte, bedeckt die gesamte Vorderfront. Im Inneren steht noch der Tisch, an dem Schiller gerne saß, aß und trank ....
Zum Dorftheater gelangen Sie, wenn Sie nach links 600 m Richtung HENNEBERG fahren. Ein Schottersträßchen zweigt nach rechts von der Straße ab und nach 400 m findet man hinter dem Eingang zur Bergbühne einen ruhigen, ebenen Platz neben einer Schutzhütte.
An den Wochenenden im Juni, wenn Geßler sein finsteres Leben in der hohlen Gasse aushaucht, ist hier natürlich keine Ruhe, denn das Bauerbacher Theater, das nur mit Laien besetzt ist, hat in seiner ersten Spielzeit schon wieder ein ausverkauftes Haus gehabt.
Sie sind jetzt schon auf halbem Wege nach HENNEBERG - dann können Sie auch die letzten 1200 m noch fahren, um sich die umfangreichen Reste der Henneburg anzuschauen!
Kurz vor HENNEBERG, bevor die Straße von der Höhe zum Ort hin abfällt, parkt man links der Straße unter einer Linde. Von dort spaziert man durch dichten Laubwald in fünf Minuten hinauf zur Burgruine derer von Henneberg, einer weitläufigen Anlage, von der die Ringmauer noch wohlerhalten ist. Im Inneren ragt ein wuchtiger Bergfriedstumpf, etwa im Format einer riesigen Clopapierrolle, in die Höhe. Leider wird die Sicht

Henneberg: Ruine der Henneburg

durch den in den letzten vierzig Jahren ungehindert emporgewucherten Hangwald stark eingeengt, schließlich lag die Henneburg, unzugänglich, nur wenige Schritte von der Grenze entfernt.

Von HENNEBERG kann man auf der B 19 direkt nach MEININGEN fahren. Wir kehren über BAUERBACH nach RITSCHENHAUSEN zurück, biegen links und machen dann, als wir auf die B 89 stoßen, einen Abstecher nach OBERMASSFELD, um uns die alte Werrabrücke anzuschauen. Über 450 Jahre hat sie bereits auf dem Buckel - doch welche Eleganz kennzeichnet diesen Bau, dessen fünf Bögen in mittelalterlichem Baustil zur Brückenmitte hin

größer werden und dadurch die Fahrbahn ansteigen und wieder abfallen lassen. So können auch größere Wassermassen im Frühjahr bewältigt werden. Bereits die Römer bauten vor 2000 Jahren solche Brücken. Vergleicht man Technik und Form des Altbaues mit dem Neubau unmittelbar daneben auf einem flachen, lieblos zusammengeschusterten Stahlträgerfundament, so gerät man in Zweifel über die Weiterentwicklung der menschlichen Rasse ....
In UNTERMASSFELD bauten sich die mächtigen Henneberger Grafen im 16. Jahrhundert eine Wasserburg und umgaben sie mit gewaltigen Festungswerken. Diese zeigen sich dem Besucher in einem ausgezeichneten Erhaltungszustand, allerdings wird wohl in keinem von Ihnen der Wunsch wach werden, auch die Innenausstattung näher kennen zu lernen: Mit Stacheldraht, Scheinwerfern und Wachtürmchen umgeben, diente sie schon vielen Herren als Aufbewahrungsort mißratener Zeitgenossen und ist auch heute noch Gefängnis.
Wir rollen von Süden auf der B 89 nach MEININGEN hinein. Die 1000-jährige, ehemalige Residenzstadt der Herzöge von Sachsen-Meiningen wird Ihnen als liebliches Fußgängerzonenbummelstädtchen in Erinnerung bleiben - es sei denn, sie verplempern Ihre Zeit mit mißvergnüglicher Parkplatzsuche. Folgen Sie uns also lieber, rechts am alten Stadtkern vorbei, nach Norden. Wir stoßen auf den Goethepark, fahren links an ihm und am Theater vorbei, biegen wenig später, an einer Ampel, links nach KALTENNORDHEIM ab, überqueren die Werra. Unmittelbar dahinter finden wir links den großen Parkplatz neben dem Volkshaus. Dort ruht sich unser WOMO aus, wir laufen über die Werrabrücke zurück und wenden uns sofort rechts. Ein Fußweg führt uns nun direkt durch den Schloßpark zum Schloß Elisabethenburg, das unmittelbar am Rande der kleinen, kompakten, nahezu kreisförmigen Altstadt mit dem fußgängerfreundlichen Durchmesser von nur 500 m liegt.
Das dreiflügelige, dreigeschossige Barockschloß präsentiert sich als schmuck renovierte Anlage. "Nur" 50 Zimmer sind für das Museum reserviert, in dem in breiter Fülle Kunstsammlung, Naturwissenschaftliche Sammlung, Ausstellung zur Geschichte des Meininger Theaters mit Max-Reger-Gedenkstätte und natürlich die verschiedenen Stilrichtungen der originalen Einrichtungsgegenstände des Schlosses präsentiert werden (Di - So, 9 - 16.45 Uhr).
Vor dem Schloß wenden wir uns nach rechts (Burggasse) und landen nach wenigen Schritten am nächsten Museum, dem Baumbach-Haus, einem zweigeschossigen Fachwerkhaus. Hier wohnte Rudolf Baumbach, der Dichter vieler bekannter Erzählungen und Volkslieder wie "Hoch auf dem gelben

Wagen". In den Räumen wird jedoch auch das Werk von Jean Paul und Ludwig Bechstein gewürdigt, die in Meiningen gewirkt haben.
Wir schlagen nun von der Burggasse einen Bogen nach links in die Mauergasse und von dort in die Ernestinenstraße. An der nächsten Ecke biegen wir rechts, haben direkt die Stadtkirche vor uns und laufen am Schlundhaus, einem schönen Fachwerkbau mit gutem Restaurant vorbei, darauf zu. Das neogotische Gotteshaus bezieht, wie man erst nach und nach merkt, zwei ältere Kirchen in seinen Baukörper mit ein: Der Chor stammt von einer gotischen Hallenkirche und der untere Teil des nördlichen der beiden Westtürme blieb von einer alten romanischen Kirche übrig.
Wir schwenken nun nach links und verlassen den Marktplatz nach Norden auf der Georgstraße (Fußgängerzone). Nach etwa 100 m sollte man die linke Häuserseite genau studieren. Nur so entdeckt man den Durchgang zum "Büchnerschen Haus" (Georgstraße 20), einem prächtigen Fachwerkbau mit bunten Fensterläden, das zusammen mit der mittelalterlichen Hinterhofatmosphäre ein einmaliges Stimmungsbild ergibt - hier hätte Spitzweg seine Staffelei aufgestellt!
In längst nicht so gutem Zustand präsentiert sich das Henneberger Haus am Ende der Georgstraße, gegenüber dem Hotel "Sächsischer Hof". Vor ihm fließt Werrawasser durch den Bleichgraben. Dieser künstliche Wasserlauf umgibt die gesamte Altstadt auf ihrer Südseite, sodaß sie, zwischen Werra und Wassergraben, auf einer sicheren Insel lag.
Wir halten weiter geradeaus, bis wir rechts vor dem klassischen Portal des Theaters mit den sechs wuchtigen Säulen stehen. So ein großes Theater in diesem kleinen Städtchen? Noch viel größer!
Der kunstsinnige Herzog Georg II. wandte seine Aufmerksamkeit ganz besonders dem Theater zu, ja, er heiratete sogar die Schauspielerin Ellen Franz und machte sie zur Freifrau von Heldburg.
Unter seiner Leitung erwuchs das Meininger Theater zu Weltgeltung, gab allein zwischen 1874-1890 über 2500 Gastspiele an den bekanntesten Bühnen Europas. Große Dirigenten und Komponisten zog es nach Meiningen: Hans v. Bülow, Richard Strauss, Fritz Steinbach und Max Reger dirigierten und komponierten in Meiningen.
Wir umrunden das Theater und schlendern durch den schönen Goethepark, einen englischen Garten mit künstlichem See, großer Fontäne und romantischem Brückchen, entdecken das Brahms- und das Jean-Paul-Denkmal und kehren über die Werrabrücke wieder zu unserem WOMO zurück.

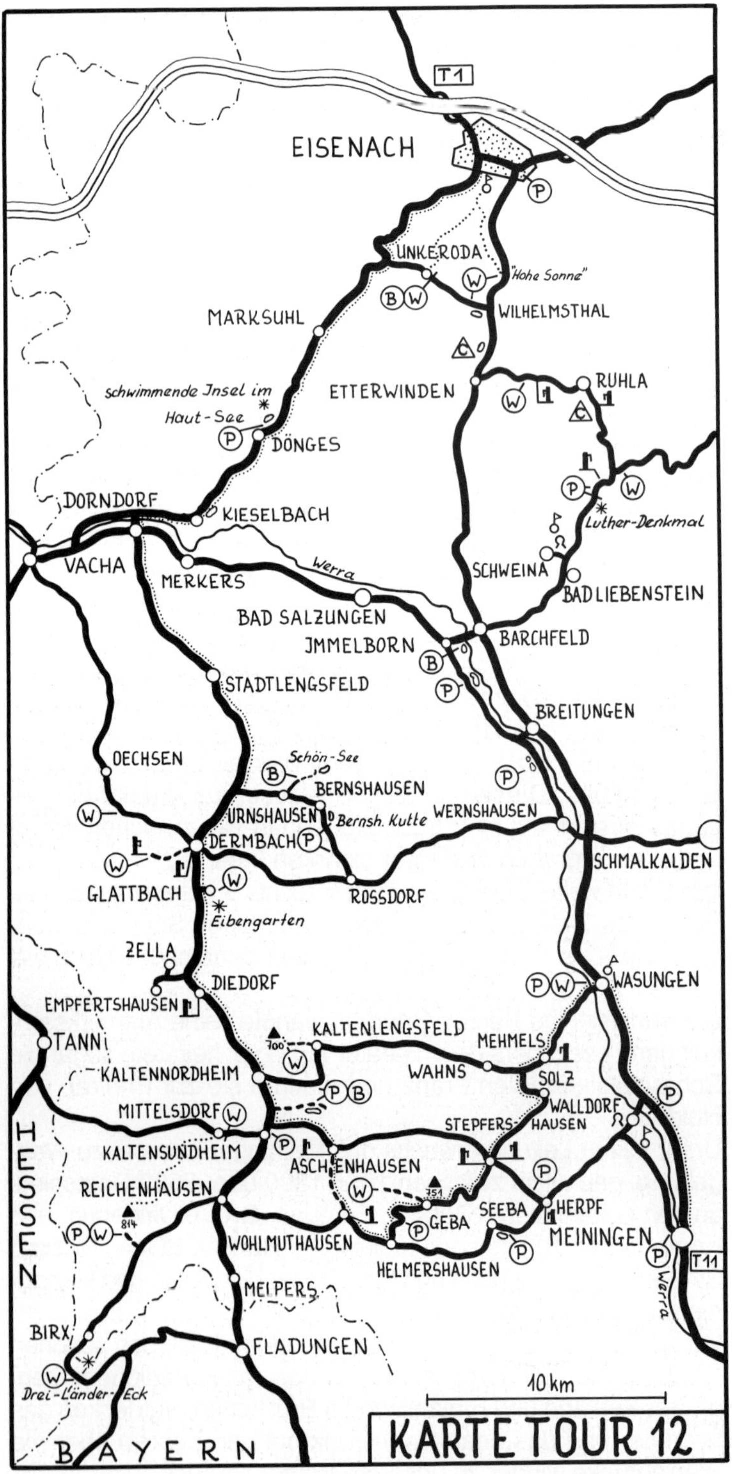
KARTE TOUR 12
T1
EISENACH
UNKERODA
"Hohe Sonne"
WILHELMSTHAL
MARKSUHL
ETTERWINDEN
RUHLA
schwimmende Insel im Haut-See
DÖNGES
Luther-Denkmal
DORNDORF
KIESELBACH
VACHA
MERKERS
Werra
SCHWEINA
BAD LIEBENSTEIN
BAD SALZUNGEN
JMMELBORN
BARCHFELD
STADTLENGSFELD
BREITUNGEN
OECHSEN
Schön-See
BERNSHAUSEN
URNSHAUSEN
Bernsh. Kutte
WERNSHAUSEN
DERMBACH
SCHMALKALDEN
GLATTBACH
ROSSDORF
Eibengarten
ZELLA
DIEDORF
WASUNGEN
EMPFERTSHAUSEN
TANN
700
KALTENLENGSFELD
MEHMELS
KALTENNORDHEIM
WAHNS
SOLZ
MITTELSDORF
WALLDORF
STEPFERSHAUSEN
KALTENSUNDHEIM
ASCHENHAUSEN
HESSEN
REICHENHAUSEN
751
814
SEEBA
HERPF
GEBA
MEININGEN
WOHLMUTHAUSEN
HELMERSHAUSEN
T11
MEIPERS
BIRX
FLADUNGEN
10 km
Drei-Länder-Eck
BAYERN

TOUR 12 (130 km)

Meiningen – Walldorf – Wasungen – Geba (Rhönblick) – Seeba – Aschenhausen – Kaltensundheim – Mittelsdorf – Ellenbogen – Glattbach – Urnshausen – Vacha – Hautsee – Eisenach

Von unserem Meiningen-Parkplatz hinter der Werrabrücke fahren wir weiter Richtung KALTENNORDHEIM. 4 km später guckt aus einem bewaldeten Hügel ein Märchenschlößchen heraus - Schloß Landsberg, ein neugotisches, romantisches Schlößchen, das sich der Meininger Herzog Bernhard II. zwischen 1836 und 1840 an der Stelle einer mittelalterlichen Schutzburg baute: spitze, zinnenbewehrte Giebel, mächtig wirkende Bastionen - und das alles nur Show. Aber es wirkt - vor allem, wenn man die Preise auf der Speisekarte des Hotelrestaurants in den historischen Räumen sieht.
Fährt man an der hochherrschaftlichen Auffahrt zum Schloß vorbei, dann muß man nicht verhungern. Einen knappen Kilometer später und direkt, bevor die Hauptstraße in einer 90°-Kurve nach links abbiegt, liegt links, gegenüber einem großen Parkplatz, das Lokal "Zur Brückenmühle". Bei den zwei Räumen kann man wählen zwischen "Rustikaler Kneipe" (rechts) und "Bahnhofshalle" (links) - aber dafür hat man auch keine Angst, das Messer in die falsche Hand zu nehmen. Eine gemütlichere Gaststätte kennen wir im nahen MELKERS, vorn um die Kurve links und dann noch 1 km. In der Ortsmitte rechts speisten wir in der "Rhönpforte" schon öfters, bei schönem Wetter kann man draußen sitzen - und wenn man nach einer guten Portion Kalorien vielleicht ein schlechtes Gewissen hat, dann kann man sich von der Wirtin genau den Wanderweg zum nahegelegenen Melkerser Felsen mit seinem frühgeschichtlichen Ringwall erklären lassen ....
Wir verlassen an der Kurve bei der "Brückenmühle" die Hauptstraße nach rechts - da geht es nach WALLDORF. Dort warten zwei Attraktionen auf uns: Die Sandstein- und Märchenhöhle und die Kirchenburg aus dem 15. Jahrhundert.
Beide Attraktionen sind Menschenwerk, denn die Höhle wurde nicht durch Wasser aus Kalkstein ausgewaschen, sondern menschliche Maulwürfe kratzten den Sandstein heraus, zerklopften ihn, verpackten und verkauften den Sand als Streu- und Scheuersand. Nein, nicht "Ata" von Henkel, sondern ganz einfacher Sand, den unsere Altvorderen auf ihre Holzfußböden streuten, um den Dreck besser abrubbeln zu können; auch Tinte konnte man damit (siehe Goethe's Gartenhaus) prima trocknen.

Für Linoleumböden ist diese Methode nicht geeignet, Löschpapier hat sich bei den letzten Briefschreibern durchgesetzt, und so schalteten die Walldörfer schnell auf Touristik um, bastelten niedliche Märchenfiguren, die sie in passender Umgebung in die Sandsteinhöhlungen stellten - fertig war die Laube - pardon - Märchenhöhle. Für Kinder ist sie täglich (außer Montag) von 9 - 17 Uhr ein Erlebnis. Die Erwachsenen erfahren so ganz nebenbei etwas über Arbeit und Werkzeug der ehemaligen Sandwühlmause.
Oberhalb des Ortes stand schon vor über tausend Jahren eine alte Burg auf einem Sandsteinsockel, umgeben von hohen Mauern, bewehrt mit fünf Rundtürmen. Den Turm der Burg verband man im XV. Jahrhundert mit dem neu errichteten Kirchenschiff - eine Festung entstand, in die sich die Bevölkerung im dreißigjährigen Krieg gleich mehrfach flüchtete - und sie nach einer Zerstörung sofort wieder aufbaute; sogar die alte Auffahrtsrampe ist neben der Straße noch erhalten.
Im Inneren der Kirche bewundern wir schöne holzgeschnitzte und ausgemalte Wappentafeln. An den Wänden sind alte Grabsteine aufgestellt, die zierliche Steinmetzarbeit zeigen. Altar und Kanzel sind ebenfalls beachtenswerte Renaissancearbeiten.
Wir überqueren die Werra und die Bahnlinie nach Osten und

Wasungen: Ehemaliges Damenstift

stoßen auf die B 19. Wem es nach einem Picknickplatz gelüstet, der kann noch vor der Bahnlinie nach rechts in einen holperigen, zerfurchten Feldweg einbiegen und schließlich recht problemlos über die Wiesen zum Werraufer holpern - Sie haben doch eine Decke dabei?
Auf der B 19 sausen wir nach Norden, haben bald WASUNGEN erreicht, das "Straßendorf rechts der Werra". Man sollte sich in der Ortsmitte einen Parkplatz suchen und wenigstens einmal die Hauptstraße hoch und runter bummeln: Das Rathaus, gegenüber der Gasthof "Zum Bären" schräg gegenüber, der Zweifelshof, der Weyenhof, der Amtshof und schließlich das Stiftshaus mit dem romantischen Treppenturm, ein ehemaliger Damenstift am Nordende der Stadt (jetzt Zentralbibliothek), sind solide Steingebäude mit einfallsreichem Fachwerkobergeschoß, eines schöner als das andere.
Das wollen Sie sich mit mehr Ruhe beschauen? Dann empfehlen wir Ihnen einen gemütlichen Parkplatz auf der anderen Werraseite: Zunächst muß man die Brücke über die Werra Richtung KALTENNORDHEIM finden. Dahinter muß man sich, hinter einer Fabrik mit rotem Schornstein (hier auch eine Übersichtstafel), immer rechts halten (Riethstraße) und landet nach 300 m, am Ende der Straße, wieder am Fluß. Dort steht man an einem Wiesengelände sehr ruhig und, welche Freude, ein Fußgängerbrückchen führt wieder über die Werra, zu einem winzigen, aber gepflegten Park und von dort zur Hauptstraße.
WASUNGEN entwickelte sich im 12. Jahrhundert im Schutze der Burg Maienluft, einst Sitz der Wasunger Ritter.
Klar, daß wir den Rittern einen Besuch abstatten müssen! Am Nordende der Stadt (200 m hinter der Zentralbibliothek) führt der Beginn eines steilen Wanderweges, ein forstbotanischer Lehrpfad mit einer Fülle einheimischer und ausländischer Baumarten, bergan (Markierung: Grüner Schrägbalken). Durch den schönen Laubwald wandern wir zur Ruine der alten Burg, von der noch recht beachtliche Reste, so der Bergfried, erhalten sind. Besonders schön sind die Aussicht über die Stadt und das Werratal - und die Erholung auf der schönen Terrasse der Ausflugsgaststätte. Von der Maienluft führt ein Fahrweg direkt

SEIDELBAST
Daphne mezereum

KÜCHENSCHELLE
Pulsatilla vulgaris

hinab zu der Stadt und unserem WOMO.

Wir verlassen WASUNGEN (wie bei der Fahrt zum Werra-Parkplatz) unmittelbar links des alten Rathauses mit dem schönen Erker nach Westen, überqueren die Werra Richtung KALTENNORDHEIM.

Rechts der Katz, die kreuz und quer, wie ein junger Hund, durch ein idyllisches Wiesental streift, rollen wir dahin bis wir zwischen MEHMELS (Brunnen links) und WAHNS an die Abzweigung nach STEPFERSHAUSEN über SOLZ kommen. Bevor Sie hier nach links schwenken, sollten Sie nochmal einen Blick auf das liebliche Katztal werfen und auf den steinernen Wegweiser, der in alter Frische seinen Dienst tut.

STEPFERSHAUSEN, an der Verbindungsstraße von MEININGEN von KALTENNORDHEIM, wird von uns im rechten Winkel dazu Richtung TRÄBES durchquert, denn wir suchen für Sie die beste Stelle, einen vollständigen Überblick über die schöne "Kuppige Rhön" zu bekommen - und den hat man von der "Hohen Geba" aus. Versäumen Sie aber nicht, einen Blick auf die schönen Fachwerkhäuser in STEPFERSHAUSEN zu werfen, zwei Brunnen plätschern auch noch im Ortsbereich.

Die Straße geht gleich "voll zur Sache", denn 400 m Höhenunterschied wollen in 4 km bewältigt sein. Wir durchqueren TRÄBES und kippen mitten im Örtchen GEBA nicht nach links wieder den Berg hinab, sondern halten uns bei der Bushaltestelle rechts, ein Wanderwegweiser zeigt uns den Weg zum "Rhönblick". 50 m weiter, an einer Kapelle vorbei, gelangt man zu einem kleinen Parkplatz. Hier müssen Sie selbst entscheiden, ob Sie sich zu Fuß aufmachen, oder das Verbotsschild ignorieren und auf dem Feldweg weiterfahren wollen. So oder so kommen Sie nach 1300 m zu einem ebenen geschotterten Gelände mit mehreren Bänken, einer Feuerstelle - und einer unübertrefflichen Sicht nach Westen:

Wie die Meisterleistung eines gigantischen Maulwurfes wölbt sich Kuppe auf Kuppe, meist mit einem bewaldeten Hütchen. Direkt neben uns, im Westen, erhebt sich die Diesburg, links dahinter die Alte Mark mit einem Antennenmasten, rechts dahinter der Leichelberg. Südlich von uns steht der Hutsberg unter der Sonne und am südwestlichen Horizont, hinter vielen weiteren Kuppen, ragt der Antennenwald der Wasserkuppe in

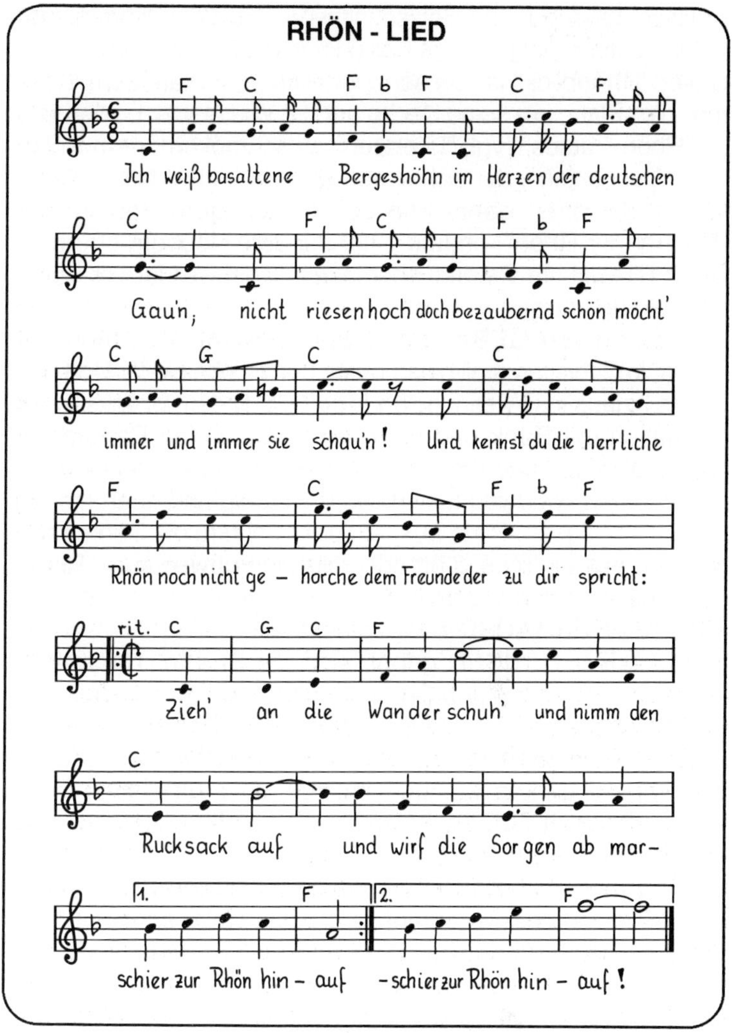

den Himmel. Sie ist mit 950 m der höchste Berg der Hohen Rhön, die "Maulwurfshügel" der Kuppigen Rhön bringen es gerade mal auf 800 m, trotzdem sind sie für uns die schönsten Berge der Welt.

Hier, im wilden "Buchonien", ist man mit dem kargen Boden verwachsen wie die Bäume. Kein Quadratmeter Acker, auf dem nicht Generationen Steine gelesen haben, obwohl die Alten sagen, daß sie nachwachsen würden.

Die Rhön galt nicht ohne Grund als armes Land: Das Wetter ist rauh, früher Herbst und langer Winter scheinen mit dem schlechten Boden gegen die Menschen zusammenzuarbeiten. Aber Not macht erfinderisch: Kaum ein Gehöft, in dem nicht neben der Landwirtschaft noch ein anderes Gewerbe betrieben wurde: Wagner, Peitschen- und Körbeflechter, Gerber,

Holzschuhmacher und Holzschnitzer — bis die aufkommende Industrie die Kräftigsten ins Kali oder in die Zuckerfabrik lockte. Unser "Rhönblick" ist ein schöner Platz, ein Platz zum Träumen, ein Platz, um seine Decke auf der Wiese auszurollen und im "Rhön-Paulus" (vgl. "Literatur") zu schmökern, dem Robin Hood Buchoniens, der sich gegen Unrecht und Willkür auflehnte, den Reichen nahm und den Armen gab. Paulus, der "Räuber der Rhön", endete 1780 auf dem Neuberg oberhalb GLATTBACH am Galgen, aber in der Sagenwelt lebt er weiter als Held des armen Volkes!
Die Straße von GEBA nach HELMERSHAUSEN führt zunächst in Schleifen steil hinab durch den Buchenwald. Dort, wo er uns hinaus ins Wiesengelände entläßt, finden wir links einen Steintisch mit Bank und dem dazugehörenden Panorama, rechts am Waldrand führt ein Fahrweg auf ein Wiesengelände und in einen Waldweg hinein, wo man ruhig und eben stehen kann. Von diesem Platz aus, ein paar Schritte die Teerstraße hinauf und dann links, führt ebenfalls ein Fußweg zum "Rhönblick" und von dort aus weiter, zum Beispiel über die Diesburg nach ASCHENHAUSEN.
In HELMERSHAUSEN gabelt sich die Straße. Nach links könnten wir Ihnen einen See zum Bootchenfahren anbieten. Wohl 4 km sind es über BETTENHAUSEN bis zum kleinen, aber idyllischen See von SEEBA, an dessen Ufer man auch gut sein WOMO parken kann, um ihn zu Fuß zu umrunden.
Wir fahren in HELMERSHAUSEN rechts, der nächste Ort ist WOHLMUTHAUSEN.
Dies ist kein Dorf, daß man einfach durchfährt, gelangweilt einen Blick durchs Seitenfenster auf das 1001. schöne Fachwerkhaus werfend. WOHLMUTHAUSEN hat einen Dorfbach! Dieser fließt nicht irgendwo durch die Wiesen, sondern mitten durchs Dorf, schön ausgemauert, direkt parallel zur Straße. Natürlich ist er an x Stellen mit Steinplatten bedeckt, damit man sich, seine Schafe und den Traktor trocken in den Hof bekommt - und vier steinerne Tröge werden von schön verzierten, gußeisernen Brunnenrohren mit frischen Quell für Vieh und Mensch versorgt.
Bequemer kann man nicht mehr Wasser fassen - die Rohre ragen fast in den WOMO-Tank hinein!
Am Ortsende überqueren wir nicht das Bächlein nach links Richtung KALTENNORDHEIM, sondern fahren zunächst die Teerstraße nach rechts und nach 100 m, vor dem kleinen Fachwerkhäuschen der ehemaligen Gemeindewaage, links. Die alte Verbindungsstraße zwischen den Dörfern WOHLMUTHAUSEN und ASCHENHAUSEN ist inzwischen zu einer üblen Schlaglochpiste verkommen. Wir haben Sie hiermit

gewarnt; man könnte auch den Umweg über REICHENHAUSEN/KALTENSUNDHEIM nehmen ....
Nach 2 km kommen wir an ein Bächlein, rechts steht eine einsame Weide. Hier darf man nicht links auf die Kuppe der "Alten Mark" zuhalten, sondern fährt geradeaus, den Berg hinauf. Bei trockenem Wetter empfiehlt es sich, den vielen Vorbildern zu folgen, und die glatten Fahrspuren auf der Wiese neben der "Straße" zu benutzen.
Bei den ersten Häusern von ASCHENHAUSEN biegen wir links und parken nach 100 m bei den drei Kastanien - vor der Synagoge.
Ja, in dem kleinen Dorf ist in der "Reichskristallnacht" ein großes Wunder geschehen: Die Synagoge, das geistige und geistliche Zentrum der kleinen jüdischen Gemeinde, blieb verschont, überdauerte zwei totalitäre Regime als Lagerraum und Scheune. Erst vor wenigen Wochen wurde das über 200 Jahre alte Bauwerk von einheimischen Denkmalpflegern und Handwerkern wieder auf Hochglanz gebracht und der Öffentlichkeit übergeben. Vor allem die erhaltene Deckenbemalung der Kuppel erinnert an die einstige religiöse Bestimmung - denn jüdische Gottesdienste werden hier die Ausnahme bleiben: Das Bauwerk blieb erhalten, die jüdische Gemeinde Aschenhausens existiert nicht mehr.
Auf der Empore soll eine Ausstellung zur jüdischen Geschichte und Kultur in Thüringen entstehen; kulturelle Veranstaltungen, z. B. Kammerkonzerte sollen die Synagoge der breiten Öffentlichkeit bekannt machen. Nicht weit ist es - und ein schöner Spaziergang zumal - von der Synagoge nach Westen zum jüdischen Friedhof. Mit dem Auto fährt man noch ein Stück in den Ort hinein, biegt dann links und rollt, an der kleinen Kirche mit dem schiefergeplättelten Turm vorbei, zum kleinen Parkplatz unter Bäumen. Von dort läuft man, einen Wiesenweg den Hang hinauf, bis zum Friedhof auf einer Waldwiese. Wie auf jüdischen Friedhöfen üblich, ziert kein Blumenschmuck die Gräber. Aber man erkennt auf den ersten Blick, welches Grab besucht wurde: Ein kleiner Stein liegt dann auf dem Grabstein.
Nördlich von ASCHENHAUSEN biegen wir an der Hauptstraße links und nach 4 km wieder links, haben gleich darauf KALTENSUNDHEIM vor uns (drei Brunnen an der Straße nach REICHENHAUSEN). Hinter dem ersten Haus fahren wir nach links hinauf zu dem alten Sportplatz vor dem Friedhof. Dort kann man bequem sein WOMO abstellen und über den Friedhof zu der Kirche innerhalb der mächtigen, hohen Mauern gehen, die ihre Bedeutung für kriegerische Zeiten erklären: Dort brachte man sich und seine Habe in Sicherheit, verteidigte sich, so gut es eben ging in der Hoffnung, daß die Kriegshorden sich mit

den in den Häusern verbliebenen Dingen zufrieden geben würden. Aber auch, als die Pest wütete, glaubte man sich vor ihr innerhalb der Kirchenmauern sicher.
Der spätgotische Chorturm der Kirchenburg, die die Jahreszahl 1495 trägt, überragt mit dem getreppten Giebeldach wuchtig die Mauern. Ob er wohl letzte Zuflucht in höchster Not war? Das schönste der vielen Kaltensundheimer Fachwerkhäuser ist das ehemalige Backhaus, das heute die Gemeindebibliothek beherbergt.
Ein kleiner Abstecher nach Westen führt uns nach MITTELSDORF, dem kleinen Dorf, aus dem so viele bekannte Leute stammen, zum Beispiel die beiden Autoren.
Vieles ist von den Kindererinnerungen verschwunden: Die alte Schmiede, die Dorfbrunnen, die Dorfmühle und die vielen Steinwälle zwischen den kleinen Feldern, die von der Mühsal der bäuerlichen Arbeit zeugten. Geblieben aber ist die herrliche Umgebung, von der wir Ihnen einen kleinen Ausschnitt zeigen möchten:
An der einzigen Kreuzung in der Dorfmitte biegen wir links, parken auf dem großen Platz vor dem Friedhof. Oberhalb des Friedhofs wandern wir nach rechts, schwenken dann nach links in einen Feldweg ein, der uns unterhalb des Hemschen-Berges, hügelan, nach Süden führt.
Ab und zu entdecken wir eine der brandneuen Wandermarkierungen (grüner Winkel), denn nach wenigen hundert Metern passieren wir die Reste einer herausgerissenen Schranke – ehemaliges Sperrgebiet; hier wanderte in den letzten Jahrzehnten keine Menschenseele!
Wir fühlen uns wie in einem Urwaldgebiet: Gewaltige Buchen, vom Blitz getroffen, recken ihre zersplitterten Stämme in den Himmel, die Wege sind überwuchert, Reh und Hase zeigen sich mehr verwundert als verängstigt.
Immer weiter führt unser Weg empor, kreuzt ein Wiesengelände, das wegen seiner vielen Kümmelpflanzen "Kümmuflecker" heißt, gewinnt eine letzte Höhe. Wer Ende 1990 mit uns über diese Weideflächen gewandert wäre, der hätte den Ellenbogen (814 m), den höchsten Berg der Kuppigen Rhön, gleich entdeckt: Riesige Lauschantennen, sorgsam in Plastikkugeln verpackt, belagerten seine Kuppe. Jetzt sind alle "unnatürlichen" Bestandteile verschwunden, man muß sich an den Wandermarkierungen orientieren - und findet dann schnell den Berg und seine Gaststätte, das "Eisenacher Haus". Diese historische Berggaststätte, jahrelang zunächst von den Sowjets und dann dem Stasi besetzt, ist heute wieder eine gemütliche Wandergaststätte, von der aus zu jeder Jahreszeit ausblickreiche Wanderungen gemacht werden können.

Wir kehren, nach einem kleinen Umweg über das benachbarte "Rhönhaus", fast auf dem gleichen Weg wieder nach MITTELSDORF zurück und setzen über KALTENSUNDHEIM und KALTENNORDHEIM unsere Fahrt fort. Zwischen beiden "kalten Dörfern" liegt die "Erbsmühle", eine gute Speisegaststätte. Schräg gegenüber , nach dem Ende der Leitplanke, zweigt ein schmaler Fahrweg nach rechts ab, der nach wenigen hundert Metern entlang des Grimmelbaches zu einem kleinen Stausee führt. An seinem Rande kann man das WOMO abstellen und sich in den kühlen Fluten den "Ellenbogen"-Schweiß abbaden. Der kleine See ist von trockenen Heidehängen mit seiner typischen Vegetation aus Wacholderbüschen, Heidenelken, Kuhschellen und sogar verschiedenen Orchideenarten umgeben. Links oben, am Waldrand, entdeckt man eine kleine, weiße Bank, schöne, ruhige, aussichtsreiche Liegewiesen — und prima Übernachtungsplätze. Allerdings kommt man vom See aus nur schlecht mit dem WOMO hinauf. Wir haben Ihnen ab KALTENNORDHEIM eine bessere Zufahrt beschrieben.

Wir kehren zur "Erbsmühle" zurück, biegen dort rechts und rollen nach KALTENNORDHEIM hinein, das durch seinen Heiratsmarkt in der Pfingstwoche weithin bekannt ist. Dann drängen sich in dem mittelalterlichen Stadtkern die Menschen zwischen Buden, Karussells und Bratwurstgrills und am Abend finden im Schloßhof Tanzveranstaltungen statt - der Weg bis zur Hochzeit ist dann nicht weit!
Seit KALTENSUNDHEIM begleitet die Felda unseren Weg, und das freundliche Feldatal soll uns auch noch eine Weile erfreuen. Zunächst aber wollen wir Sie ja zu unseren Lieblingsplatz oberhalb des Grimmelbach-Stausees führen: Gleich am Ortsbeginn von KALTENNORDHEIM macht die Hauptstraße einen Schlenker nach links. Wir fahren geradeaus und dann gleich rechts, vor dem Sportplatz nach Osten. Es geht bergauf, und nach 2 km kommen wir an eine Gabelung, die Sie bitte im Gedächtnis behalten. Wir halten uns rechts und biegen nach weiteren 800 m, kaum daß wir die Höhe gewonnen haben, nach rechts in einen geschotterten Weg ab, der uns zum Waldrand oberhalb des Stausees führt. Hier kann man nicht nur lagern und faulenzen oder ballspielen, sondern natürlich auch zum Baden den Hang hinabsteigen; zum Übernachten ist der Platz ideal.

Wir kehren zur letzten Gabelung zurück, fahren rechts bis KALTENLENGSFELD. Dort verlassen wir die Teerstraße beim Kulturhaus nach links, donnern steinespritzend zum 700 m hohen Umpfen hinauf. Dort oben können wir Ihnen drei Dinge versprechen: Einen prächtigen Blick über KALTENNORDHEIM, das Felda-Tal und einen großen Teil der Rhön, einen ruhigen Übernachtungs- und Picknickplatz - und einen Einblick in die vulkanische Entstehung der Rhönkuppen. Läuft (oder fährt) man nämlich links unterhalb der Umsetzerantenne am Umpfengipfel vorbei, so kommt man, ohne fehlgehen zu können, zum ehemaligen Basaltsteinbruch am Umpfenhang. Das Areal ist einmalig in seinem Übergang von der zerrissenen Steinbruchlandschaft zur naturüberwucherten Felsenidylle: Eidechsen huschen über den Weg, verschwinden in den typischen Blockrissen, die sich beim schnellen Erkalten der Basaltlava vor Millionen von Jahren bildeten. Ganze Bänder von solchen Klötzchenreihen ziehen sich den Hang hinauf, zeigen den Verlauf des aufgebrochenen Vulkanschlotes, den Weg seines glutflüssigen Inhalts an.
Wir kehren über KALTENLENGSFELD nach KALTENNORDHEIM zurück.
Dort dürfen wir Sie noch auf zwei Attraktionen hinweisen: Die traditionsreiche Rhönbrauerei lädt Sie jederzeit zu einer Besichtigung (mit Kostproben) ein - und gegenüber dem Rathaus entdecken Sie den Fahrradverleih von Heiko Fuchs:
Vielleicht gefiele Ihnen die Ellebogentour mit dem Mountain-Bike besser?
Wir folgen nun der B 285 nach Norden ins Feldatal. Rechts über uns schaut die aufgerissene Flanke des Umpfen herab, durch die Wiesen schlängelt sich die Felda, teilt sich mit der Feldabahn das liebliche Tal. Eine alte Mühle deutet an, wie umweltfreundlich einst die Müllerei war, ohne Stromverbrauch, ohne Schornsteingestank. Das genaue Gegenstück war die (inzwischen stillgelegte) "moderne" Köhlerei am anderen Feldaufer, die an manchen Tagen das Feldatal bis hinauf nach Kaltennordheim einqualmte.
Wir passieren FISCHBACH, durchqueren DIEDORF, machen 1 km später, an einer Gabelung, einen Abstecher nach links. Der Wegweiser nach EMPFERTSHAUSEN ist zweimal vorhanden: Einmal im üblichen StVZO-gelb mit schwarzer Schrift, ein zweites Mal aus einem Balken zierlich geschnitzt. Wer es jetzt noch nicht begreift, der sieht es in dem kleinen Dörfchen an "jeder Ecke" - in Empfertshausen sind die Holzschnitzer zu Hause!
Half in früheren Zeiten das Holzschnitzen geradesoviel, sich ein ärmliches Zubrot zu verdienen, legte man seit 1878 mit der

Gründung einer Schnitzschule mehr Wert auf künstlerischen Anspruch.
Das SED-Regime jedoch haben nur wenige private Holzschnitzer durchgestanden. Einer davon ist Manfred Vogel - und Tochter Anett ist bereits in seine Fußstapfen getreten. Wir sitzen in der Holzschnitzerwerkstatt der beiden und wissen nicht, wohin wir zuerst schauen sollen - auf die fertigen Produkte ihres Könnens oder auf die vorgefertigten Holzbrocken, die unter den Händen der beiden immer deutlichere Konturen annehmen, schließlich zum Leben erwachen: Da ist das Rhönpaar, zwei Figuren, die bereits Großvater Vogel schnitzte und die als Holzfällerpaar besonders typische Bewohner des kargen Buchoniens symbolisieren. Ein hölzernes Wildschwein droht uns an. Auf die perfekte Strukturierung des Borstenkleides ist Meister Vogel besonders stolz.
Anett hat im Nu ein kleines Hündchen geschnitzt, das bereits für unter 10 DM zu haben ist, die Holzfällerfiguren, und da sind wir überrascht, sind auch noch unter 100 DM zu bekommen - und eine komplette Weihnachtskrippe mit 13 Figuren kostet knapp 1000 DM.
Unser Holzschnitzermeister hat kein festgefahrenes Programm. Er schnitzt, was der Kunde wünscht: Tiere, Heiligenfiguren, und wenn Ihnen der Sinn danach stünde, könnten Sie auch die eigene Erbtante in solidem Holze haben - natur oder antik getönt. Als Vorlage reicht ein Foto!
Falls Ihnen gar der Sinn danach stehen sollte, selbst Holzschnitzer zu werden: Bald wird die Schnitzerschule wieder eröffnet, Anmeldungen sind erbeten bei Manfred Vogel, Karl-Marx-Straße 6, 6201 Empfertshausen.
Falls Sie bei der Herstellung "Ihres" Wunsches Herrn Vogel über die Schulter schauen möchten, dann fahren Sie in Empfertshausen immer der Hauptstraße nach, also nach der Gaststätte "Zur Linde" links, dann werden Sie bald die Schaukästen mit einigen seiner Werke am Gartenzaun entdecken.
Erinnerungen an die Holzschnitzerkünste läßt auch die barokke Probsteikirche im benachbarten ZELLA aufkommen. Die kleine katholische Enklave sollte sich wenigstens bezüglich ihrer Kirche nicht vor den großen evangelischen Nachbargemeinden zu verstecken brauchen, und so entstand 1715-1732 ein beinahe majestätisch schönes Bauwerk, dessen elegante Proportionen sich auch im Innenraum fortsetzen; der farbige Kunstmarmor strahlt im Licht der hineinflutenden Sonne.
Von ZELLA kehren wir zur B 285 zurück, halten links, durchqueren NEIDHARTSHAUSEN, halten auf DERMBACH zu. Bei »km 19,2« schwenken wir nach rechts ein (Wegweiser: GLATTBACH); wir freuen uns auf den berühmten "Ibengarten"

und "unsere" Orchideenwiese. Nach 500 m überqueren wir hinter den paar Häusern von GLATTBACH die Felda, halten auf den gegenüberliegenden Hang zu, parken an seinem Fuße zwischen einem rostigen Metallgittermasten und einem Wegweiserbaum.

Unser Weg führt, weiß-rot-weiß markiert, in weitem Bogen den Berg hinauf, führt sozusagen um unseren Orchideenhang herum, verschwindet dann im Wald und landet nach 15 Gehminuten mitten im "Ibengarten", der im 12. Jahrhundert als Klosterwald angelegt wurde. Auf einer Gesamtfläche von über 50 ha stehen 12 ha Eiben (Taxus baccata), etwa 350 Exemplare, von denen die ältesten sage und schreibe 500 Jahre auf dem Buckel haben.

Die Orchideenwiese unterhalb des Hangwaldes erkennt man schon von der B 285 aus an ihrem lockeren Wacholderbuschbestand, dazwischen knospen bereits die "Heinzelmännchen" (Weißdorn), die Heckenrosen entfalten ihr frisches Grün. Unten jedoch, zwischen den Grasbüscheln, prangen nicht nur goldgelbe Schlüsselblumen, sondern tiefviolett, den Boden geradezu übersäend, die auffälligen Blütenstände des Männlichen Knabenkrauts (Orchis mascula). An die zwanzig Blüten mit dem typischen, langen Sporn und der gefleckten, dreilappigen Lippe zählen wir an jeder Ähre, jede für sich ein kleines Kunstwerk der Natur.

Wir suchen weiter, und entdecken wirklich, zwischen Silberdisteln, Fingerkraut und ganzen Flächen von filzigen Katzenpfötchen, kleinen rosafarbenen Korbblütlern, einige frühe Exemplare der prächtigen Fliegen-Ragwurz (Ophrys insectifera). Nicht nur für unser menschliches Auge scheint auf dem grünen Blütenstiel ein braunes, bläulich schillerndes Insekt zu sitzen - auch verschiedene Fliegenmännchen "fliegen" darauf rein, machen gar heftige Kopulationsversuche mit der "Fliege". Dabei pudern sie sich kräftig mit dem Blütenstaub ein und schleppen ihn, dumm wie sie nun mal sind, geradewegs zur nächsten "Fliege". Nur gut, daß nach einer Weile auch die echten, weiblichen Fliegen schlüpfen, welcher "Fliegen-Frust" würde sich sonst ausbreiten ....

(Anm.: Unser Orchideenhang bietet die ganze warme Jahreszeit über Sehenswertes: Ab April blüht die große, weiße Wald-Anemone, ab Mai das Knabenkraut, ab Ende Mai die Fliegen-Ragwurz und von Juni-September die Symbolpflanze der Rhön, die bizarre Silberdistel, s. S. 9).

Weiter geht es auf der B 285 bis DERMBACH. Wer es versäumte, die Probsteikirche in ZELLA zu bestaunen, der findet hier ein Bauwerk des gleichen Meisters Gallasini, die katholische Kirche des ehemaligen Franziskanerklosters. Der Barockbau ist nicht so formenfreudig im äußeren Anblick, hat jedoch ein schönes Wappenportal. Im Inneren kann man im Anblick der raumbeherrschenden, dunkel marmorierten Altäre schwelgen.

Sehenswert ist in der ebenfalls barocken, evangelischen Kirche ein Abendmahlrelief aus dem 15. Jahrhundert.
In DERMBACH begegnet uns auch der Rhön-Paulus wieder, war er doch in den umliegenden Wälder zu Hause. Hier vollendete sich sein Schicksal. Im Heimatmuseum (Bahnhofstraße 16) zeigt man uns außer vielen Beispielen zum Leben in der Rhön den Holzkasten, in dem der "Meisterausbrecher" bei seiner Gerichtsverhandlung stecken mußte. Wir hörten davon, man habe ihn inzwischen gestohlen. Ob er doch noch lebt, der "Räuber der Rhön" ....
Vielleicht erfahren Sie im "Sächsischen Hof" genaueres. In dem großen Fachwerkhaus in der Ortsmitte sitzt man gemütlich, ißt gut und doch preiswert - und kommt mit den Einheimischen schnell ins Gespräch!
Fährt man nach dem "Sächsischen Hof", hinter dem Brunnentrog an der Ecke, links in die Marktstraße, so sieht man nach 200 m rechts die evangelische Kirche, nach 300 m die katholische Kirche und nach 600 m, am Ende der Marktstraße, folgen wir halblinks dem Wegweiser zum Schwimmbad. Sicher, hier fände man bei entsprechendem Wetter Erfrischung und Unterhaltung. Uns zieht es jedoch zur "Hirtentränke", einem beliebten Dermbacher Wander- und Picknickplatz, der für den WOMO-Urlauber gleichzeitig ein idyllischer Übernachtungs- und Wanderparkplatz ist. Wir rollen also an der Zufahrt zum Schwimmbad links vorbei, nehmen dann einen bescheidenen Schotterweg unter die Räder und holpern steil hinauf, wie alle anderen auch ein bejahrtes Durchfahrtsverbotsschild ignorierend. Nach 1800 m Geschepper erspähen wir rechterhand die gesuchte Hangwiese mit dem Brunnen, an dem sich seit 1772 außer Hirten und Schafen auch WOMO-Besitzer hätten tränken können, daneben, am Waldrand sind Grillstellen und zwei

neue Schutzhütten mit Bänken.
Links warten ebene Park- und Picknickplätze unter hohen Buchen und Wandermöglichkeiten gibt es reichlich! Besonders möchten wir auf den HSN-Wanderweg (roter Winkel) hinweisen, der von VACHA über den Öchsen und DERMBACH kommend weiter zum Gläser (670 m) und nach STEINBERG führt. Dort ließe er sich mit dem Rhönhöhenweg (roter Tropfen) und dem HWO 1 (rotes Dreieck) zu einem kleinen, aber feinen Rundweg verbinden.
In Dermbachs Nähe haben wir noch einen weiteren, aussichtsreichen Picknick-, Wander- und Übernachtungsplatz entdeckt! Man muß vom "Sächsischen Hof" aus die Straße nach OBERALBA nehmen. Kurz hinter diesem Dorf erreicht man eine Höhe, auf der links der Straße nicht nur weitläufige Parkgelegenheiten, sondern auch eine Fülle von Wandermöglichkeiten warten; u.a. kommt auch der "Rote Tropfen" des Rhönhöhenweges vorbei. Der Blick reicht weit hinüber zum Thüringer Wald; unverwechselbar der Inselsberg mit seinen Antennenmasten.
Wir verlassen DERMBACH nach Nordosten auf der B 285, schwenken aber nach 3 km schon rechts ab, Richtung BAD SALZUNGEN, überqueren Bahnlinie und Felda beim kleinen Weiler HARTSCHWINDEN, haben kurz darauf URNSHAUSEN erreicht. Dieses kleine Dorf am Fuße einer ausgedehnten bewaldeten Hügellandschaft ist Ausgangspunkt für zwei landschaftliche Attraktionen mit günstigen Gelegenheiten für Badespaß und Wanderfreuden, ich meine den "Schönsee" und die "Bernshäuser Kutte".
Wir fahren gleich am Ortsbeginn von URNSHAUSEN, noch vor den roten Toren der Feuerwehr rechts und rollen dann, rechts bleibend, durch BERNSHAUSEN auf ROSSDORF zu. Nur 500 m hinter BERNSHAUSEN kann man nach links zum Waldrand fahren, hinter dem sich ein nahezu kreisrunder, geheimnisvoll ruhiger Wasserspiegel verbirgt. Ein Waldweg umrundet das über 50 m tiefe Gewässer, das vor Jahrtausenden dadurch entstand, daß plötzlich in einem Durchmesser von 300 m der Erdboden einbrach, unterhöhlt von unterirdischen Wässern. Keine Menschenseele stört die idyllische Ruhe - ein schöner Spaziergang!
Die Weiterfahrt nach ROSSDORF ist nur bedingt zu empfehlen. Bei unserem letzten Besuch war die Straße in einem recht "rustikalen Zustand", der sich am besten mit dem Begriff "Steinbruch" beschreiben läßt. Nach dem Erreichen des Höhenrückens und hinter einer doppelten Kurve fanden wir jedoch rechts einen sehr schönen Stellplatz an der Hangkante mit einer Bank, einem schönen Blick über die Vordere Rhön

und ruhigen, blumigen Liegewiesen.
Biegt man in URNSHAUSEN unterhalb der Kirche (Brunnen) links, so braucht man nur den Wegweisern "Schönsee" zu folgen. Dieser Badesee, von denen noch unsere Eltern schwärmten, war jahrzehntelang ein streng abgeschirmtes Gelände, dessen Betreten bei "Lebensgefahr verboten" war. Nach der Wende entdeckten die neugierigen Urnshausener - und nicht nur die - hinter Schlagbäumen und Betonbunkern eine idyllische, kleine Ferienanlage mit Ferienhäuschen, Spielplatz u.a. mit Boccia- und Kegelbahn, Liegewiese, ein Imbißhäuschen, genannt "Jägerklause", überdachten Picknicktischen, drei Fischteichen und natürlich dem erwähnten Badesee, hineingeschmiegt in ein waldiges Halbrund....
Wir finden es etwas übertrieben, daß man bereits 1500 m hinter URNSHAUSEN, direkt am Waldrand, zwar nicht den Zugang, aber die Zufahrt gesperrt hat. Ein großes, neues Parkgelände sieht ganz nach Gebühren aus!
Von dort aus muß man dann seinen Bade- und Picknickkram 10 Minuten durch den - immerhin - schattigen Wald schleppen, kein erfreulicher Auftakt. Badesee und Liegewiesen machen den Aufwand jedoch wett!
Hat man genug gefaulenzt, kann man rings um den Schönsee schlendern oder die weitere Umgebung erkunden. Dabei entdecken wir am Rande einer Fichtenschonung hunderte von leeren, "gläsernen Blumentöpfen" ohne Bodenloch. Während wir noch über den Unverstand der Gärtner bzw. Blumentopfhersteller grübeln, die Wurzeln der Sämlinge ersaufen zu lassen, entdeckt das verblüffte "Wissenschaftlerauge" nicht weit davon die ersten angeritzten Kiefernstämme, an denen die Glastöpfe festgeklammert werden, um das herausquellende Baumharz aufzufangen.
Die Kiefernbaumrindenschnitzer sind im übrigen wahre Künstler, denn parallel zueinander, in einer Art Fischgrätenmuster, laufen die hineingekerbten Linien zu einem zentralen Rückgrat, von dem aus sie genau in das Töpfchen fallen.
Marschiert man über den schmalen Damm zwischen den kleineren Fischteichen und dem Badesee , so steht man am Beginn eines Wanderweges, der neben einer Stromleitung durch schlanken, hohen Buchenwald nach BERNSHAUSEN und davor links, durch Wiesen, nach 1/2 Sunde zur Bernshäuser Kutte führt.
Wir kehren vom Schönsee nach URNSHAUSEN zurück, entdecken an der Einmündung in die Dorfstraße links einen zweiten Brunnen und fahren bis HARTSCHWINDEN, wo neben dem "Feldatalimbiß" der Rostbratwurstgrill qualmt, den gleichen Weg zur B 285 zurück und folgen dem Flußlauf weiter

bis STADTLENGSFELD. Dort hätte man jetzt noch eine Wasserburg aus dem 16. Jahrhundert, wenn man nicht ununterbrochen an ihr herumgebaut und schließlich auch noch die Wassergräben zugeschüttet hätte. Jetzt bietet sich dem Betrachter ein Durcheinander von Stein- und Fachwerkbauten, das ein Sanatorium beheimatet. Wenn Ihnen danach ist - die Sauna steht allen Interessenten offen.
Nur noch wenige Kilometer, und die Felda beendet bei DORNDORF ihren Lauf, mündet in die Werra, die wir bei WASUNGEN verlassen hatten.
Wir machen nun auf der B 62 einen 4-km-Abstecher nach links, nach VACHA. Das kleine Städtchen an der Werra hatte in den letzten Jahrzehnten ein besonders schweres Los: Die alte Werra-Brücke am Rande der Stadt, seit 1342 Bestandteil der wichtigen Handelsstraße Frankfurt-Leipzig, war plötzlich Grenze, wurde verbarrikadiert, unpassierbar gemacht. Was muß besonders in den alten Bewohnern dieses schönen Städtchens vorgegangen sein, als sie im Herbst 1989, von einem Tag auf den anderen, wieder über diese, "ihre" Brücke gehen konnten!
Zunächst aber fesselt uns nicht der Anblick VACHAS, sondern ein eigentümliches Gebirge neben der Straße: Grau, vegetationslos, mit Warnschildern. Wir passieren den Abraum der Dorndorfer Kaligruben, unbewältigte Umweltprobleme, zumal die Gruben jetzt, wegen der "gesamtdeutschen Konkurrenz", geschlossen wurden. Aber nicht nur oberirdische, sichtbare Probleme blieben vom "Kali". Bereits 1989 verursachte im benachbarten VÖLKERSHAUSEN der Einbruch ausgeräumter Kalikavernen ein gewaltiges Erdbeben, das große Schäden an den Häusern hervorrief, die Kirche mußte gar abgebrochen werden.
In VACHA ist die Zeit stehengeblieben, der Verfall der Gebäude jedoch hat auch hier ein bedenkliches Maß erreicht.
Besonders sehenswert, weil nicht kleinzukriegen, sind die 16 Bögen der Werrabrücke aus dem Jahre 1342. Den Wachturm mitten auf der Brücke hat man stehen gelassen. Hätte man nicht frisch im Gedächtnis, daß man von dort aus noch vor kurzem jeden Flüchtling gnadenlos niedergeschossen hätte - er würde geradezu lächerlich wirken.
Früher hatte die Brücke 17 Bögen, und die Bauopfersage erzählt, daß der mittlere, so oft man ihn erbaute, doch jedes mal wieder einstürzte. Ausgerechnet ein Mönch aus dem nahen Kloster Mariengart soll den Rat gegeben haben, einen lebendigen Säugling einzumauern! Suchen Sie mal den kopfartig herausragenden Stein an der Ostseite zwischen dem 5. und dem 6. Bogen (von Norden gezählt) - dort soll die Stelle sein ....

Auf weiten Strecken ist die hohe Stadtmauer aus rotem Buntsandstein erhalten, runde Türme mit Kegelmützen vervollständigten das Verteidigungskonzept des fuldaischen Abtes Heinrich IV. in der Mitte des 13. Jahrhunderts.
Erstmals 1186 als Stadt erwähnt, entwickelte sich die Siedlung innerhalb der sicheren Mauern nun zu bürgerlichem Wohlstand, behäbige Fachwerkbauten entstanden, ja sogar eine eigene Vachaer Währung, die "vecher werhe", wurde neben der Apotheke, in der "Alten Münze", geprägt.
Glanzstück am Markt ist das "Widemarksche Haus", ein dreigeschossiges Fachwerkhaus auf steinernem Renaissance-Unterbau aus dem Jahre 1613. Kaspar von Widemarkter, ein im Dienste des Landgrafen von Hessen stehender Obrist und weitgereister Diplomat, wurde 1601 Amtmann zu Vacha und Frauensee. Er ließ es sich als Wohnhaus erbauen, mit reichen Schnitzereien verzieren, von einem Dachreiter bekrönen - auch für einen Gesandten des Kasseler Hofes sicher keine Selbstverständlichkeit. Im gleichen Jahr entstand davor der "Vitusbrunnen" mit der Figur des St. Veit.
Weil "bestes Haus am Platze", legte sich hier, am späten Abend des 27.10.1813, auch der (nicht mehr ganz so große) Napoleon schlafen. Sein Heer war auf dem Rückzug, die dreitägige Völkerschlacht bei Leipzig verloren. Ruhe fand er nicht, denn ein Kosakentrupp war ihm auf den Fersen, zwang ihn zur schneller Weiterreise ....
Wir wenden uns wieder nach Osten, überqueren die Werra entweder bei UNTERZELLA oder später, in DORNDORF und halten auf der B 84 auf EISENACH zu.
Bereits hinter KIESELBACH entdecken wir rechts der Straße einen beachtlichen Stausee, der sich als Hintergrund für ein gemütliches Picknick eignen würde - es sei denn, sie hätten noch ein paar Kilometer Zeit für ein naturwissenschaftliches Phänomen, dem auch im 20. Jahrhundert noch niemand auf die Schliche gekommen ist: 1 1/2 km hinter DÖNGES parken wir, links der Straße, neben dem kleinen Haut-See.
"Malerisch, zugegeben", werden Sie sagen, "aber wo ist das Phänomen?"
Sehen Sie die Insel? Ist sie links, oder rechts, oder in der Mitte des Sees? Wir können es Ihnen nicht sagen, denn sie schwimmt hin und her, legt auch mal an - und niemand weiß genau, was sie über Wasser hält!
Eines ist sicher: Verpflanzen läßt sich das Wunder nicht! Als der Herzog von Sachsen-Eisenach von der schwimmenden Insel hörte, ließ er sich ein Stück davon in seinen See bei der Sommerresidenz Wilhelmsthal schleppen - wo es prompt absoff!

Die "wissenschaftlichste Erklärung" für die Inselschwimmkünste ist die Entstehung großer Mengen von Sumpfgas, die blubbernd aufsteigen, sich sogar anzünden lassen und vielleicht unter der Insel eine Art Riesengasblase bilden.
Aber Wissenschaft ist bei den Bewohnern des nahen Dorfes DÖNGES eigentlich gar nicht gefragt. Denn beim Haut-See "geht es um!" Angstschreie hörte man bei Nacht, schöne Jünglinge ertranken - vielleicht wurden sie in den See gezogen?
Bei der Kirmes erschienen drei völlig unbekannte, blonde Jungfrauen mit Seerosen im Haar, tanzten mit den Burschen des Dorfes und verschwanden wieder - das konnten nur Nixen aus dem Hautsee gewesen sein!
Den letzten Beweis lieferte die Hebamme! Am Totenbett gestand sie dem Pfarrer, eines Nachts der Seekönigin in der Tiefe bei ihrer schweren Stunde behilflich gewesen zu sein ....
Über MARKSUHL und FÖRTHA fahren wir weiter Richtung EISENACH. An der höchsten Stelle der Straße, beim "Förthaer Stein", den der Volksmund "Vachaer Stein" nennt, kreuzen wir den Rennsteig an der Stelle, wo ihn das DDR-Regime lange Jahre beginnen ließ. Jetzt ist er hier wieder fast 20 km länger und führt hinab bis HÖRSCHEL an der Werra.
Der "Förthaer Stein" ist ein Wegeobelisk an der alten Frankfurter Straße und trägt die Aufschriften "Berka", "Vacha" und "1833". Als Napoleon 1813 nach der verlorenen Schlacht bei Leipzig hier vorbeizog, mußte er also noch den Kompaß benutzen. In der Nähe des Obelisken sprudelt der "Bettelborn" neben der "Bettelbuche". Falls die durchreisenden Kaufleute zu geizig waren - verdursten mußte man hier nicht.
In mehreren Kehren, neben den steilen Felsen, auf deren höchstem Gipfel die Wartburg steht, rollen wir nun noch knappe 8 km bis zum Zentrum von EISENACH hinab — unsere Rundreise durch Thüringen ist beendet.
Finden Sie nicht auch, daß man gleich wieder von vorn anfangen könnte!?

THÜRINGEN - TIPS – alphabetisch geordnet

Bademöglichkeiten
Campingplätze
Flora/Fauna
Freies Camping/Freies Übernachten
Gasversorgung
Geschichte
Grenze/Grenzzaun
Höhlen/Bergwerke
Kartenmaterial/Literatur
Reisezeit
Restaurants
Schlösser, Burgen, Ruinen
Straßenverhältnisse
Tankstellen
Telefonieren
Toiletten
Wandern/Radwandern
Wasserversorgung/-entsorgung

BADEMÖGLICHKEITEN

Die Mittelgebirgslage eines großen Teiles von Thüringen mit ihren Bergen und Tälern, Hügelrücken und Senken - und die dem Gebirgscharakter entsprechende Niederschlagsmenge schuf günstige Voraussetzungen für die Anlage einer großen Zahl von Speicherbecken, Talsperren und Stauseen. Viele von ihnen sind für touristische Zwecke freigegeben, bieten mit Campingplätzen, Liegewiesen, Freibädern, Spiel- und Parkplätzen ein umfangreiches Erholungsangebot. Wir haben in den meisten Fällen unsere Touren so legen können, daß diese schönen "Kunstseen" berührt werden.

Aber ins erfrischende Naß lockt Thüringen Sie auch auf andere Weise:

Da sind zunächst die Hohenwarte- und die Bleilochtalsperre zu nennen, gestaute Abschnitte der Saale in idyllischster Landschaft, die, wenn auch (z.Zt.) noch nicht von bester Wasserqualität, so doch mit mannigfaltigen Freizeitangeboten locken: Dampferfahrten, Surfbrett- und Bootsverleih, Wanderungen entlang der aussichtsreichen Ufer.

Die "ausgeräumten" sächsischen Braunkohlenreviere südlich von Leipzig ziehen sich noch ein Stück ins thüringische Land hinein. Rings um Meuselwitz/Altenburg hatten die Riesenbagger die Landschaft verschandelt, ganze Ortschaften mußten dem Energiebedarf weichen. Inzwischen sind Jahrzehnte

vergangen, die Kohlegruben haben sich mit Grundwasser gefüllt, sind zu reichen Sekundärbiotopen geworden, bieten vielerorts auch herrliche Bademöglichkeiten. Wir haben die schönsten für Sie gefunden!
Zwischen Schleiz und Pößneck liegen die Plothener Teiche, hunderte von ehemaligen Fischteichen, die bereits im Mittelalter angelegt wurden - heute sind sie idyllische Badereviere.
Zuletzt seien die vielen Schwimmbäder genannt! Sie haben zwar noch nicht "westlichen Standard", liegen dafür aber meist in besonders schöner Waldrandlage; wie oft führte uns das Hinweisschild "Waldschwimmbad" nicht nur zu einem idyllischen Badeplatz, sondern gleichzeitig zu einem reizvollen und ruhigen Übernachtungsplatz. Gerade auch außerhalb der Badesaison sind deshalb diese Parkplätze besonders zu empfehlen!

CAMPINGPLÄTZE

Wir haben uns (erfolgreich, wie wir meinen) große Mühe gegeben, viele schöne freie Übernachtungsplätze zu entdekken, Thüringens abwechslungsreiche Landschaft war uns dabei eine große Hilfe.
Wer das Land bereist, jeden Tag aufs Neue auf Entdeckungsfahrt geht, kann von uns am Ende eines erlebnisreichen Tages stets den Hinweis auf ein ruhiges Plätzchen erwarten.
Wer jedoch in einer Gegend länger verweilen möchte, für den bietet sich der Aufenthalt auf einem der landschaftlich besonders schön gelegenen Campingplätze an, die seit der Grenzöffnung längst nicht mehr so überlaufen sind, wie wir sie aus den 80er Jahren kennen. Bei unseren Recherchen wurde uns versichert, daß man in Anpassung an die "neue Lage" stets einige Plätze für kurzfristig anreisende WOMO-Urlauber freihalten werde.
Wir halten es für überflüssig, uns über Ausstattung oder Preise zu äußern. Erstens ändern sie sich laufend, zumal jetzt, und zweitens ist der WOMO-Besitzer außer an Ruhe und Geborgenheit ohnehin nur sekundär an den "Einrichtungen" der Plätze interessiert.
Was er braucht, sind Ver- und Entsorgungseinrichtungen!
Hierüber läßt sich folgendes sagen:

Frischwasserversorgung - kein Problem!
Brauchwasserentsorgung - wenig Probleme!
Toilettenentsorgung - **einige Probleme!**

Denn: Die meisten Campingplätze sind noch nicht an große Kläranlagen angeschlossen, sondern verfügen über kleine, platzeigene Klärgruben. Deren geringe Bakterienmenge kann eventuell schon durch eine einzige "Toilettenchemikalienladung" einen Kollaps bekommen - was tun?

* Benutzen Sie umweltgerechte Toilettenchemikalien ohne Aldehyde - oder, noch besser, überhaupt keine!
* Fahren Sie Campingplätze nicht nur unter dem Gesichtspunkt der Toilettenentsorgung an, dafür wären öffentliche Toiletten größerer Ortschaften geeigneter.
* Fragen Sie den Campingplatzwart nach der "aktuellen Entsorgungslage" und/oder der nächsten Kläranlage!

Unser Campingplatzverzeichnis wird - das können wir jetzt schon sagen - nie vollständig sein. Bitte helfen Sie uns und nennen Sie uns neu entdeckte (oder geschlossene) Campingplätze:

Altenbeuthen 6801, "Droschkau", Hohenwartetalsperre
Badra/Kelbra, "Talsperre Kelbra"
Breitenbach 6051, "Am Waldbad" im Vessertal, Tel. 8180
Brotterode 6083, bei der JH
Catterfeld 5201, "Am Paulfeldteich"
Dingelstädt 5603, "Luttergrund"
Dreba 6711, Am Hausteich im Plothener Seengebiet
Drognitz 6801, "Hopfenmühle", Hohenwartetalsperre
Erlau 6051, "Am Waldbad"
Frankenhain 5213, "Lütschestausee"
Georgenthal 5805
Gössnitz 6841, "Neumannshof", Hohenwartetalsperre
Goßwitz 6801, "Alter", Hohenwartetalsperre
Gräfenwarth 6551, "Wetterabucht", Bleilochtalsperre
Großbreitenbach 6309, "Am Schwimmbad"
Hainrode 5501, "Im Teichtal"
Heßles 6081, "Nüßleshof"
Hohenfelden 5301, "Stausee", Tel. Kranichfeld 2081/2082
Jena/Porstendorf 6900, "Rabeninsel"
Manebach 6313, "Im Meyersgrund"
Oettern 5301, "Im Ilmtal"
Paska 6841, "Linkenmühle", Hohenwartetalsperre
Rastenberg 5235, "Haselberg"
Reitzengeschwenda 6801, "Schäferwiese"und "Greetz", Hohenwartetalsperre
Röppisch 6851, "Röppischer Bucht", Bleilochtalsperre
Ruhla 5906, "Alte Ruhl", Am Südausgang der Stadt
Saalburg 6555, Bleilochtalsperre
Saalburg 6555, "Saalburg-Kloster", Bleilochtalsperre
Saalfeld 6800, "Friedenshöhe"
Schnett 6121, bei der JH

Schwarzburg 6825, bei der JH
Weida 6508, "Aumatal"
Weißensee 5237, "Am Terrassenbad"
Wilhelmsdorf 6841, "Portenschniede", Hohenwartetalsp.
Wilhelmsthal 5901, "Altenberger See", Tel. 74137
Windischholzhausen-Haarberg 5101
Ziegenrück 6557, "Plothental"

FLORA/FAUNA

Die blumenreiche Gefilde Thüringens bergen eine Fülle von sonst in Europa weit voneinander getrennten Pflanzenarten. Wen wundert's, daß bereits 1588 mit der "Sylva Herzynia" des Erfurters Johannes Thal die erste wissenschaftliche "Flora" des Raumes zwischen Harz, Thüringer Wald und Vogtland erschien!

Warum aber bietet die Thüringer Pflanzenwelt geradezu ein Modell der mitteleuropäischen Flora?
Vergleicht man die geologischen und klimatischen Extreme des oben skizzierten Raumes, so könnten sie kaum unterschiedlicher sein:

Die innersten Teile des Thüringer Beckens (122 m ü. NN) bekommen nur 400 mm Regen ab, auf den Brocken (1141 m ü. NN) im Harz - und ähnliches gilt für die Höhenlagen des Thüringer Waldes - regnen im Jahr bis zu 2000 mm, das sind zwei Kubikmeter Regenwasser auf den Quadratmeter - ein Unterschied von 500 %!
Kein Wunder also, wenn wir auf dem Rücken des Thüringer Waldes ständig vernäßte, saure und nährstoffarme Torfböden, im Thüringer Becken dagegen kalkreiche Lößböden und nährstoffreiche Schwarzerdeböden antreffen.
Wenn man jetzt noch die Dauer der Vegetationsperiode betrachtet, zum Beispiel die Zahl der Tage, bei der die Durchschnittstemperatur 10°C oder höher liegt, so kommen wir in den Höhen des Thüringer Waldes und des Harzes auf 100 Tage, im Weinbaugebiet des unteren Unstruttales aber auf 200 Tage - das doppelte!

Schon aus der Betrachtung der Kontraste und ihrer wohlabgestuften Übergänge erklärt sich die Fülle der unterschiedlichen Pflanzenlandschaften auf engstem Raume.
Hinzu kommt die geringe Besiedelung des Thüringer Waldes und die daraus resultierende Unberührtheit der Lebensräume. Auch das ehemalige Grenzgebiet hat sich in den letzten Jahrzehnten zu einem Rückzugsbiotop gefährdeter und seltener Pflanzen entwickelt.

Weniger Aufregendes ist über die Tierwelt Thüringens zu berichten.
Zwar gab es in alter Zeit selbst Elch und Auerochs und es ist noch nicht lange her, da zählte man Bär und Luchs zu seinen gewöhnlichen Bewohnern, der Wolf gar zog im 17. Jahrhundert "herdenweis" durch die Wälder.
1686 bereits erlegte der Büchsenmacher Hans Löfler den letzten Bären und nur selten verirrte sich seither ein Wolf oder Luchs aus den böhmischen Wäldern ins Thüringische.
Beschränken wir uns folglich auf Hirsch, Reh und das wilde Schwein; auch Marder, Iltis und Wiesel sind nicht selten.
Unter den Greifvögeln sind der Mäusebussard und der Turmfalke häufige Brutvögel; Sperber, Habicht und Roter Milan trifft man hin und wieder an.
Auch Reb-, Birk- und Auerhuhn balzen noch in Wald- bzw. Ödland.

Wer sich über die Tier- und Pflanzenwelt Thüringens in Ruhe informieren möchte, für den haben wir zwei "Idealadressen": Den kleinen, aber feinen Heimattiergarten in Suhl und den Rennsteiggarten bei Oberhof.
Sie liegen beide an unserer Tour 10.

FREIES CAMPING/FREIES ÜBERNACHTEN

Wenn wir Ihnen, liebe Leser, in den "Picos de Europa" Nord-Spaniens, an der "Costa Verde" Sardiniens oder an der Bucht von "Milokupo" im Golf von Korinth schöne Plätze für "Freies Camping" zeigen, dann meinen wir das natürlich anders als am Fuchsturm oberhalb Jena oder am Rennsteigparkplatz bei Kahla. Hier gelten die gleichen "offiziellen Regeln" wie im übrigen Deutschland:
"Das Parken und das Übernachten im WOMO zum Zwecke der Fahrtunterbrechung ist erlaubt!"
Wir waren während unserer Recherchen wochenlang in Thüringen unterwegs, und nirgends wären wir auf die Idee gekommen, frei zu campieren! Aber wir haben uns - für Sie - stets Plätze ausgesucht, von denen aus sich die schöne Landschaft am besten genießen ließ, wo wir ruhig (und ungestört) übernachten konnten, die uns einen idealen Ausgangspunkt für Wanderungen, Spaziergänge oder Stadtbesichtigungen boten.
Wohnmobile haben in Thüringen, wenn man mal von den Parkplätzen unterhalb der Wartburg absieht, noch Seltenheitswert, auf den Plätzen unserer Wahl waren wir stets allein. Dies wird sich vermutlich mit dem Erscheinen dieses Buches (ge-

ringfügig) ändern. Deshalb möchten wir, speziell an Sie, liebe Leser, eine herzliche Bitte äußern:
Verlassen Sie alle Plätze unserer und Ihrer Wahl stets so, daß niemand auf die Idee kommen könnte, einem WOMO-Urlauber gram zu sein! Niemals haben wir bisher in Thüringen ein böses Wort über Wohnmobile gehört, nie hatten wir an irgendeinem der von uns ausgesuchten Plätzen Probleme - wäre es nicht schön, wenn das so bliebe!?
Haben Sie sich in eine bestimmte Gegend verliebt, wollen in ihr länger verweilen, dann sollten Sie einen der idyllisch gelegenen Campingplätze (siehe "Campingplätze") aufsuchen - man freut sich auf Sie!

GESCHICHTE

Ein Blick auf die Karte belehrt uns — Thüringen ist wieder die Mitte, das "grüne Herz" Deutschlands. Auf seinem Boden begegneten sich uralte Handelswege, die die Ostsee mit dem Mittelmeer verbanden. In Erfurt kreuzten sie sich mit der Königsstraße, die in Ost-West-Richtung von Frankfurt nach Leipzig führte. Die modernen Verkehrswege, Schiene und Autobahn, folgten diesen alten Handelswegen.
Bereits in "alter Zeit" war Thüringen besiedelt. Der Kleine Gleichberg bei Römhild gibt noch jetzt umfangreich Zeugnis von seiner Besiedlung durch die Kelten um 800 v. Chr. (Tour 11).
Ihnen folgten von Skandinavien die Westgermanen, verdrängten sie nach Westen.
Tausend Jahre später siedelten hier die Hermunduren, ein germanischer Stamm, in dessen Namen man schon das Wort Thüringen ahnen kann. Seine nördlichen und südlichen Nachbarn, die Sachsen und die Franken, zerschlugen das Hermundurenreich, die letzte Schlacht tobte 531 an der Unstrut.
Der Hauptteil Thüringens wurde den Franken einverleibt, den östlichen Teil zwischen Saale und Elbe eroberten die Slawen.
Als die Karolinger ausgestorben waren, fiel Thüringen an Sachsen, das Gebiet wurde zur Abwehr der Ungarn mit Fliehburgen und Befestigungen ausgestattet; Klöster wurden gegründet.
Als um die Jahrtausendwende die sächsischen Ottonen ausstarben, kam der thüringische Adel wieder an die Macht, der westliche Teil Thüringens fiel an die fränkischen Ludowinger: Graf Ludwig der Springer ist allen als Erbauer der Wartburg bekannt.
Zur gleichen Zeit entstehen die ersten thüringischen Städte, die romanische Kunst erlebt in Thüringen ihre Blütezeit. Dieser

erste kulturelle Höhepunkt lebt in der Sage vom Sängerkrieg fort, die Nächstenliebe der Hl. Elisabeth, der Gemahlin Ludwig IV. führte zu ihrer Verehrung in ganz Europa.
Erbfolgekriege brachten schließlich die Wettiner in Thüringen an die Macht, die Zisterzienser bauten die ersten gotischen Gotteshäuser, drei- oder gar fünfschiffige Hallenkirchen in Erfurt, Heiligenstadt, Arnstadt geben Zeugnis davon.
Dann folgten Reformation, Bauernkrieg, Dreißigjähriger Krieg, und was eine Generation aufbaute, schlug die nächste wieder in Stücke ....
Nach dem Dreißigjährigen Krieg herrschten die sächsischen Ernestiner in Thüringen. Sie waren so töricht, durch Erbteilungen ihre Gebiete immer kleiner und politisch bedeutungsloser zu machen. Bis 1918 bietet das thüringische Gebiet einen bunten Teppich kleiner und kleinster Staaten, die jedoch oftmals Zentren kultureller Entwicklung waren, Thüringen zumindest zur geistigen Mitte Deutschlands machten.
Dem Ende des Ersten Weltkrieges schloß sich der Zusammenbruch der deutschen Monarchien an, die thüringischen Staaten bildeten erstmals das Land Thüringen!
Im Jahre 1919 wurde das junge Land sogar zur Wiege der parlamentarischen Demokratie des Deutschen Reiches; in der Landeshauptstadt Weimar tagte die verfassungsgebende Nationalversammlung, daher spricht man von der "Weimarer Republik".
Im "Dritten Reich" kamen 1944 die preußischen Gebiete Thüringens, also Erfurt, Mühlhausen, Nordhausen und das Eichsfeld hinzu, Erfurt wurde Landeshauptstadt.
Schon acht Jahre später, am 23.7.1952, wurde Thüringen durch Volkskammergesetz wieder zerschlagen, in die Bezirke Erfurt, Gera und Suhl aufgeteilt.
Seit der Vereinigung Deutschlands gibt es nun wieder "unser" Thüringen! Freuen wir uns und hoffen wir, daß dem "grünen Herzen" Deutschlands diesmal eine lange, friedvolle Zukunft beschieden ist.

GASVERSORGUNG

Ging uns bei unseren Besuchen in der ehemaligen DDR das Gas aus, so konnten wir in einer der Gasflaschen-Füllstationen wieder "nachtanken", denn Flaschen und Verschlüsse waren identisch in Ost und West.
Graue Camping-Gasflaschen zum Tauschen oder gar Autogastankstellen waren in der DDR allerdings unbekannt.
Inzwischen eröffnen auch in Thüringen die ersten Tauschstationen. Bekannt ist uns bisher nur eine:
Fa. Manfred Bach, Lohmühle 4, O-5809 Tambach-Dietharz

Für Gastankbesitzer hier die Adressen der nächsten Gastankstellen in den benachbarten Bundesländern:
TEXACO, Dientzenhoferstr. 6-10, 6400 Fulda, Tel. 0661/8191
ESSO, Bahnhofstr. 2 a, 8670 Hof, Tel. 09281/8990
PROGAS, Hattenbacher Str. 1, 6434 Niederaula, Tel. 06625/7045

GRENZE/GRENZZAUN

Kannten Sie dieses bedrückende Gefühl in der Magengegend, diesen ohnmächtigem Zorn beim Überschreiten der "Staatsgrenze West der DDR"? Erinnern Sie sich noch an die Warteschlangen, die Wühlerei in Koffern und WOMO-Schränken?
Die meisten meiner Verwandten und Freunde aus der DDR kamen nie in den "Genuß" einer solchen Grenzüberschreitung, ja, sie kamen der Grenze nie näher als bis zum Rande des 5-km-Sperrgebietes, standen nach der Wende erschrocken und gleichzeitig wütend an dem "sozialistischen Schutzwall".
Wir haben mit Bedacht einige unserer Touren so gelegt, daß wir diese Grenze vor Augen hatten oder die Reste davon.
Wir wollen auch weiterhin sehen, wie Betonpfosten, Gitterzaun und Stacheldraht von friedlichem Unkraut überwuchert werden.
Wir wollen unseren Kindern zeigen, was von diesem menschenverachtenden Regime übrig geblieben ist.

HÖHLEN/BERGWERKE

Das Thüringer Schiefergebirge ist nicht gerade ein "Idealfall" für die Höhlenentstehung. Aber in Thüringen treten auch Keuper und Muschelkalk sowie Riffe des Zechsteinmeeres aus dem Perm zutage. Und da in diesen Sedimentgesteinen in der Regel Steinsalz, Gips oder Anhydrit eingelagert sind, die sich leicht in Wasser lösen, muß man nur an der richtigen Stelle suchen ....

Die Historie des Thüringer Bergbaues ist nur etwa 1000 Jahre alt. Zunächst entdeckte man bei Altenstein, Bad Liebenstein und Schmalkalden Eisen, im 12. Jahrhundert jedoch bei Ilmenau Kupfer, bei Freiberg Silber und schließlich sogar bei Reichmannsdorf Gold, was, wen wundert's, wesentlichen Einfluß auf die Besiedelung des Thüringer Waldes hatte: Schmelzhütten wurden erbaut, für die man Holzkohle brauchte, die Köhlerei erlebte einen ungeahnten Aufschwung ....
Anfang dieses Jahrhunderts kam der Kalibergbau bei Merkers/Vacha dazu, und zuletzt entstanden die Uranerzgruben bei Ronneburg. Beide wurden nach der Wende geschlossen, die

Beseitigung ihrer Altlasten wird uns noch jahrelang beschäftigen
Der gegenwärtige Bergbau beschränkt sich auf die Gewinnung von Schwerspat- und Flußspatvorkommen bei Steinbach, Ilmenau und Gehren. Für den Touristen interessant sind jedoch Ausflüge in die Unterwelt, die eine Reihe von Schaubergwerken bietet. Die historische Weiterverarbeitung der Erze kann in technischen Denkmälern nachempfunden werden:

Asbach: Lehr- und Schaubergwerk "Finstertal" (Tour 3)
Friedrichroda: Marienglashöhle (Tour 3)
Ilmenau: Goethes Höhle im Großen Hermannstein (Tour 4)
Oehrenstock: Bergbaumuseum Zechenhaus "Lutherteufe"
Ohrdruf: Tobiashammer (Tour 10)
Ranis: Ilsenhöhle (Tour 8)
Sondershausen/Rottleben: Barbarossa-Höhle (Tour 2)
Saalfeld: Feengrotten (Tour 8)
Schmalkalden-Weidebrunn: Happelshütte (Tour 3)
Schweina: Altensteiner Höhle (Tour 3)
Uftrungen: Gipshöhle "Heimkehle" mit Karstmuseum (Tour 2)
Walldorf: Sandstein- und Märchenhöhle (Tour 12)

KARTENMATERIAL/LITERATUR

Wenn Sie wüßten, mit welchen Uralt-Karten wir unsere Thüringenrecherchen durchgeführt haben - Sie würden unsere Ergebnisse bestaunen!
Aber die Zeit schreitet schnell, und so ist bereits heute eine Fülle von neuen Karten erhältlich, und vom Thüringischen Landesvermessungsamt kann man gar die ehemals als "Vertrauliche Verschlußsache" nur militärischen Dienststellen vorbehaltenen topographischen Karten bestellen.
Als Ergänzung zu unseren Tourenkarten empfehlen wir Ihnen folgende Autokarten im Maßstab 1 : 200.000:

Generalkarte Deutschland Ost: Blatt 6 + 7 (von 9 Karten)
oder:
Aral Autoreisekarten: Die neuen Bundesländer (7 Karten)

Das Wanderkartenangebot sieht noch nicht so rosig aus. Gut dran sind die Rhönwanderer. Noch hatte mancher DDR-Bewohner die Wende nicht verdaut, da waren die rührigen Mitglieder des Rhönclubs (West) unterwegs und pinselten in der Rhön (Ost) ihre Wanderwegweiser an Baum und Fels:

Ravenstein-Verlag: Rhön-Wanderkarte 1:100.000 Nr. 6913

An erster Stelle auf der Wanderliste steht jedoch der Rennsteig, der Kammweg des Thüringer Waldes. Von ihm gibt es eine neue Spezialkarte, die auch alle Parkplätze und Brunnen an ihm und in seiner Nähe aufzeigt, von der:

Terrac Verlag GmbH: Der Rennsteig zwischen Werra und Saale

Wesentlich ausführlicher, mit Karten und Informationen zur Routenplanung ist der:

Stöppel-Freizeitführer: Der Rennsteig und seine Umgebung

Hiermit wären wir aber bereits beim Thema Literatur! Bei unseren Recherchen mußten wir häufig Bücher aus DDR-Produktion benutzen. Deren Inhalt war meist ein schwer verdaulicher Brei aus guter Information und sozialistischem Blabla; wer sich dafür noch interessiert, sollte sich vor Ort im Antiquariat umtun.
Neues und wirklich Gutes ist noch kaum auf dem Markt.
Bisher können wir empfehlen:

DuMont-Verlag: Hans Müller, Kunstreiseführer Thüringen
HB-Bildatlas Thüringen
Brockhaus-Verlag: Georg Menchén, Romantische Reise durch Thüringen
Sigloch-Edition: Kulinarische Streifzüge durch Thüringen
Verlag Parzeller: Bodo Kühn, Der Rhön-Paulus
BLV-Verlagsgesellschaft: Der große BLV Pflanzenführer

TANKSTELLEN

Nanu, werden Sie sagen, ist das ein Thema?
Ja, es ist ein Thema, und ein ärgerliches dazu!
Die Tankstellendichte in Thüringen, wie in allen neuen Bundesländern, ist gering. Nein, Sie müssen keine Angst haben, daß Sie auf weiter Flur ohne Sprit stehen, so schlimm ist es nicht, auch lange Warteschlangen an den Zapfsäulen gehören (fast immer) der Vergangenheit an — aber es fehlt an Konkurrenz! Folge: Höhere Benzinpreise als in Thüringen gibt es nur noch in der Apotheke.

Was man dagegen tun kann?
Vor der "Einreise" nach Thüringen noch einmal volltanken - Thüringen ist an seiner breitesten Stelle noch nicht einmal 200 km lang!

TELEFONIEREN

Falls Sie aus Zeiten der DDR noch "telefongeschädigt" sind, sich stundenlang den Finger wundgewählt haben, um Onkel Max und Tante Frieda zur Goldenen Hochzeit zu gratulieren, dann können Sie diese Zeilen auslassen - denn viel hat sich noch nicht geändert!
Zwar kann man inzwischen von Thüringischen Telefonzellen aus auch in den "Westen" telefonieren - aber erst mal muß man eine finden!

Die Besonderheiten im "Ost-West-Telefonverkehr":
Altes Bundesland —> neues Bundesland: 0037/Vorwahl ohne Null/Anschlußnummer.
Neues Bundesland —> altes Bundesland: 0004/Vorwahl ohne Null/Anschlußnummer.
Innerhalb der neuen Bundesländer: Unterschiedliche Vorwahlen lt. Telefonbuch.

Aber eines Tages, vielleicht ist er nicht mehr fern, wird auch Thüringen in Deutschland liegen!

TOILETTE/CHEMIKALTOILETTE

Einiges zu diesem pikanten Thema haben wir bereits bei "Campingplätze" abgehandelt. Aber wie verhält sich der notorische "Campingplatzverweigerer"?
Der typische Thüringenurlauber wird häufiger in dieses reizvolle, nahe gelegene Bundesland fahren, aber dort nur einige Tage verweilen. Da er anläßlich einiger Gaststättenbesuche auch die einheimische Küche studiert, stellt sich ihm das Thema: "Volle Chemikaltoilette" nur selten.

Für diese seltenen Fälle empfehlen wir die Entleerung:
* In öffentliche Toiletten größerer Städte.
* In öffentliche Toiletten neu angelegter Autobahnraststätten und Tankstellen.
* Bei Kläranlagen (Info in allen Bürgermeisterämtern).
* Auf Campingplätzen mit Kläranlagenanschluß (Info beim Platzwart).

Tritt bei uns ein akuter "Toilettennotstand" ein, so graben wir mit unserem Klappspaten im lockeren Waldboden oder in einer Ackerfurche ein tiefes Loch — und buddeln es nach Füllung wieder ordentlich zu.

REISEZEIT

In den letzten zwei Jahren waren wir zu allen Jahreszeiten in Thüringen unterwegs, können wir das auch unseren Lesern empfehlen?
Natürlich bekommen Sie das beste Urlaubswetter mit den geringsten Niederschlägen im Hochsommer geliefert, können baden und sonnenbaden.
Aber Frühjahr und Herbst haben ideales Wanderwetter, die Hauptsehenswürdigkeiten sind nicht so überlaufen, die Kellner der Ausflugsgaststätten können Ihnen ihre volle Aufmerksamkeit widmen ....
Sie sollten sich jedoch mit dicken Pullover, Regencape, festem Schuhwerk - und genügendem Gasvorrat für die WOMO-Heizung wappnen!
Im Winter in den Wald? Warum nicht!
Wir haben tagelang auf dem Ellenbogen, dem höchsten Berg der thüringischen Rhön gestanden, Loipen angelegt und während ausgedehnter Langlauftouren das herrliche Winterwetter genossen. Wenn Sie kommen, gibt es bereits überall Langlaufstrecken, im Thüringer Wald auch Skilifte - und an gemütlichen Berghütten ist auch kein Mangel.

RESTAURANTS

„Warten Sie draußen, Sie werden plaziert!"
Wer zu DDR-Zeiten Restaurantbesucher war, erinnert sich noch nach Jahren an die unhöfliche, ja geradezu unverschämte Arroganz des "Bedienungspersonals".
Betritt man heute eine Gaststätte, so fragt man sich verblüfft, wo die muffigen Gesichter geblieben sind ....

Sicher werden Sie nicht von uns erwarten, an dieser Stelle Gaststättenempfehlungen vorzufinden. Aber wir möchten Sie ermutigen: Testen Sie die völlig neue Thüringer Gastlichkeit und die typischen Thüringer Gerichte! Wer nicht Hammelkeule mit rohen Klößen oder zumindest Bratwurst oder Rostbrätel vom Holzkohlengrill probiert hat, der ist nicht in Thüringen gewesen!

SCHLÖSSER, BURGEN, RUINEN

Eine Karte des (heute) thüringischen Gebietes aus dem Jahre 1680 zeigt einen bunten staatlichen "Flickerlteppich"; oft war das "Hoheitsgebiet" eines Herzogs oder Grafen kaum größer

als die landwirtschaftliche Nutzfläche einer LPG!
Nicht weniger als 26 (sechsundzwanzig) Herzöge, Grafen und Kurfürsten herrschten (gleichzeitig!) über das Land, daneben gab es noch eine Reihe von "geistlichen Gebieten" der Abtei Fulda, der Bistümer Würzburg und Bamberg, des Erzbistums Mainz und zuletzt die Reichsstadt Mühlhausen.
Es versteht sich von selbst, daß jeder Herrscher eine Residenz brauchte! Dafür wurde gebaut, was das Zeug hielt - oft mußten sich die Landesherren dabei so hoch verschulden, daß sie schließlich die kräftigsten ihrer Landeskinder an kriegführende Herrscher verschacherten, um auch nur die Zinsen berappen zu können.
Heute stehen wir auch im kleinsten ehemaligen Residenzstädtchen bewundernd und doch gleichzeitig kopfschüttelnd vor prächtigen Schlössern, die manchmal in einem ausgezeichneten Erhaltungszustand sind.
Arm dran war die historische Bausubstanz, wenn sie nicht "höheren staatlichen Repräsentationszwecken" dienen konnte, denn dann war sie nur "Überrest und Symbol feudalstaatlicher Unterdrückung". Von vielen Schlössern weiß man nur, daß sie nach dem Kriege teilzerstört oder baufällig waren, irgendwem im Wege standen und plötzlich sang- und klanglos verschwunden waren - welch schneller, "sauberer" Tod.
Viel übler ging es denen, die noch "verwendet" werden konnten! Uns traten manchmal Tränen in die Augen, wenn uns unsere alten Karten schließlich den Weg gezeigt hatten zu einem Rittergut, einem Gutshof der ehemals "herrschenden Klasse": Total verlotterte Bausubstanz, eingefallene Dächer; Dreck, Schlamm, Jauchenpfützen, Müll ....
Die vielen, noch älteren mittelalterlichen Burgen, Ruinen und Türme haben die 40 Jahre Sozialismus "weggesteckt" wie nichts! Sie sind für uns Anlaufstellen oder Ausgangspunkt vieler Wanderungen oder Spaziergänge und bieten außer einem meist prächtigen Blick über das schöne Land nicht selten ruhige Übernachtungsplätze.
Namen wie Wartburg, Leuchtenburg, Schwarzburg, Drei Gleichen, Veste Heldburg, Burg Ranis und die der Saaleburgen Rudelsburg und Saaleck sind Synonyme für die reiche Historie des Thüringer Landes.

STRASSENVERHÄLTNISSE

„Als einst Napoleon nach Moskau zog, fand er die letzten guten Straßen in Thüringen vor. Heute würde er den Weitermarsch bereits kurz hinter Meiningen abbrechen!" Diesen bösen Witz hörte ich bereits vor Jahren von einem Bekannten, der viel in

der DDR reiste.
Nach einigen hundert Kilometern durch alle Gegenden Thüringens können wir bestätigen: Würde man das Thüringer Straßennetz nach Hessen oder Bayern verpflanzen, der öffentliche Nahverkehr bekäme unverhofften Zuspruch, der Berufsverkehr würde zusammenbrechen.
Im Klartext: Mit "westlichem Standard" verglichen sind die Straßen Thüringens zu schlecht, zu schmal, zu krumm, und davon gibt es auch noch zu wenige!
Wenn Sie nun allerdings erwarten, daß wir diesen Zustand beklagen würden - weit gefehlt! Auf den Straßen Thüringens bewegt man sich - gezwungenermaßen - ausgesprochen langsam, ruhig und doch aufmerksam fort. Wer diese Regel nicht beachtet, bekommt bereits in der nächsten Kurve die Quittung in Form quietschender Reifen serviert, handelt sich an einem soliden Chausseebaum eine schöne Schramme ein oder landet gar im Graben. Somit erlebt der Urlauber, nach kurzer Eingewöhnzeit, die schöne Landschaft viel bewußter.
Damit Sie Ihre Nerven nicht überstrapazieren, haben wir im Verlauf der Touren vor besonders schlechten Wegstrecken gewarnt und die Touren mit den besten Verbindungsstraßen verknüpft, die Thüringen zu bieten hat - aber es werden ja (Gottseidank?) in den nächsten Jahren immer mehr!
Bis es so weit ist, noch ein letzter Tip:
Rufen Sie sich immer wieder die Maße Ihres WOMOs ins Gedächtnis. Die vielen schönen, aber schmalen Baumalleen sind nicht immer rechtwinklig verschnitten - und selbst ein kleiner Ast ist viel härter als 0,4 mm Alu-Blech!

WANDERN/RADWANDERN

Einem Thüringen-Urlauber das Wandern zu empfehlen, hieße Eulen nach Athen tragen! Keine Landschaft Deutschlands ist schöner und abwechslungsreicher und somit geeigneter für die lustvolle Begegnung mit der Natur: Burgen, Schlösser, Ruinen, Schluchten, Wasserfälle, Berggipfel, Höhlen, Naturschutzgebiete, Seen, Wälder - uns selbst war es ein Genuß, die für Sie ausgearbeiteten Wanderungen auch abzumarschieren - freuen Sie sich darauf!

Dabei haben wir natürlich, so weit es ging, stets Rundwanderungen vom und zum WOMO-Parkplatz angelegt: Durch die Kuppige Rhön, im Grabfeld, im Tal der Weißen Elster, im Saaletal, in vielen Gegenden des Thüringer Waldes und natürlich auch entlang des Rennsteigs - kleine Spaziergänge, größere Touren, Tageswanderungen, für jeden etwas!

Auch unsere Fahrräder hatten wir manchmal dabei! Nein, nein, eine Tour durch den Thüringer Wald überlassen wir lieber den harten Muskelmännern, aber das Grabfeld, die Rhön oder das Eichsfeld bietet flaches oder nur leicht welliges und doch abwechslungsreiches Land, das Richtige fürs Radwandern - dachten wir!
Bitte machen Sie sich, als Radwander-Fan, mit dem Gedanken vertraut, daß in Thüringen kein Feldweg radgeeignet ist, Sie also stets auf Autostraßen radeln - und die sind doch einiges schmaler als im Westen. Wer also auf Thüringens Straßen mit dem Rad unterwegs ist, der lebt gefährlich, um so mehr, als Radwandern in der DDR offensichtlich völlig unbekannt war. Wer die Straßen kennt, der weiß, warum!
Sie haben ein Mountain-Bike? Dann können wir Ihnen den Rennsteig empfehlen - dort fahren keine Autos!

WASSERVERSORGUNG/ENTSORGUNG

Eigentlich gilt hier das gleiche wie mit der Toilettenver- und -entsorgung: Normalerweise müßte die Kapazität der Trink- und Abwassertanks für einen Kurzurlaub ausreichen!
Trotzdem haben wir aus alter Gewohnheit jeden Trinkwasserbrunnen auf unseren Tourenkarten eingezeichnet - da kam mehr zusammen, als Sie trinken können.
Das Abwasser kann man in Thüringen nicht in jeden Straßengulli schütten, denn diese führen normalerweise ins nächste Gewässer! Dort fließt aber auch das Abwasser der meisten Häuser in Stadt und Land hin, Kläranlagen sind noch Mangelware!

Was tun?

Wenn unser Abwassertank überquoll, so suchten wir uns ein abgeerntetes Feld oder ein abgelegenes Stück Ödland und ließen ihn dort leerlaufen! Das Abwasser kann von den Bodenbakterien mühelos gereinigt werden, denn alle Anteile sind leicht abbaubar.

Stichwortverzeichnis

Allzunah (Rennsteig) 178
Altenburg 117-120
Altenstein (Schloß, Höhle) 53
Apolda 95,96
Arnstadt 73,74
Asbach (Schaubergwerk) 58
Aschenhausen 221
Auma 134
Bachfeld (Badesee) 169,170
Bad Blankenburg 159,162
Bad Frankenhausen 36,37
Bad Langensalza 40,41
Bad Liebenstein 53,54
Bad Sulza 96,97
Bad Tennstedt 40
Barbarossahöhle 36,37
Bauerbach 209,210
Bedheim 202,203
Bernshausen (See) 228,229
Bodenstein (Burg) 24
Breitenbach (Vessertal) 190-193
Breitungen 55,56
Brotterode 60
Buchenwald (KZ) 89
Bürgel 111
Burgk (Schloß) 144,145
Camburg 101
Clodra 129
Cospeda 106,107
Creuzburg 11,12
Dermbach 225-227
Dingelstädt 21
Dönges (Hautsee) 231,232
Dora (KZ) 30,31
Dornburg (Schlösser) 101-103
Drachenschlucht 46,47
Ebersdorf 147,148
Eisenach 11,42,44,45
Eisenberg 111,112
Eisfeld 171,173
Empfertshausen 224,225
Erfurt 84-86
Ettersburg 88,89
Falken 16
Feengrotte 156
Fehrenbach Werraquell 173-176
Fischbach (Naturbühne) 61
Frauenwald 178
Friedrichroda 64
Geba (Rhönblick) 218-220
Gera 122-126
Gleichberge 204-206
Gleichen (Burgruine) 69-71
Göllingen 37
Gotha 67,68
Greifenstein (Burgruine) 160
Greiz 131,132
Greussen 38
Großburschla 12
Großengottern 18
Großheringen 98,100
Haina 208,209
Hainrode 27
Hainspitz 111
Heiligenstadt 22,23
Heimkehle (Höhle) 32,33
Heldburg 199-201
Heldrastein 12,13
Henneberg (Ruine) 210,211
Hildburghausen 195-197
Hohenfelden (Freil.-Museum) 82
Hohenfelden (Stausee) 81
Hohenstein (Burgruine) 31,32
Hopfgarten 87
Hummelshain 139,140
Iberg-Stausee 32
Ilmenau 74,75,78
Immelborn 54,55
Inselsberg 60,61
Jena 105-109
Kahla 137,138
Kaltenlengsfeld 223
Kaltennordheim 223
Kaltensundheim 221,223
Kefferhausen 21,22
Kelbra (Stausee) 33,34
Kickelhahn 75-77
Kirchohmfeld 24
Kranichfeld 80,81
Krimderode 29,30,31
Kursdorf (Mühlental) 112
Kyffhäuser 35,36
Lauscha 167
Leinefelde 24
Lengefelder Warte 20
Leuchtenburg 137
Lichtenhain (Bergbahn) 164

Lobenstein 148
Lohra (Burg) 25,26
Lütsche-Stausee 183,184
Marienglashöhle 64
Meiningen 212,213
Mendhausen 208
Meuselwitz 114,115
Mihla 16
Milz 207,208
Mittelsdorf 222
Molsdorf 86,87
Mühlberg (Burgruine) 72
Mühlhausen 19,20
Nazza 16,17,18
Neuhaus (Rennweg) 166,167
Neustadt (Orla) 134,135
Neustadt 31
Niederrossla 94,95
Nordhausen 27,29
Oberhof 182,185
Obermaßfeld 211
Oberweißbach 164,165
Ohrdruf 184,185
Oßmannstedt 94
Pahna (Badesee) 116
Pähnitz (Badesee) 116
Paulinzella (Kl.-Ruine) 160-162
Plothen 140-142
Pöllwitz 133
Porstendorf 103
Posterstein (Burg) 120
Prößdorf (Badesee) 115,116
Ranis (Schloß) 153,154
Rauenstein 169
Reinhardssbrunn (Schloß) 64
Riechheim 83
Römhild 206-207
Ronneburg 120,121
Roth (Stausee) 203
Rottenbach 160
Rottleberode 32
Rudelsburg (Burgruine) 98-100
Rudolstadt 157-159
Ruhla 50
Saalburg 147
Saaleck (Burgruine) 98,99
Saalfeld 154-156
Sachsenbrunn 170
Salzaspring 30
Scharfenstein (Burg) 23
Schleiz 142-144
Schleusingen 193
Schmalkalden 57,58
Schnepfenthal 65
Schwarzburg 163
Seebach 18,19
Seega 37
Seidingstadt (Ruine) 198,199
Sitzendorf 163,164
Sondershausen 37
Sonneberg 168,169
Stadtilm 79
Stedten79,80
Steinach 167
Steinbach (N.-Theater) 176,177
Stelzen 170
Suhl 186-189
Tabarz 61-64
Thalbürgel (Klosterruine) 110
Tiefurt 92
Treffurt 14,15
Triptis 134
Trusetal (Wasserfall) 59
Unkeroda 47,48
Unstrutquelle 22
Untermaßfeld 212
Unterweißbach 164
Unterwellenborn 154
Urnshausen (See) 228,229
Vacha 230,231
Veßra (Klosterruine) 194,195
Wachsenburg 72
Walldorf (Höhle) 215,216
Waltershausen 65
Wartburg 42-45,48
Wasungen 216-218
Wechmar 69
Weida 127-129
Weimar 89-92
Weißensee 38,39,40
Wilhelmsthal 48
Windischleuba 117
Wohlmuthausen 220
Wolfersdorf 135,136
Wolkramshausen 27
Worbis 24,25
Wünschendorf 126-127,130
Zella 225
Zeulenroda 132-134
Ziegenrück 149-151

Original Grenzzaun - Kollage

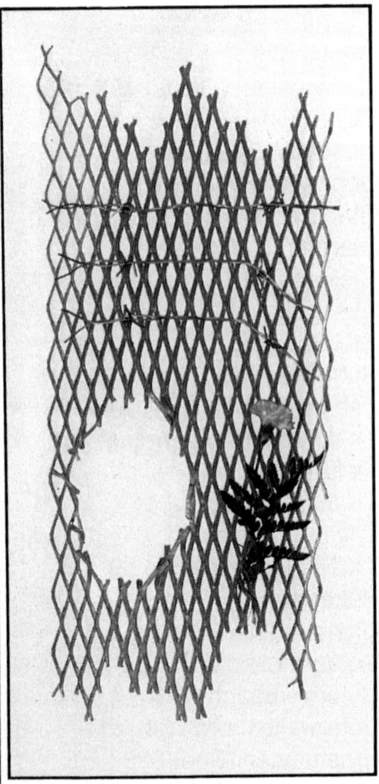

Streckmetall und Edelstahl

Vom Grenzabschnitt bei Birx in der Nähe des Dreiländerecks Thüringen – Hessen – Bayern stammt das Material für unsere Kollagen.
Sie sollen für Sie bleibende Erinnerungen an die Zeit sein, in der die Deutschen durch Mauer, Grenzzaun und Schießbefehl voneinander getrennt waren.
Die große Kollage "Freiheit" im Format 75 x 30 cm wirkt besonders eindrucksvoll an einer weißen Fläche, z. B. Rauhfaser oder Putz.

Grenzzaun und Stacheldraht

Die kleinere Kollage "Hoffnung" im Format 25 x 30 cm ist zur Aufstellung z. B. auf dem Schreibtisch gedacht.
Die Kunstwerke sind nur direkt über unseren Verlag lieferbar und tragen eine Bleiplombe mit unserem Echtheitssiegel.

Weitere Bände der WOMO-Reihe:

Band 1 – 4 und 6 – 11

MIT DEM WOHNMOBIL . . . .

- Durchs ganze Land in vielen Touren.
- Die schönsten Badestrände, die noch nicht jeder kennt – mit uns finden Sie hin.
- Freies Camping – kein Problem!
- Bergtouren für groß und klein.
- 300 Tricks und Tips für Ausrüstung, Reisevorbereitung und Urlaub.
- Ausgefeilte Packliste.
- Die besten Anreiserouten, Fähren, usw. usw.
- Gesicherte Trinkwasserversorgung durch Hinweise auf über 50 Brunnen.
- Die besten Fährverbindungen.
- Genaue Kennzeichnung schöner Bade-, Picknick- und Wanderparkplätze.

Band 5:

ALLGEMEINES WOHNMOBIL-HANDBUCH

- Beratung bei Wohnmobilkauf oder -miete.
- Einweisung in die Gas-, Wasser- und Elektroinstallation.
- Einrichtung des Wohnmobils.
- Tips und Tricks füs wohnmobile Wochenende.
- Freies Camping in Deutschland – Stellplatztips.
- Zubehörtips, Ver- und Entsorgungsratschläge.
- Urlaubsvorbereitung mit Profipackliste.
- Tips und Tricks für die große Fahrt mit Informationen über freies Camping in ganz Europa.
- Rezepte f. d. Wohnmobilküche./Ratschläge f. Reisen m. Kindern.
- Mit dem Wohnmobil zum Wintersport./Alle Wohnmobilclubs.
- WUPS – der WOMO-Urlaubs-Partner-Service.
- Adressen der Wohnmobilhersteller, -händler, -vermieter, Campingzubehör, Gastankstellen.

Absender:

Datum Unterschrift

WOMO-VERLAG

Versandabteilung

D-7128 Lauffen / Neckar

Wir bestellen:

___ Ex.: Mit dem Wohnmobil nach Thüringen .... DM 24,80
___ Ex.: Mit dem Wohnmobil ins Elsaß .... DM 22,80
___ Ex.: Mit dem Wohnmobil in die Bretagne .... DM 22,80
___ Ex.: Mit Wohnwagen/-Mobil in die Auvergne .... DM 19,80
___ Ex.: Mit dem Wohnmobil nach Korsika .... DM 19,80
___ Ex.: Mit dem Wohnmobil nach Sardinien .... DM 22,80
___ Ex.: Mit dem Wohnmobil in die Toskana .... DM 22,80
___ Ex.: Mit dem Wohnmobil nach Nord-Spanien .... DM 24,80
___ Ex.: Mit dem Wohnmobil nach Griechenland .... DM 22,80
___ Ex.: Mit dem Wohnmobil nach Schweden .... DM 19,80
___ Ex.: Allgemeines Wohnmobil-Handbuch .... DM 22,80
___ Stück: Große Grenzzaun Kollage (zzgl. Versandk.) à DM 98,–
___ Stück: Kleine Grenzzaun Kollage (zzgl. Versandk.) à DM 48,–
___ Stück: Pfannenknecht mit großer Eisenpfanne à DM 68,–
(zzgl. Versandkosten)

Unsere Bücher erhalten Sie in jeder Buchhandlung oder porto- und verpackungsfrei direkt vom Verlag.
Bitte legen Sie einen Verrechnungsscheck bei oder warten Sie unsere Rechnung ab.